感谢五邑大学出版基金支持。

谢珊珊 著

休闲文化与唐宋词

暨南大學出版社
JINAN UNIVERSITY PRESS
中国·广州

图书在版编目（CIP）数据

休闲文化与唐宋词／谢珊珊著．—广州：暨南大学出版社，2011.4
ISBN 978-7-81135-705-9

Ⅰ.①休…　Ⅱ.①谢…　Ⅲ.①闲暇社会学—研究②词（文学）—文学研究—中国—唐代③宋词—文学研究　Ⅳ.①C913.3②I207.23

中国版本图书馆 CIP 数据核字（2010）第 238973 号

……………………………………………………………………………

休闲文化与唐宋词
谢珊珊著

出 版 人：徐义雄
策划编辑：杜小陆
责任编辑：杜小陆　崔军亚
责任校对：黄　球
出版发行：暨南大学出版社（广州暨南大学　邮编：510630）
网　　址：http://www.jnupress.com　http://press.jnu.edu.cn
电　　话：总编室（8620）85221601
　　　　　营销部（8620）85225284　85228291　85228292（邮购）
排　　版：暨南大学出版社照排中心
印　　刷：佛山市浩文彩色印刷有限公司
开　　本：787mm×960mm　1/16
印　　张：14.5
字　　数：238 千
版　　次：2011 年 4 月第 1 版　2011 年 4 月第 1 次印刷
定　　价：33.00 元

序　一

一个时代有一个时代之文学，也有一个时代之文学研究。进入20世纪90年代以来，中国古典文学研究无论是在文学观念上还是在文学研究的方法上，都有了跨越式的发展。它摆脱了过去那种呆板的近乎一成不变的研究模式，开始呈现出一种活泼的生机来。比如用统计学的方法研究同类型文体遣词造句的规律，用人类学方法研究古代神话，用文化学方法考察文学的演进规律及其文化心理结构，等等。仅就词的研究而言，也呈现出异彩纷呈的局面，各种新的研究视角不断出现，带给人们清新的气息和富有创新的见解。谢珊珊女士的这一部著作《休闲文化与唐宋词》正是在这样的文学研究的大环境下完成的，她的研究视角和研究方法都是崭新的。

此书首先从理论上理清了“休闲”的价值及其意义，并从历史与文化角度考察了唐宋尤其是宋代“休闲”以及休闲文学的由来与发展。休闲的形成，首先要有物质上的支撑，此书从唐宋时社会物质条件的丰富、城市集群的形成、市民阶层的出现、商业文化的形成以及商业价值观的被认同、官员俸禄的丰厚等方面进行了透彻的剖析，揭示了休闲形成的物质基础。其次，休闲要有时间上的保证，这体现在唐宋以来官员“休沐”制度的完善。再次，休闲要有文化上的雅闲，这得益于宽松自由的社会政治环境以及深刻的社会心理的改变与引导，即对词体的社会功能的认同。因为词最初就是应酒色而诞生的，也可以说佐欢助兴是词创作与传播的最初目的。此书在上述方面都作了深入的分析，使我们对词这一文体的休闲特征及其形成的文化原因有了更进一步的了解。

给我留下最深印象的，还在于作者对词由“艳情”到“闲情”再到“性情”的深刻挖掘与剖析，尤其是作者从哲学与人生的角度对“闲情”的诠释，更是令人耳目一新。作者指出：“由‘艳情’而‘闲情’，是宋代士大夫文人身份的第一次确认。从代言体的女性到主体化的男性，不仅转变了唐宋词的抒情主体，还开拓了唐宋词的抒情领域。从绮思艳情到闲情逸趣，提升了唐宋词的抒情品格，深化了唐宋词抒情的特色。艳情表男女相悦，闲情则发生命感触。闲情乃是一种以生命感触为根底、以哀愁孤寂为核心内容、以轻灵惝恍为典型形态的情感状态。”这样的见解是非常深刻的。

作者还从词的创作观念的演变以及创作实践方面，进一步揭示了休闲文化与唐宋词的关系，并进而从审美心态分析入手，进一步分析了唐宋词人“以闲为美”观念的建立与深入人心。此外，作者又从歌伎是词传播的中介方面研究了歌伎在休闲文学发展中的作用，这从另一侧面揭示了唐宋词在传播过程中就已具备的休闲性质与功能，从而强化了此书的主旨。

谢珊珊女士是从事新闻传播学教学与研究的高校教师，这对她从文化与传播角度去研究休闲文化与唐宋词很有助益，观念新颖、视野开阔，成为她此书的一大特色。另外，由于受到她父亲（在江西一所高校从事文艺理论教学与研究工作）的影响，她的研究具备较强烈的理论意识，具有理性思辨的分析也成为她此书的鲜明特色。当然，此书的初稿还有一些不足之处，比如有的观点和语句在不同章节中有重复出现的现象，有的章节也需要进一步思考后加以适当调整。我相信在经过修改后书稿将进一步完善。

立秋刚过，暑热未退，南国又迎来一个丰收的季节。谢珊珊女士将她的研究成果首次呈给我审阅并诚恳请我为她的书写几句，恭敬不如从命，何况阅读后又使我学到不少新知识，何乐而不为？故趁尚未开学之际，赶紧阅读并写上以上文字，作为我阅读的心得，敬请作者与读者指正。

是为序。

蒋述卓

二〇一〇年九月一日晚

序　二

我曾不止一次看到这个故事：一位富翁来到异国的海边垂钓，与一位渔夫展开了一场对话。富翁说："你应该努力工作，拼命挣钱，等到有了钱了，就可以像我一样生活。"渔夫问："像你那样是什么样的生活呢?"富翁答："来到这海边沙滩，晒晒太阳，钓钓鱼，多惬意呀!"渔夫指指手中的钓竿说："你看，我这不也是在海边的太阳下钓鱼吗?"富翁语塞。这一故事令人想起我国古代极富禅味的某尼寻春诗："尽日寻春不是春，芒鞋踏破陇头云。归来笑拈梅花嗅，春在枝头已十分。"其"回到原点"的含义似乎与富翁、渔夫的故事有些相似。但是，这一并非诡辩的理解其实有着显著的失误，因为富翁与渔夫虽都在钓鱼，可是却有不同的目的和意义：在富翁，是远来为求休闲；而渔夫，却是在本地而为生存。

休闲是什么？早在古希腊时期，亚里士多德就认为这是一种"不需要考虑生存问题的心无羁绊"。同是钓鱼，渔夫是生产活动，要养家糊口，不能不考虑生存；而富翁却与生存无关，是繁忙的生意、交往中的偷闲，是此时此刻的"心无羁绊"。或因我国自然环境、生存条件不够好，受古代长期的农耕生活影响，休闲的意义主要不在"心无羁绊"，《说文》释"休"为"人依木而歇"，《说文》又说："闲，阑也。"但更多时候，"闲"还是作"闲暇"解的。在中国农耕文明的传统中，休闲常与劳作相联系，强调的是暂时中断劳动的歇息，其所体现的生产过程中劳作与休憩的辩证关系甚而留存在现代的话语中，如"不会休息就不会劳动"，"休息是工作的加油站"等。虽然古代思想家如孔子、庄子都讲"游"，前者的"游于艺"，后者的"逍遥游"，都为人所熟知，但由于长期的封建政治影响，士人以修身齐家治国平天下为人生目标，休闲不可能成为目的而只能是手段。孔子固然有"游艺"之说，却因后人受文章为经国大业这一观念的影响，很难将休闲与文艺联系起来，更难以将前者视作后者的生成原因，而这恰恰遗忘了一个事实：有的文艺样式、作品（如唐宋词）本来就是休闲的产物，是与休闲活动密切相关的。

诚然，文学是人学，应具有社会史或心灵史的价值，但是，自古以来，许多文艺作品实际上仅是出于游戏之需，至多仅有社交之用，并不具备传统的政教功能，承担沉重的社会责任。词本名曲子词，为诗人所作，歌女所唱，多用于侑酒佐觞、娱宾遣兴，故欧阳炯《花间集序》称之为“诗客曲子词”，认为此集之编成，“庶使西园英哲，用资羽盖之欢；南国婵娟，休唱莲舟之引”。宋人陈世修为其外祖父冯延巳的词集作《阳春录序》，说得更加明确：“公以金陵盛时，内外无事，朋僚亲旧，或当燕集，多运藻思，为乐府新词，俾歌者倚丝竹而歌之，所以娱宾而遣兴也。”因“内外无事”而与“朋僚亲旧”“燕集”，“多运藻思，为乐府新词”，作“娱宾而遣兴”之用，这不是休闲活动又是什么？或因酒宴文艺的性质，娱宾遣兴的功能，虽时或有人以“代有所胜”的眼光相取而肯定之，王国维甚而以之为“一代之文学”，但实际上词自与“载道”之文、“言志”之诗有别，也不能与“体物”之赋相比，长期被视作“小道”、“末技”。只是在清代中叶常州词派兴起后，才明确地以重比兴、讲寄托的意识论词，词体始尊，周济言“词史”，谭献倡“柔厚”，陈廷焯讲“沉郁”，况周颐更将词本是轻、巧、小之躯赋予“重、拙、大”之魂。而自王国维以“境界”，胡适以白话论词、衡词之后，到上世纪五六十年代，则在“现实主义”和“人民性”两把尺子的丈量下，甚而将本是当行本色的婉约词看作是词坛“逆流”，仅对“别是一家”的“豪放”词有适度的肯定。至于十年“文革”浩劫，更将所有古代文艺归于“封资修”，都在扫荡之列，除了毛主席诗词外，许多人竟不知词为何物。而在那个“革命加拼命”、“一不怕苦，二不怕死”的年代，对“资产阶级的玩意”，只能人人嗤之以鼻，何来“休闲”之说？

改革开放已逾三十年了，伴随着港台歌星所唱的“春花秋月何时了”、“明月几时有”，人们知道了词也有这样或哀怨、或清幽的曲调，而不仅是“北国风光”的壮阔、“西风烈”的沉重。三十年来，学术界对唐宋词的研究已有许多成果，近年更是延续于金元词、明词、清词及作为“研究之研究”的词学史，词学已经成为“显学”，在诸多的子学科上都有开拓、创获，但又不可讳言，仍有一些领域尚未很好涉及，因此，我对谢珊珊女士

《休闲文化与唐宋词》一书的出版，确实是感到由衷的高兴。

随着拨乱反正、改革开放的深入发展，人们也逐渐认识到休闲不仅是为了更好地劳动，而本来就是必需、必要的，是理所当然的“天赋人权”。孔子栖栖遑遑、席不暇暖，可也赞赏曾皙“浴乎沂，风乎舞雩，咏而归”之志，有“吾与点也”的喟然之叹。陶渊明三仕而隐，是因为“静念园林好，人间良可辞”（《庚子岁五月中从都还阻风于规林二首》），他追求“息交游闲业，卧起弄书琴”（《和郭主簿二首》），“采菊东篱下，悠然见南山”（《饮酒二十首》）的生活。王维的“即此羡闲逸，怅然吟《式微》”（《渭川田家》），韦应物的“园林鸣好鸟，闲居犹独眠。不觉朝已晏，起来望青天”（《园林晏起寄昭应韩明府卢主簿》）等，都是向往“诗意的栖居”（海德格尔语）。席勒说：“只有当人是完全意义上的人时，他才游戏；只有当人游戏时，他才完全是人。”马克思也认为：衡量人类进步的根本标准，归根到底在于人的全面自由发展，他在《剩余价值论》的草稿中指出：“自由时间，可以支配的时间……这种自由活动不像劳动那样是在必须实现的外在目的的压力下决定的”，“这种时间不被直接生产劳动所吸收，而是用于娱乐和休息，从而为自由活动和发展开辟广阔天地”。可见，如用鲁迅所说的“一要生存、二要温饱、三要发展”来衡量，休闲应属“发展”，本是在生存与温饱基础上的追求，而不仅是休闲当为了更好地工作。认识了这一个并非鸡与蛋孰为先后的问题，对于论述唐宋词与休闲的关系，就能迎刃而解了。

鲁迅曾感叹立论难，而谢珊珊女士的书，首先就解决了立论问题。书中的第一章明确地标示出“休闲：人类文化精神的家园”这一题目，先从我国古代典籍考索“休闲”的语境与意义，作出了准确的含义，又因古人罕有对休闲的理性界说，故援引西方学者关于休闲的理论以辨析休闲思想，从三方面界定“休闲”的含义，认为首先是指必要劳动之外的闲暇时间，其次是一种高度自主的精神活动，再次是蕴涵审美旨趣和审美创造，这一兼及闲暇时间、精神活动和审美意义的阐述，既清晰地解释了休闲的定义，又沟通了客观与主观、休闲与审美的内在关系，为论题的展开打下了扎实的基础。书中继而论述了中国古代文化中的休闲思想与实践，其中关于神“静”形“动”、中和为度的休闲理念，以及以“静”为美，艺术与闲暇联姻的休闲实践，尤其是垂钓、山水游乐、赏花、品茗与诗词创作的关系，都论述得相当精彩。不仅是首章，全书的各章节都能紧扣休闲这一主题，努力建构其严密的结构，仅从各章的标题就可看出其用心，如：“休闲视野下的唐宋词人创作观念”，“唐宋词人的休闲创作实践”，“休闲文化与唐宋词的传播”，“唐宋词闲雅冲淡的审美特征”等。综观全书，体现出历史与逻辑相结合的写作宗旨与结构框架，可见作者有良好的知识积累、理论修养和严密的思想。

我曾在暨大所办的首届高校教师古代文学硕士班授课，并担任谢珊珊女士的论文指导教师，记得当她向我询问休闲文化与唐宋词这一论题的写作时，我曾建议她从唐五代，尤其是南北宋的物质、精神、制度、风俗等不同文化层面加以关注和观照。待看到所成书稿，对她从文化各层次、多例证的论述，尤就词的创作主体——文人士大夫的生活、待遇、情趣与词作的关系的论述，是很感兴趣，也是十分佩服的。而且，她所关注的不仅是形而下者，还就政治环境、思想渊源、文化性格等方面，对形而上者也作了充分的探讨。又能结合上与下、虚与实展开论述：诸如书中关于士大夫文人对商业文化价值观的认同和对奢靡享乐风气的追逐，唐宋文人“色”、“艺”相伴的休闲活动等，都有很细致的分析论证。如套用当今常用语，本书能做到体制内与体制外的结合，将词体的文艺学分析与休闲文化紧密结合起来，诸如词的交际娱乐特点，代言抒情的叙事特点，宜歌宜舞的合乐性特点，吟咏性情的抒情性特点；以及唐宋词体的休闲社会功能，包括应歌应社、交游为尚的社交功能，歌以佐欢、娱宾遣兴的娱乐功能，休而含情、休而为美的审美功能等，都论述得甚为精到，堪称条分缕析、头头是道。

谢珊珊女士此书既然命名为《休闲文化与唐宋词》，就应将休闲文化与唐宋词的论述紧密结合起来，而全书的写作也确实是做到了。书中就休闲理论、古代尤其是宋代的休沐制度、休闲实践，同唐宋词的关系作出了较为深刻的论述，对于唐宋词作品，则能从休闲的角度作全面、系统的观照，举凡农耕文明与节令、四季皆歌的节序词、酒色相伴的宴饮词、诗意消遣的闲情词（包括赏梅词、山水词、渔父词），都有准确而周详的列举，对于休闲文化与唐宋词的传播、歌伎与唐宋词传播、唐宋词闲雅冲淡的审美特征等，亦能结合作品以作论述，贴切而不浮泛，生动而不枯燥，既有严谨的学术性，又有较强的可读性。

我从事唐宋词研究已逾三十年，而在信息爆炸的今天，对词学著作却难以遍观，以管见所及，迄今似尚未有关于休闲文化与唐宋词的论著问世，因此，谢珊珊女士这一专著的出版，虽不敢断为填补空白，但无疑是具有原创性的。虽受限于篇幅，对有些问题的论述尚未及展开，或不够深入，有些看法或可商榷，有些引文前后重出，为求标题工整、语言对偶，而未免有生硬之处而乏自然浑成，但从整体而言，宏观与微观的关系掌握得甚好，基本满足了休闲与唐宋词两大论题的题面。全书的逻辑层次清晰，相互间的照应较好，外来的理论似乎并无“硬贴”而不能“内化”之感，涉及唐宋词的内容大多恰当，所引的诗话、词话、笔记材料较为妥帖，列举得当，加以行文通顺，不乏文采，涉及哲理性的问题阐释颇为精到，有些排比句尤见思想的光彩，皆其所长之处。因此，我确实是为谢珊珊女士人到中年能有这样的学术建树而高兴，相信本书梓行后会有一定的反响。

是为序。

邓乔彬

二〇一〇年十一月八日

前　言

词作为“一代之文学”，“调有定格，字有定数，韵有定声”，长于抒情，富于音乐性。它的缘起、发展、传播，是一个复杂而漫长的过程，既涉及诗，又关乎音乐，更和当时社会的变革、经济的发展、时俗风尚的变化有着密切关联。有宋以来，为探寻词体萌芽与发展、繁荣与衰微的流变脉络和轨迹，厘清词的文体特征与源流、词与音乐的血脉关联、词与诗的流变互动、词家词作的诠释解读，已经形成了一门独特的批评学科——“词学”，一代又一代的词学家，为之付出了毕生心血。

回顾近千年的词学研究史，从唐五代第一篇词学文献《花间集序》的出现到宋人以词为“别是一家”观念的形成，再到以沈义父《乐府指迷》、张炎《词源》、陆辅之《词旨》三部词学专著的出现为标志，系统的词学得以建立，经元明两代词体创作的衰微与词学研究的中落，又迎来了清代词学的复兴，近代词学的兴盛。随着学术的整体转型而出现了现代词学研究的创新与突破。一部词学发展史纵横千年，汇集的词学研究成果洋洋洒洒、蔚为大观，涉及作家作品、风格特色和词体形式特点等方方面面。现代著名词学家龙榆生先生1934年在《研究词学之商榷》一文中，就提出词学研究的“八学”、“三义”的词学研究构架，建立了一套系统的、具有现代学科色彩的词学研究完整构架。他在图谱之学、音律之学、词韵之学、词史之学、校勘之学这五项清代传统词学成就的基础之上，又提出了声调之学、批评之学、目录之学三个有待开拓的领域。他开创性地将词调、声律、词谱等研究纳入声调之学；把作家作品的评论和词史的研究纳入批评之学；把词学文献研究、词人事迹的考订、词集版本的辨正和作品的鉴赏考释纳入目录之学的范畴。[1] 1981年，当代词学大师唐圭璋在《历

---

① 龙榆生：《研究词学之商榷》，《词学季刊》第1卷第4号，1934年4月。

代词学研究述略》中，从词的起源、词乐、词律、词韵、词人传记、词集版本、词集校勘、词集笺注、词学辑佚、词学评论等方面总结了历代词学研究，非常明确地指明了词学研究的范围与方向。①

综观词史的发展，可以说，词兴起于唐，大盛于两宋，衰于元、明，复振于清，绵延一千三百多年，在中国抒情文学史上占有重要地位。而从作为“一代之文学”的词的角度而言，在这一中国诗歌长河的重要支流中，唐五代和两宋是最具粼粼波光的一段，代表了最高的成就，故有与前之唐诗、后之元曲并称之誉。与此相应，伴随着词体的不断成熟发展，伴随着词体在抒情文学中的地位越来越重要，以欧阳炯《花间集序》为起点，词学研究则始于五代，以序跋的形式成为中国诗学研究的一个有机组成部分，后来逐渐形成了自成系统的词学。由于唐五代与两宋词代表了词体文学的最高成就，遂成为词学研究的主要对象和热门课题，也是迄今为止词学研究取得成果最多的领域。随着改革开放带来的思想解放，国外各种新思维、新方法的引进，词学研究也呈现出勃勃生机。比如用统计学的方法研究词体的题材与语言使用的规律，用人类学方法研究词人生活，用文化学方法考察词体的演进规律及其文化心理结构等，都是新时期词体研究的有益尝试。但是，以今天的眼光看来，从文化角度研究古代文学尚有许多领域有待开辟或拓展，将词的兴起与发展和当时文人的生命意识、自我意识、享乐意识的觉醒，和当时社会的闲适风尚结合起来，似乎还有文章可作。所以，本书侧重于此，拟对唐宋词与休闲文化的关系作一全面的探讨、论述。

唐代，是我国封建时代的鼎盛期，而文人词则产生于盛唐，发展于中唐，晚唐的温庭筠更是公认的“花间”鼻祖，与之并称的韦庄则是入蜀而沟通唐及五代，成为西蜀“花间”词的真正领袖，在唐五代这一由盛转衰、由一统变分裂的时代，词也与享乐成风、追求闲适相伴成长。宋代结束了五代的纷乱，虽不能重现唐代的国力与雄风，却是承上启下的时代，是富有近世精神和人文色彩的时代。由唐至宋是我国封建社会的转折期：随着封建社会发展到顶峰，商业经济由萌生而壮大，平民文化逐渐昌盛，文人士大夫政治、社会地位得到提高，在中古转为近古的同时，近代的特

① 唐圭璋：《词学论丛》，浙江古籍出版社 1984 年版，第 811—834 页。

征为之渐现。可以认为，伴随着以赵匡胤为首的政治势力的崛起，被“安史之乱”所严重冲击的贵族政治至此已彻底粉碎，而伴随庶族登上政治舞台而诞生的“近世精神”，与其具备了新时代特征的文化母体一起，呈现出与过去迥异的文化特征。

首先，士大夫文人政治地位提高，政治生活优越宽松，物质待遇优厚、生活优裕，精神生活自由、放纵；其次，由商业经济催生的俗世的享乐、俗世的情怀、俗世的物态得到合理的包容与认可。宋代文化整体呈现出一种开放、包容、创造的特征。作为一代文学之代表的宋词，在宋代这样宽松、享乐、优裕的文化母体中孕育，在兼容本土与外来、高位与低位、现世与超世的文化机制中成长，呈现出迥异于传统诗文的休闲文化色彩。这种文化色彩不仅体现在词传唱于歌馆酒肆，既具有社交作用又富有商业特色的功能上，也体现在作者既爱不释手又恐撇之不清的创作态度上，还体现在“要眇宜修”、长于抒情的文体特点上。但是，很长一段时间以来，人们的研究或着重于词体技巧，或过于强调词的思想内涵、社会意义，或虽注意词体风格，却忽略了作者的创作目的与初衷。特别是20世纪50年代后，将庸俗社会学引入词学研究，给词以太多太重的政治、社会、思想意义和价值，而失去了词以其“小道”、“诗余”依声而歌、佐欢侑酒的原始意义和功能，造成“视境”的颠倒，使得长期以来，只能以思想意义、婉约或豪放风格来取词、论词。近十几年来，人们虽然已经意识到文化对词的创作的影响，开始将词的产生放到当时商业文化背景下考察，出现了大量有价值的专著，如刘尊明先生的《唐宋词与唐宋文化》、沈家庄先生的《宋词的文化定位》、王晓骊女士的《唐宋词与商业文化关系研究》等，但是，将唐宋词的创作与对人类精神文化产生重要影响的休闲文化联系起来，用休闲理论透视词的发展过程的论著却比较少见。为此，本书试图将唐宋词放在休闲文化的大视野下，将词的缘起、发展、传播与人类精神永恒的休闲需求联系起来，将词的创作和当时的社会政治、经济环境联系起来，把词的创作看作文人生命的自觉、生命的创造，确立起以表达个体生命体验、情感志趣为主的词在唐宋文人心理、精神上的文化坐标，将词的传播和当时市民文化的审美娱乐需要联系起来，将词的文体特点和文人士子的休闲心态联系起来，重新审视、还原休闲文化和娱乐精神在词的创作缘起、传播发展中的作用和意义。

目　录

第一章

休闲：人类文化精神的家园

“休闲”是“休”与“闲”组合而成的复合词。从词源学考察，“休闲”一开始就与人的美好生存状态相关联。

“休”从人、从木，《说文》解“休”为“人依木而歇”。《尔雅》也说“休，息也”。可见，“休”的本意是指劳作之余的歇息，并且由歇息引申出美善、吉庆、欢乐的意思。如：《诗经·大雅·民劳》云：“民亦劳止，汔可小休。”《晏子春秋·内篇谏下》：“景公猎，休，坐地而食。”宋欧阳修《醉翁亭记》：“休于树。”《诗经·小雅·菁菁者莪》：“既见君子，我心则休。”“休”在《康熙字典》和《辞海》中被解释为“吉庆、欢乐”的意思。《五经文字》说：“休，象人息木阴。”人能在树阴下休息，暂时获得摆脱劳作的自由，是让人愉悦的美事。《尔雅》论“休”，只用两个字：“美也。”从以上字义的考察可见，“休”无论作名词、动词、形容词还是副词，多是指人的身体、生命处于一种放松歇息的美好状态。

“闲”从门中有木，本意是指“栅栏”。《说文》就说“闲，阑也”。但更多时候“闲”还是作“闲暇”解。如《楚辞·九歌·湘君》：“交不忠兮怨长，期不信兮告余以不闲。”贾谊《鹏鸟赋》：“止于坐隅兮，貌甚闲暇。”李白《行路难》：“闲来垂钓。”李朝威《柳毅传》：“闲驱泾水。”王维《鸟鸣涧》：“人闲桂花落。”白居易《观刈麦》：“田家少闲月，五月人倍忙。”程颢《春日偶成》：“时人不识余心乐，将谓偷闲学少年。”可见，“闲暇”是“闲”的基本含义。同时，身体的“闲暇”放松，必然实现心境的平和、宁静。所以“闲”又与“娴”相通，具有娴静、平和的意思。由此可见，“休闲”无论是作动词还是形容词，皆不仅仅是指物质层面身体歇息的生命活动，而且是指精神层面的生命追求，是指由身体摆脱强制性活动而获得的精神愉悦状态，是指个体生命通过身体的休息而达到的精神生命的自由状态。

“休闲”是伴随人类生命而产生的文化现象，是衡量一个社会文明发达程度的标尺。从人类存在开始，休闲活动就已存在。然而，休闲作为一个跨领域的研究学科，开始于1899年美国学者索尔斯坦·凡勃伦发表的标志性著作《有闲阶级论》，仅有一个世纪的历史。自此，国外学者对休闲命题的研究方兴未艾，休闲逐渐成为一门颇受关注的显学。三十多年前，伴随着改革开放的发展，伴随着休闲服的叫卖，伴随着双休日制度的出台，“休闲”也开始进入中国老百姓的视野，并逐渐被学界所关注。目前，休闲已成为当下最时髦的语汇之一，甚至作为一种推动消费的符号，成为拉动内需的强劲产业，“休闲旅游”、“休闲购物”、“休闲山水”、“休闲娱乐”、“休闲派对”、“休闲经济”、“休闲食品”……各种冠以“休闲”名目的事物可谓层出不穷，在为商家带来丰厚利润的同时，似乎也向世人昭示休闲时代的到来。但是，什么是休闲？休闲的文化意义何在？休闲和我们的精神文化有何关联？休闲在人类文明演进的历史中，扮演着怎样的角色？对教育、文学、艺术的萌生与发展产生过怎样的影响和作用？这些都是需要深入探讨的话题，至于休闲与唐宋词发展的关系，则更是本书所关注的主题。

第一节　休闲思想辨析

“休闲”是一个富有西方文化色彩的词，自觉的休闲研究也始于国外。从古希腊时代到近现代，西方学者、哲人都非常重视休闲的价值与作用，从不同的角度阐述并肯定了休闲的价值与意义。但是“休闲”作为人类发展的文化现象，又是一个动态的、不断变化的概念，在不同的历史时期、不同社会环境下，人们的休闲生活方式不同，对休闲的理解与定义自然也不同。正如美国学者杰弗瑞·戈比（Geoffrey Godbey）所言：“每一种文化都创造休闲的概念，也都不断地对这一概念作出新的界定。”“最初，休闲仅被视作让人们在紧张的工作后得到恢复的一个方法；后来，休闲成为人们寻求快乐和地位的一种手段；当然，也许休闲最终会成为人们追求生活意义的一种活动。”的确如此，考察西方文化不同时期对休闲的不同理解，就不难发现其中的差异。譬如：早在古希腊时期，亚里士多德就认为休闲是一种“不需要考虑生存问题的心无羁绊”，主要从精神状态上来考察休闲内涵，突出休闲的自由本质。20 世纪美国杰出的教育家、哲学家，芝加哥大学创始人之一莫德默·阿德勒则批评现代人忘记了亚里士多德的观点，亚里士多德早在公元前 4 世纪就教导我们：“休闲可以使我们获得更多的幸福感，可以保持内心的安宁”，“我们需要崇高的美德去工作，同样需要崇高的美德去休闲。是的，休闲可以使我们有意义地生活。”[①] 德国哲学家席勒则从心理学视角提出休闲和游戏具有相通性，并提出了“只有当人是完全意义上的人时，他才游戏；只有当人游戏时，他才完全是人”[②]的著名论断。他认为人在游戏中摆脱了物质感性的和外在道德的强制而进入自在自由的状态，从而成就人性。荷兰著名学者约翰·赫伊津哈所著《游戏的人》则进一步阐述了游戏与人类文化进化的相关性，他认为游戏作为文化的本质和意义对现代文明有着重要的价值，人只有在游戏中才最自由、最本真、最具创造力。德国哲学大师海德格尔则以“诗意的栖居”表达了休闲与审美作为人类生活品质的理想规定。而马克思更是从休闲与人的价值实现之间的关系考察，提出休闲是“成为人”的过程。在英文版马克思著作中，“闲暇”（freetime）一是指“非劳动时间”，是指“不被生产劳动所吸收的”、“用于娱乐和休息的余暇时间”；二是指“发展智力，在精神上掌握自由的时间”。[③] 在他看来，衡量人类进步的根本标准，归根到底在于人的全面自由发展，“整个人类发展的前提就是把这种自由时间的运用作为必要的基础”，也就是说，闲暇是人类的自由全面发展的必要基础。“闲暇”是马克思描绘的未来理想社会的基本特征和基本内容。在他看来，衡量人类进步的根本标准，归根到底在于人的全面自由发展。

纵观上述理论，我们可以从以下三个方面来理解、界定“休闲”的含义。

一、“休闲”首先是指必要劳动之外的闲暇时间

“休闲”首先是个时间概念，是相对工作状态的“不用于工作和不负任何责任的时间”[④]，是指人类为工作及满足生理需要之外的“自由时间”

---

① 转引自马惠娣：《休闲：人类美丽的精神家园》，中国经济出版社 2004 年版，第 206 页。

② 席勒著，徐恒醇译：《审美教育书简》，中国文联出版公司 1984 年版，第 90 页。

③ 马克思、恩格斯：《马克思恩格斯全集》第 26 卷第三分册，人民出版社 1972 年版，第 287 页。

④ 托马斯·古德尔、杰弗瑞·戈比著，成素梅等译：《人类思想史中的休闲》，云南人民出版社 2000 年版，第 7 页。

或“闲暇时间”，是摆脱了各种社会责任之后所剩余的个人自由支配的时间。马克思早在19世纪60年代就提出了“自由时间”与“自由活动”的概念，他在《剩余价值论》的草稿中指出：“自由时间，可以支配的时间……这种自由活动不像劳动那样是在必须实现的外在目的的压力下决定的”，“这种时间不被直接生产劳动所吸收，而是用于娱乐和休息，从而为自由活动和发展开辟广阔天地。”① 马克思深刻地看到，休闲是物质文明的结果，一个国家真正富裕的标志是劳动时间的减少，闲暇时间的增多。据有关调查统计，在农耕时代，人类只有10%的时间用于休闲；当工匠和手工业者出现时，则省下了17%的时间用于休闲；到蒸汽机时代，由于生产力水平的提高，人类将休闲时间增加到了23%；而到了20世纪90年代，电子化的动力机器提高了每一项工作的速度，因而使得人们能将生活中41%的时间用于娱乐和休闲；进入21世纪的未来，人类将用50%的时间用于休闲。② 如果说，农耕时代，休闲只是贵族们的特权，休而为美对于农民来讲还只是一种精神上的奢侈；蒸汽机时代，休闲只是上层“有闲阶级”的专利，休闲审美对于工人来讲还远远无法融入日常生活；那么，到了电子化、信息化时代，休闲对于平民已不再是一种遥不可及的奢侈，休闲已经进入精神审美层面成为普通人生活的普遍现实与必要需求；而到本世纪，随着“黄金周”等制度的建立，“全民有闲”概念的提出，休闲在公民的个人生活中占据了越来越突出的地位，如何将审美的态度和境界转化为人们日常生活的休闲方式，将日渐增多的闲暇时间有效地用于提升国民精神生活，也成为政府与学者共同关心的话题。

可以说，时间上的空闲是实现“休闲”的物质基础和前提，是休闲必不可少的客观条件。

二、“休闲”是一种高度自主的精神活动

从哲学意义上讲，“休闲”更多时候体现的是一种自主的精神追求。

---

① 马克思、恩格斯：《马克思恩格斯全集》第26卷第三分册，人民出版社1972年版，第281—282页。

② 潘立勇：《休闲与审美：自在生命的自由体验》，《浙江大学学报》（人文社会科学版）2005年第6期。

自主指的是人们能够自行其是，能够在主观认知上自由选择自己想做的事。对此，德国哲学家皮珀有过精辟的论断，他说："休闲乃是一种心智上和精神上的态度——它并不只是外在因素的结果，它也不是休闲时刻、假日、周末或假期的必然结果。它首先是一种心态，是心灵的一种状态。"① 他用"心灵上的"自由或是"驾驭自我的内在力量"来概括精神层面的休闲。美国杰出教育家莫德默·阿德勒则进一步阐述了精神层面的休闲的意义。他引用亚里士多德的话说："休闲可以使我们获得更多的幸福感，可以保持内心的安宁"，"我们需要崇高的美德去工作，同样需要崇高的美德去休闲。是的，休闲可以使我们有意义地生活。"② 可见，休闲绝不仅仅是闲暇时间的无目的的打发，不仅仅是身体的歇息，而是休闲主体沉浸在整个文化创造、文化欣赏、文化建构过程中，从而感受到精神的愉悦、生命的快乐、生存的意义，是人的社会性、生活意义、生命价值存在的最终体现。休闲能为人类构建一个有意义的世界，让人类的心灵有所安顿、有所归依。对一个思想精神缺乏自主意识、缺乏认知能力的人来说，休闲只是一种身体的休息而难以进入主动的精神愉悦境界。所以，从本质上看，休闲是休闲主体高度自主选择的结果，是非常个性化的精神活动。这也是休闲的根本意义所在。

三、"休闲"蕴涵审美旨趣和审美创造

从审美角度看，休闲的最大特点就是可以自由地愉悦身心，进而获得自由的审美体验。美国心理学家奇客森特米哈伊（M. Csikszentmihalyi）在其 1983 年发表的论文中提出"建立最佳体验的心理学"，在此基础上，他于 1990 年出版了对休闲心理学影响深远的专著《畅：最佳体验心理学》，再次从心理学的角度对休闲体验的性质作了研究。他认为：休闲从根本上说，是一种有益于个人健康发展的内心体验，是无须外界标准界定的具体

---

① 约瑟夫·皮珀著，刘森尧译：《节庆、休闲与文化》，生活、读书、新知三联书店 1991 年版，第 116 页。

② 转引自马惠娣：《休闲：人类美丽的精神家园》，中国经济出版社 2004 年版，第 206 页。

活动；体验“畅”的能力使人能超越“工作—休闲”的断然划分，这样，不论是在工作中还是在闲暇活动中都能更积极地去寻求最佳的心灵体验。可以说，从本质上看，休闲与审美之间存在着共同的心理体验，有着内在的必然联系，审美正是休闲的最高层次和最主要方式，休闲与审美都因其带给人心灵、精神的自由通脱体验而令人向往。“休闲是从文化环境和物质环境的外在压力中解脱出来的一种相对自由的生活，它使个体能以自己所喜爱的、本能地感到有价值的方式，在内心之爱的驱动下行为，并为信仰提供一个基础。”[①] 正因如此，休闲可以让人如同对别人产生感情一样，对某些活动、某种行为产生发自内心的喜爱和追求，从而因兴趣而行动，由此感到愉快，甚至幸福，获得直觉上的价值感。

著名作家萧伯纳就说过：“劳作是做我们必须做的事，休闲是做我们喜欢做的事。”建立于审美境界的休闲情趣，无论是休息、娱乐，或是学习、交往，都有一个共同的特点，即获得一种畅快的、愉悦的心理体验，产生自由感和美好感。也正因为休闲具有的审美特点，马克思说过“忧心忡忡”的穷人和“满眼都是利害计较”的珠宝商都无法欣赏珠宝的美，因为他们或是被生活的压力逼迫，或是被利害的计较束缚，都无法自由自在地对待生活、对待产品、对待世界。在理想的休闲状态即生存的审美境界中，生存没有附加，不为贫所累，不为利所缚，尽情地享受大自然赐给人间的一切美的东西。这是人对自在、真实生命的自由的用心体验，这是超然物外、渗透人间世相、悟出生活真谛后的一种生存境界，是一种超越一切形而下束缚的审美境界，是人类追求的终极精神目标。从审美的角度看休闲，可以帮助我们实现生存境界的审美化，使日常生活艺术化，远离庸俗低级的休闲活动；从休闲的角度看审美，强调审美的休闲旨趣或休闲意义，也就是强调了审美走向生活，强化了审美在生活中的实践指导意义，使美学从纯粹的“观听之学”成为实践的“身心之学”，实现对当下生活的指导意义。

综上所述，“休闲”是由闲暇时间、精神愉悦、审美体验三个境界层面共同组成的复合型概念。由在闲暇时间身体歇息进而获得精神的畅快愉

---

① 托马斯·古德尔、杰弗瑞·戈比著，成素梅等译：《人类思想史中的休闲》，云南人民出版社2000年版，第11页。

悦，并由此进入审美欣赏、审美创造的最高精神境界，进而获得自由的人生体验。这是“休闲”的三种境界，也是休闲主体自主意识、自我选择不断强化、不断升华的过程，也是一个人精神不断完善、成长的过程。可见，同为休闲，方式不同，境界高下大相径庭。

第二节　中国古代文化中的休闲思想与实践

在中国，自觉地将“休闲”作为一种文化现象和学科进行研究，起步较晚。但是，中国数千年的文明历史还是留下了内容丰富、层次清晰、具有中国特色的古代休闲文化，有丰富的娱乐样式，各种不同的休闲观念也沉淀下来。从孔子“志于道，据于德，依于仁，游于艺”的政教型休闲观念，经庄子“乘云气，骑日月，而游乎四海之外”，追求绝对精神自由、强调自然和人同在的道家休闲观，到魏晋南北朝诗人悲怆慷慨或放浪形骸之外的金骨、竹林、兰亭、石门的宴与游，再到唐宋诗词中对山水的咏叹、对生命意识的感悟、对爱情闲愁的吟唱，明清小说中花样翻新的休闲娱乐方式……它们犹如一串串耀眼的明珠，构成了中国特有的休闲文化历史。

一、代表农耕文明的休闲观念

追溯几千年的中华文明史，我们不难发现，由于生产能力的低下，经济基础的差异，我国最早的休闲观念与休闲实践，总是和劳动联系在一起的，是和休息养生联系在一起的，体现出明显的对自然天时的顺应与依赖，烙上了典型的农耕文明的色彩。“休闲”是物质丰富、社会文明的结果。人类筚路蓝缕，从物质极度贫乏、生存条件恶劣的困顿中走来，尤其是生活于北半球大陆的我们的先祖，几千年的农耕文明，就是靠日出而作、日落而息的周而复始的勤耕苦种创造的。因此，在中国农耕文明的传统中，原初的休闲观念总是和劳作联系在一起的。“休闲”更多强调的是一种暂时中断劳动的歇息行为，强调的是人类生存过程中劳作与休憩的辩证关系，呈现出有别于西方文明的二重性特点，存在着互相矛盾的两个方面。《辞海》将“休闲”解释为“农田在一定时间内不种作物，借以休养地力的措施。”①《说文》解“休”为“人依木而歇”，表达的都是一种劳动的终止与歇息状态。“田休”是为了使下一茬作物长得更好，“人休”亦是为了接下来的劳作效率更高。在农耕文明“天人合一”哲学大框架下的“休闲”，强调的只是劳动与休息的辩证关系，是和劳动相对的一种生存方式与生命体验。但是，由于受中国传统农业生产力结构和农业耕作方式的影响，休闲所追求的生存状态又和农耕文明所崇尚的勤奋劳作、勤俭节约的生活理念相背离，即使在高度文明的今天，我们依然带着矛盾的心态看待休闲，对休闲的价值判断存在截然不同的二重性。一方面，从劳动角度强调休闲的必须与重要，看重“不会休息就不会工作”，进而强调“劳逸结合”。另一方面，在国人意识深处，又总是有意无意地把休闲与懒惰等同起来，对休闲带有明显的批判、排斥色彩，直到现在，我们依然能够从“玩物丧志”、“闲人”、“游手好闲”、“闲聊”、“闲事”、“闲荡”、“闲话”、“小人闲居者为不善”等词汇中，看到这种具有明显批判、排斥色彩的休闲文化观念。可以说，这是一个颇具哲学意味的象喻，充分体现了农耕文明社会中辩证的休闲思想，体现了中国人中庸的处事之道，是特定时期的社会文化的历史积淀，是农耕社会自然经济环境下形成的集体无意识的价值、道德标准。中国人重农时地利却强调不能竭泽而渔，崇尚勤劳又讲究春种秋收冬闲暇。“休闲”不仅表达了人类生存过程中劳作与休憩的辩证关系，也昭示着物质生命活动之外的精神生命活动对人的意义。可以说这是中国几千年农耕文明的积淀，是强调勤奋、劳作的农业社会下特有的东方文化符号。

二、神“静”形“动”、中和为度的休闲理念

人依木为“休”，这是一种暂时中断劳动的休息行为，由“休”字组成的“休息”、“休假”、“休日”、“休暇”强调的也是人的活动或行为的放松状态。“闲”字则从另一个角度展示人内心精神的娴静、平和，侧重

① 《辞海》（缩印本），上海辞书出版社 1978 年版，第 216 页。

的是人的感觉、感受和思想的纯洁安宁。“休”、“闲”组合在一起，则表明了“休闲”所特有的文化内涵，即人通过身体的休息放松获得精神的宁静和平和，身体的放松是手段，精神的愉悦才是目的。人依木而休，使身体的颐养活动和精神的修整活动得以充分进行，使人与自然浑然一体。在我们的先人看来，劳作与歇息，动与静，这两种状态应该保持平衡中和，掌握分寸，恰到好处，否则“动静失宜，则生诸疾”。《素问经注解·六微旨大论姚注》中就说：“成败之相倚伏也，实变化之自然，动乎其不得不动，动静之常也；若动而不已，是有动无静，气反其常，灾变必因之而作。”“天下之万理，出于一动一静。”也就是说，天地万物生存与衰亡的根本决定于人的动与静、劳作与休息。过度劳累，实为动之太过、静之不足，必然导致疾患。然而过度安逸，同样会损害身体，导致疾病。正如孙思邈在《千金要方·养性》中提出：“养性之道，常欲小劳，但莫大疲及强所不能堪耳。且流水不腐，户枢不蠹，以其运动故也。”在这里，孙思邈从健康养生角度，用“流水不腐，户枢不蠹”来说明劳作与休息、动与静要中和为度，二者不可偏废。这也就是先哲孔子一直推崇的“不逾矩”。《孔子家语·观乡射》中有一段非常著名的记载是“子贡观于腊”（指年终祭祀）。孔子曰：“赐也乐乎？”对曰：“一国之人皆若狂，赐未知其为乐也。”孔子曰：“百日之劳，一日之乐。一日之泽，非尔所知也。张而不弛，文武弗能；弛而不张，文武弗为；一张一弛，文武之道也。”这段话，非常准确地诠释了中国古人张弛有度的休闲娱乐观念。

我们的先人一方面辩证强调人要动静兼修，劳作与休息不可偏废；另一方面又从养生保健角度，进一步提出养心调神、以静为主，形体保健、以动为主的观点，特别强调要重视“心”神的休息与放松，强调“神对形”的支配与决定作用。管仲在《管子·心术》中就将“心”比喻成一国之君，对人体的耳目口鼻有着绝对的支配作用。他说：“心之在体，君之位也。九窍之有职，官之分也。”魏晋时期嵇康则进一步提出“神须形以存”，“神无形则散”。我们的先人早就认识到精神对人的统摄作用，认识到精神与身体和谐一致的重要性。对此，儒家、道家都从不同角度提出了精神、心灵休息滋养的方法。

和西方以运动、娱乐等动态休闲偏好不同，中国传统之休闲更多偏向的是境界之休闲，故其特质是趋“静”为多。李白诗云：“遂造穷谷间，始知静者闲”（李白《闲适》之《寻高凤石门山中元丹丘》）。作为与动态“忙”相反的一种生命状态，“闲”的一个最明显特征就是“静”。休闲养心，首推老庄的“虚静”思想。老子说：“致虚极，守静笃。万物并作，吾以观复。夫物芸芸，各复归其根。归根曰静，静曰复命。”（《道德经》第十六章）只有保持内心的虚空、清静，才能使精神超然于物外以保持心灵的绝对安宁、清静，进入“云淡风轻近午天，傍花随柳过前川。时人不识余心乐，将谓偷闲学少年”（程颢《春日偶成》）的愉悦境界。在庄子那儿，他将这种静指向具体的“气”之和，在庄子看来，道家最高境界是以“气”来实现物我的调和。庄子在《人间世》中说：“无听之以耳而听之以心，无听之以心而听之以气，听止于耳，心止于符。气也者，虚而待物者也”（《庄子·人间世》）。在这里，庄子借听的三种境界，说明对现实的超越进入以气合气的虚静状态。他认为，听之以耳是肉体感官的聆听，听之以心也仅仅是情感的感动，而这种肉体的、情感的感动进而抵达一种听之以气即感悟音乐背后的“道体精神”，才能达到一种从有到无的精神超越。而儒家所追求的静是“仁者静”（《论语·雍也》），是动静之间的状态，是“发乎情，止乎礼仪”的道德与情感调和的中和状态。孔子要求人们“不逾矩”，孟子从克己寡欲的角度，要求人们排除外界干扰与引诱，“不以一得喜”、“也不以一失为忧”，“养浩然之气”，进而实现恬静息心的目的。可以说，“静”是儒道两家向往的最高人生境界，是一种理想的生存状态，对后世影响深远。朱存理编《珊瑚木难》中载有《闲境志》一篇，其中就描述了居闲之人这样一种情志中和的状态：“境中之人，心和而气平，神静而体舒，不拘拘跌跌，不营营汲汲。闲聪明之用，息思虑之机，洒浓厚之情，停飞动之根……”明代张萱有言曰：“闲有二：有心闲，有身闲。辞轩冕之荣，据林泉之安，此身闲也；脱略势利，超然物表，此心闲也。”（袁宏道《兰亭记》①）这是说：“身闲”是客观时空条件促成下，身体得到休息，精神得到自由，是一种相对的“闲”；“心闲”则是超越客观条件的心灵平静与自由，是一种绝对的“闲”。从“身闲”到“心闲”，皆关系到心灵的自由，蕴涵着主体精神意识自觉超越程度的不断提升。儒道两家在追求心灵精神的宁静上，可谓殊途同归。

---

① 《袁宏道集笺校》（上册）卷十《解脱集之三——游记、杂著》，第 444 页。

三、以“静”为美，艺术与闲暇联姻的休闲实践

从休闲娱乐实践来看，中华数千年的文明史，留下了内容丰富、层次清晰、具有中国特色的古代休闲文化娱乐样式，也沉淀下来各种不同的休闲观念。和西方追求个人幸福、快乐的休闲观念，借助“动态休闲”寻求强烈的感官刺激不同，中国古代文人非常注重文学休闲、艺术休闲。孔子就非常推崇休闲意味浓厚的“游”，向往“浴乎沂，风乎舞，咏而归”[①]的休闲享乐生活。《论语·颜渊》记载他曾“游于舞雩之下”，《论语·述而》说他“道不行，乘桴浮于海”，明确提出了“游于艺”的文学休闲观念，说君子要维持“志于道，据于德，依于任，游于艺”[②]的闲暇生活状态，这种游艺自娱的闲暇生活观念，对后世文人影响深远。“闲居”生活孕育着审美艺术文化的发生，如“闲业”中包含着审美艺术创造，“闲谈”中包含着审美艺术评论，“闲赏”中也包含着现代审美范式等。特别推崇“静态休闲”的休闲活动理念和审美趣味，“静以养生”、“静中寻乐”的观念深入人心，特别是受到文人士子的推重，将休闲和个人的修身养性结合在一起，将各种休闲活动和艺术联系在一起，注重休闲活动对人格整体性发展的重要性，不仅大大提升了休闲的品位，也完善了文人士子的人格，推动了绘画、诗词等艺术门类的创作，留下了许多千古传颂的不朽佳作。

（一）垂钓与诗词书画创作联姻

古人最常见的休闲方式当首推垂钓。人们常说“仁者乐山，智者乐水”，既离不开水，也多与山相关，是仁智之乐，也是中国古代文人雅士最常见的休闲方式之一。寂静无人的深山中，一个看不清面目的垂钓者端坐江边，一副愿者上钩、不急不慌的淡定，成为中国古代文化中一个颇具象征意义的画面。钓翁与其说是在钓鱼，不如说是在享受山水间的宁静，

---

① 夏炎章：《四书今译》之《论语·先进第十一》，江西人民出版社 1990 年版，第 115 页。

② 夏炎章：《四书今译》之《论语·述而第七》，江西人民出版社 1990 年版，第 60 页。

传达一种不与世俗合流的姿态，是文人自由人格的化身。这种意象反复出现在不同时代的作品中，出现在诗词书画中，成为隐逸文化中具标志性的符号。请看下面一组作品：

倦却诗书上钓船，身披蓑笠执鱼竿。棹向碧波深处去，复几重滩。不是从前为钓者，盖缘时世掩良贤。所以将身岩薮下，不朝天。

——敦煌曲子词《浣溪沙》

西塞山前白鹭飞，桃花流水鳜鱼肥。青箬笠，绿蓑衣，斜风细雨不须归。

——张志和《渔歌子》

人生贵极是王侯，浮名浮利不自由。争得似，一扁舟。弄月吟风归去休。

——赵孟頫画《渔子图》，其妻管仲姬题诗《题渔父图》

其后，赵孟頫又作词和曰：

渺渺烟波一叶舟，西风木落五湖秋。盟鸥鹭，傲王侯。管甚鲈鱼不上钩。

（二）山水游乐与诗词创作联姻

山水游乐也是古代文人的一种休闲常态。在中国传统文化中，崇尚自然，纵情山水，追求物我两忘的审美境界历来是中国文人重要的休闲方式，读万卷书，行万里路也成为古代文人信奉的游学方式，游历既是文人重要的休闲手段，又是交朋结友的大好时机。他们一边游山泛水，一边创作诗词，不仅在名山大川留下许多墨迹，更为文学史留下了众多山水游历作品，创造出一个山水游历的门类。在这里，自然山水不仅是作为士大夫文人休闲娱乐的外在世界而存在，更多时候是作为文人释放俗世烦恼、平复心性的心灵栖息之地，而其中尤以唐宋文人为多、为盛，白居易就是其中的典型代表。据史书记载，白居易在杭州、苏州任职期间，常常放下公务，徜徉在山水之间，过着闲适的半官半闲、半仕半隐的“大隐”生活。请看：

在郡六百日，入山十二回。宿因月桂落，醉为海榴开。
黄纸除书到，清宫诏命催。僧徒多怅望，宾从亦徘徊。
寺暗烟埋竹，林香雨落梅。别桥怜白石，辞洞恋青苔。
渐出松间路，犹飞马上杯。谁教冷泉水，送我下山来。

——白居易《留题天竺灵隐两寺》

吴中好风景，八月如三月。水荇叶仍香，木莲花未歇。
海天微雨散，江郭纤埃灭。……骑吏语使君，正是游时节。

——白居易《吴中好风景二首》

湛湛玉泉色，悠悠浮云身。闲心对定水，清静两无尘。
手把青筇杖，头戴白纶巾。兴尽下山去，知我是何人。

——白居易《留玉泉寺》

白居易式的“中隐”闲适人生，闲适的山水写意游历，都成为历代文人向往的理想休闲生活。在这里，山水已经主观化、人格化、情感化。徜徉在经过词人情感浸泡的山水中，陶醉在人与自然天人合一的审美境界中，文人自然诗如泉涌，文思如潮。自然山水从情感、审美层面介入文人的生活，最终实现士大夫文人休闲审美人生的升华。恰如刘勰《文心雕龙·物色》所言：“若乃山林皋壤，实文思之奥府。”自然山水是文学创作灵感的重要来源，是诗人吟咏赞美的对象，也是诗词重要的表现题材。

（三）赏花、品茗与诗词创作联姻

赏花、品茗也是古代文人非常崇尚的休闲方式。在中国文化传统中，茶历来作为清静高洁之物与隐逸休闲相伴。劳作之余，三五知己，静坐于清凉之处，眼看洁净的茶具和素雅的插花，耳听茶釜中咕咕的水沸声，鼻息香炉中散发的袅袅幽香，舌品茶的芬芳和甘醇，谈论诗画之道……这是何等清幽脱俗的境界。看看唐代诗僧皎然《对陆迅饮天目山茶，因寄元居士晟》所描述的境界，即可见唐宋文人对品茗赏花活动的审美趣味。

诗曰：

喜见幽人会，初开野客茶。日成东井叶，露采北山芽。
文火香偏胜，寒泉味转嘉。投铛涌作沫，著碗聚生花。
稍与禅经近，聊将睡网赊。知君在天目，此意日无涯。

随着宫廷品茗活动的盛行，赏花、音乐等审美元素也开始加入品茗活动中，唐人顾况曾作《茶赋》，记载了皇室茶宴的盛况。其曰："罗玳宴，展瑶席，凝思藻，间灵液。赐名臣，留上客，谷莺转转，宫女濒，泛浓华，漱芳津，出恒品，先众珍，君门九重，圣寿万春。"在这里，品茗已经完全演化成一种仪式性、审美性、礼仪性的休闲娱乐活动。

从以上活动看，无论是"独钓寒江雪"的钓翁还是游走山川的行者抑或高朋相聚的茶会，都折射出古人休闲所追求的境界，将艺术创作融于休闲活动，将精神的愉悦寄托于身体的歇息放松，所以才会有"采菊东篱下，悠然见南山"那般舒缓优雅的闲适意境；有"孤舟蓑笠翁，独钓寒江雪"所描述的人在极致静态氛围中独自享受娱乐快慰和静默雅趣的活动内涵；有"月出惊山鸟"，"莲动下渔舟"这种以动写静的审美爱好。在这样的休闲审美情趣导向下，古人常常在寂静中去感受一种如诗如梦的迷离情调，看鱼儿戏莲，瞧蜻蜓点水，数荷叶滚珠，甚至风、雨、云、霞任何一种自然景观都可以人格化为休闲的对象，在静中寻乐，使人们暂时忘却人生的坎坷与愤懑，淡化了心底的愁苦与伤悲，从而得到一种在人生意念上获得升华的乐趣。可以说，中国人的休闲心态多以静态为主，文人墨客尤其喜好泛着微微涟漪的湖水，潺潺的溪流，静静的河湾，这种静中带动的水的意象，可以帮助我们感悟大自然温柔委婉的魅力，感受天人交汇舒缓娴静的休闲意趣。

对中西文化都有深刻体验的林语堂先生曾将中西文化的区别作如下概括："美国人是闻名的伟大的劳碌者，中国人是闻名的伟大的悠闲者。"① 他把中国人的哲学称为"闲适哲学"："他一只眼睁着，一只眼闭着，看透

① 林语堂：《生活的艺术》（上册），世界文化出版社 1941 年版，第 189 页。

了四周发生的一切。"[1] 又认为："文化是闲暇之产物，而中国人固富有闲暇，富有三千年长期之闲暇以发展其文化。"[2] 在林语堂看来，中国人有着崇尚悠闲的浪漫传统，且这种悠闲是平民化的："这种消闲的浪漫崇尚，决不是我们一般想象中的是有产阶级者的享受。那种观念是绝对错误的。我们要明了这种悠闲生活是穷愁潦倒的文士所崇尚的，他们有的是喜爱悠闲的生活，有的是不得不如此，当我读中国的文学杰作时，或是当我想象到那些穷教师们拿了称颂悠闲生活的诗文去教穷弟子时，我不禁要想他们一定在这些著作中获取很大的满足和精神上的安慰。"[3] 可以说，早在半个多世纪前，林语堂就肯定了"闲"对于中国人的价值。而直到20世纪末，时隔半个多世纪之久，"闲"的价值才又一次被我们发现而受到重视，我们才开始关心闲暇对于人类存在的意义。然而，现代社会这种作为闲暇时间观念的休闲和上述林语堂所谓的那种作为一种民族性格的悠闲是有所不同的，我们不妨借助古代那些"穷愁潦倒的文士"所崇尚的作为"很大的满足和精神上的安慰"的休闲，来鉴照当代人的休闲生活。

第三节 "休闲"多维度的文化价值与意义

纵观中外休闲理论与休闲实践，"休闲"不外乎在三个层面上体现出它的价值与意义。一是解除体力上的疲劳，获得生理上的和谐；二是赢得精神上的自由，营造心灵的空间；三是进入审美的空间，实现审美的创造。可见"休闲"是一个由外而内、由身体而精神、由释放而审美的不断升华的生命过程和情感体验。本节将重点探寻"休闲"上升到文化层面的价值与意义，或者说是将休闲放到人类文化发展的历史长河中加以考察。在这一层面上，休闲是指人在社会必要劳动时间之外，为不断满足人的多方面需要而呈现的一种文化创造、文化欣赏、文化建构的生命状态和行为

---

① 林语堂：《生活的艺术》（上册），世界文化出版社1941年版，第1页。
② 林语堂：《生活的艺术》（上册），世界文化出版社1941年版，第190页。
③ 林语堂：《生活的艺术》（上册），世界文化出版社1941年版，第193页。

方式。

一、休闲是使人“成为人”的基本条件之一

要深刻认识“休闲”的文化价值与意义，首先要解决“休闲”对人的价值与意义，要认识到“自由时间”、“休闲”对实现人的价值的重要意义。我们知道，人作为生命的一种形式，区别于其他生命体的最根本点，就在于人具有社会文化属性，在于人具有精神的追求和自我价值实现的愿望。这一点从古希腊时代开始就不断被人们所强调，而“休闲”由身体的歇息到心灵的宁静的过程，皆关系到心灵的自由，内蕴着主体精神意识自觉超越程度的不断提升，休闲正是这样一种具有强烈的自主性和主体性的活动。德国著名哲学家约瑟夫·皮珀在被誉为西方休闲研究的经典之作《闲暇：文化的基础》中说，休闲是一种精神的态度，它不仅意味着人所保持的平和、宁静的精神状态，更是一种为了使自己沉浸在“整个创作过程中”的机会和能力。他还从天主教思想的传统中将“休闲”比喻成上帝给予人类的“礼物”。皮珀认为，人正是通过“休闲”来获得内心的平和，从而拥有驾驭世界的力量，使自己感到生命的快乐。① 休闲的价值不在于解除生理上的疲劳，而在于实现文化的创造，使人在精神的自由中历经审美的、道德的、创造的、超越的生活方式，呈现出生命自律性与他律性、功利性与超功利性、合规律性与合目的性的高度统一，是人的一种自由活动和生命状态，是一种从容自得的境界，是人的自在生命的自由体验。从这个角度看，“休闲”是全面提升人的生存意义与价值，使人“成为人”的基本条件之一，“休闲”是人类文化的基础，是哲学、艺术和科学诞生的基本条件之一，是人实现审美享受、审美创造的基本前提与条件之一。

的确，休闲与其说是从外部世界获得的一种满足，不如说是人的内心世界的一种追求。人的追求虽然离不开外部世界，而且必须指向外部世界，但这种追求的根本动力，却不来自于外部环境，而是由我们每个人的自由意志所决定的，是由我们的内在精神去驾驭环境，这充分显示出人的

---

① 约瑟夫·皮珀著，刘森尧译：《闲暇：文化的基础》，新星出版社 2005 年版，第 6—14 页。

主体性、能动性。从人生目标的确立到日常的生活行为的选择，无不烙上主体鲜明的色彩。休闲哲学要强调的就是，在生活目标的设定上，以及人的行为方式的选择上，人所具有的主动性、自觉性。而这一特征也正是人区别于动物之所在。马克思正是在这个意义上提出了“自由时间”这个概念，认为“休闲”是使人成为人的基本条件，明确了“自由时间”对于实现人的全面解放和自由的重要性。马克思认为，在资本主义制度下，劳动者为了谋生，替别人劳动，丧失了作为人的基本属性，工人劳动的产品和过程都造成了对自身的异化，他在《资本论》中一针见血地指出：人在劳动中不是肯定自己，而是否定自己。劳动不是自由地发挥自己的体力和智力，而是使自己的肉体受折磨，精神遭摧残……劳动的异化性质明显地表现在，只要肉体的强制或其他强制一停止，人们就会像逃避瘟疫一样逃避劳动。① 并在此基础上提出了“劳动时间”和“自由时间”的概念，认为“自由时间”就是非劳动时间，是“可以自由支配的时间”，“这种时间不被直接生产劳动所吸收，而是用于娱乐和休息，从而为自由活动和发展开辟广阔天地”。② 在这里，西方休闲学研究者通常将马克思的“自由时间”（free-time）等同于“休闲”（leisure）。“自由时间”为人娱乐休息、发展智力、在精神上掌握自由提供保障，从而使人扬弃异化，促进人的全面解放与发展。正是在这一意义上，马克思高度评价了“自由时间”对人类文明发展的重要作用。“整个人类的发展，就其超出对人的自然存在直接需要的发展来说，无非是对这种自由时间的运用，并且整个人类发展的前提就是把这种自由时间的运用作为必要的基础。”③ 马克思在描绘人类未来理想社会的蓝图时，把每个人的全面而自由的发展作为这个社会的基本特征和基本内容，而这种全面而自由的发展，正是有赖于“自由时间”才得以实现。也就是说，在强制性的劳动之外，人类才有机会从事较高级的活动，在“自由时间”中，人类自由级的创造性活动才得以完成，这种自由与创造，是使人得到全面解放和发展、实现自身本质的重要保障。所以从

---

① 马克思：《1844 年经济学哲学手稿》，人民出版社 1985 年版，第 50 页。

② 马克思、恩格斯著，中共中央马克思恩格斯列宁斯大林著作编译局编译：《马克思恩格斯选集》第 46 卷第三册，人民出版社 1974 年版，第 281 页。

③ 马克思、恩格斯著，中共中央马克思恩格斯列宁斯大林著作编译局编译：《马克思恩格斯选集》第 47 卷第三册，人民出版社 1974 年版，第 216 页。

哲学维度看，休闲才能实现人的自我价值和“精神的永恒性”[①]。休闲不仅能使人保持精神的平和宁静，更为完成个人和社会的发展提供了思考空间，使人沉浸在整个文化创造、文化欣赏、文化建构过程中，从而感受到生命的快乐和实现人的主观认知上的生存意义。反之，忙碌只能使人庸常、麻木，使人类丧失思考能力而退化。台湾著名音乐制作人李宗盛创作的一首《忙与盲》，就非常形象地诠释了“忙”必然导致“盲”的人生必然：

许多的电话在响，
许多的事要备忘，
许多的门与抽屉，
开了又关　关了又开　如此地慌张，
我来来往往　我匆匆忙忙，
从一个方向到另一个方向，
……
盲得已经没有主张，
盲得已经失去方向，
忙忙忙　盲盲盲，
忙得分不清欢喜和忧伤，
忙得没有时间痛哭一场。

二、休闲是人类文化艺术诞生的基本条件之一

“休闲”发端于物质文明，物质文明为闲暇提供了条件。但在漫长的人类文明发展历程中，“休闲”不断跨越物质的局限实现精神的创造与超越，催生了人类对精神文化的不断追求，催生了宗教、艺术、哲学思想，催生了人类对休闲文化价值与意义的思考。“休闲”从一开始就是和各种娱乐、艺术相伴相生的。在闲暇的自由时间内，人们摆脱了各种束缚，开始思考生命的意义，聆听自我内心的声音，开始纵情歌舞，节庆欢乐。正

① 马克思：《资本论》第1卷上册，人民文学出版社1975年版，第294页。

如柏拉图所说："诸神怜悯生来就是劳累的人们，因而赐予他们一系列的节日，并由酒神、诗神、太阳神相伴，由此他们的身心获得滋养，他们变得高大、正直。"[①] 西方学者以特有的理性思维从不同角度论述了休闲对人类精神文化的价值与意义。

早在古希腊时期，亚里士多德就充分认识到了"休闲"对人、对社会的文化意义，在《政治学》第七卷第三章、第九章、第十四章、第十五章和第八卷第三章中，亚里士多德反复表达着这样的观点："培养德行和从事政治活动都必须有足够的闲暇时间"，"闲暇具有重要意义"，"我们全部生活就是如何享有闲暇"。[②] 第八卷中更进一步提出如何在艺术中享受闲暇。他说："音乐的真正目的在于操持闲暇，而画画不仅有其日用功能，而且也有利于养成年轻人对于物体和形象的审美观念和鉴别能力。"[③] 当代德国哲学大师约瑟夫·皮珀则在他的经典休闲理论著作《闲暇：文化的基础》中，系统而全面地论述了"休闲"对文化的意义。皮珀首先以简洁流畅的笔触，说明闲暇的观念不仅是一种文化的理论，也不仅是我们这个迷惘时代里的一种自然神学，闲暇，基本上更是一种哲学中的哲学。他告诉我们，在现今科学和技术已然凌驾于人之天命的时代，哲学能够为我们做什么，以及哲学应该为我们做什么。接着，皮珀以温和的方式告诉我们：心静而后能知，认为这就是从希伯来先知依莉亚到帕斯卡和克尔恺郭尔一脉相承而来的"沉静之音"。[④] 在皮珀看来，只有处于宁静中的心灵，才有可能绽放出创造的火花。他在肯定古希腊先哲思想的基础上明确提出："在构成西方文化的诸多基础中，闲暇无疑是其中之一。"[⑤] 同时，他对现代社会"工作至上"的状况表示深深的忧虑，他说："'闲暇'这种观念

① 约瑟夫·皮珀著，刘森尧译：《闲暇：文化的基础》，新星出版社 2005 年版，第 12 页。

② 亚里士多德著，高书文译：《政治学》，九州出版社 2007 年版，第 741，793，827 页。

③ 亚里士多德著，高书文译：《政治学》，九州出版社 2007 年版，第 827 页。

④ 约瑟夫·皮珀著，刘森尧译：《闲暇：文化的基础》，新星出版社 2005 年版，第 2 页。

⑤ 约瑟夫·皮珀著，刘森尧译：《闲暇：文化的基础》，新星出版社 2005 年版，第 5 页。

的原始意义，早已被今天‘工作至上’的无闲暇文化所遗忘。”[①] “我们在这个时候要努力重建自己的家园，除了寻求安顿往后生活之所在外，同时也应该重新找回我们在道德和知识等方面的遗产……为闲暇好好辩护一番。”[②] 在皮珀看来，“无论是亚里士多德或柏拉图，甚至中世纪时代一些伟大的思想家，都一致认为，休暇状态下不管是感官的感觉或是知性的认知，一样具有很强的‘观看’能力，‘倾听事物之本质的能力’”[③]。正是“休闲”使人类具备了倾听事物本质的能力，具备了洞察事物的能力，具备了创造艺术的能力。在带有明显功利目的的劳动中，人们只能屈从于劳动分工和狭隘职业，人的思想容易被一定的思维定式所束缚，而创造性思维所带来的灵感、想象，大多是紧张劳动之外完成的，是“休闲”、“玩”的过程中的思想结晶，正是这样才使得休闲成为哲学、艺术和科学诞生的基本条件之一。随着社会的发展，人类自我意识的觉醒，人们对人类精神、文化终极关怀的强调与重视，人们对休闲的文化价值、文化意义的认识也更加深刻。对此，西方当代学者从不同角度作了论述。他们说：

休闲可以使我们获得更多的幸福感，可以保持内心的安宁，我们需要崇高的美德去工作，同样需要崇高的美德去休闲。是的，休闲可以使我们有意义地生活。

——美国杰出教育家莫德默·阿德勒

闲暇，乃是任何文化复兴的先决条件，其根源则是来自有闲和奉献的阶层。

——《观察家》杂志 1952 年 5 月 30 日

许多伟大的真知灼见往往正是处在闲暇之时获得的。在我们的灵魂静

---

① 约瑟夫·皮珀著，刘森尧译：《闲暇：文化的基础》，新星出版社 2005 年版，第 6 页。

② 约瑟夫·皮珀著，刘森尧译：《闲暇：文化的基础》，新星出版社 2005 年版，第 5 页。

③ 约瑟夫·皮珀著，刘森尧译：《闲暇：文化的基础》，新星出版社 2005 年版，第 15 页。

静地开放的此时此刻，就在这短暂的片刻之中，我们掌握到了理解“整个世界及其最深邃之本质”的契机。

——《观察家》杂志

所谓闲暇，并不是懒惰，而是人类精神的自由和解放，人们得以沉思默想并和外在世界和睦相处，心灵因而获得力量和滋养。

——《旧金山纪事报》1952 年 3 月 16 日

闲暇并不是工作的休止，而是另一种类型的工作——是一种具有人性意义的工作，好比节日的庆典活动。

——英国哲学家斯克鲁顿（1998 年英译版《闲暇：文化的基础》序）

闲暇是一种心灵的态度，也是灵魂的一种状态，可以培养一个人对世界的观照能力。

——卡尔·霍迪（Carl Houde），《国家》杂志 1952 年 10 月 18 日①

从文化维度看，休闲正是将人从劳动状态与负有责任的其他活动中分离出来，消除体力的疲劳，但休闲的意义更多体现在对人的精神作用和文化上，它通过人的个体或群体的行为、思维、感情、活动等方式，创造文化氛围、传递文化信息、构筑文化意境，从而使个体实现身心全面休闲，并由此获得精神上的慰藉。可见，休闲的意义不仅在于实用，不只是为了设置港湾和加油站，用于休憩、调节，用于更好地工作，更是使人在精神的自由中历经审美的、道德的、创造的、超越的生活方式，在让人们得以休息、放松的同时，还提供一种文化的修养，丰富人们的精神境界，建设人类文化、精神的家园。所以，休闲不再是简单的休息、娱乐，而是一种“成为人”的过程，是人们丰富生命、完善自我的过程。

---

① 以上引文均转引自约瑟夫·皮珀著，刘森尧译：《闲暇：文化的基础》，新星出版社 2005 年版。

三、“休闲”是审美欣赏和审美创作的前提与基础

从审美角度看，休闲与审美因其共同的心理特征和超功利模式而发生着必然的联系。休闲为审美提供了必要空间，休闲所产生的平静宁和的心理特征，是审美欣赏和审美创造的心理前提。休闲与审美这种天然的亲缘关系，丰富、拓宽了审美的境界，提升了休闲的品位而被古代文人视为理想的生存境界。黑格尔就说：“审美带有令人解放的性质，它让对象保持它的自由和无限，不把它作为有利于有限需要和意图的工具而起占有欲和加以利用。”[①] 同样，休闲也是不带任何功利性的生命活动，而休闲审美则在更高的一个层面上进一步使人在审美欣赏、审美创造过程中赢得自在生命的自由体验，赢得自我价值的实现和发展。追求自由，赢得自我，不受任何羁绊地按自我意志行事，是每一个具有独立人格的人所梦寐以求的生命状态。而休闲与审美正是在这一意义上实现了统一：一方面，休闲为审美提供了必要的时间、身体、心理条件，赢得了审美活动的心理空间，为艺术创作提供了必要的物质与精神准备；另一方面，审美提升了休闲主体的精神品格，为休闲主体提供了更充分的发展空间，帮助休闲主体在审美中摆脱束缚而获得解放，赢得愉悦、自由、超越的生命体验，肯定了人生存的价值与意义。审美总是自由的，高尔泰先生就将审美定义为“自由的象征”。正是在这个意义上，浙江大学哲学系潘立勇教授从美学视角界定休闲的基本内涵为“自在生命的自由体验”，将休闲的审美本质概括为“生存境界的审美化”，并将二者的关系概括为“审美是休闲的最高层次和主要方式”，休闲“使审美境界普遍地指向现实生活”。[②]

那么人应该如何在审美中度过“休闲”时光？王国维先生在他《人间嗜好之研究》和《去毒篇》两篇文章中作了很好的阐发。在《人间嗜好之研究》这篇我国最早研究休闲生活并且极具休闲意味的文章中，王国维先生极力主张审美救国，他说：“人固不能终日从事工作，岁有闲月，月有

---

① 瑜青：《黑格尔经典文存》，上海大学出版社2001年版，第32页。

② 潘立勇：《休闲与审美：自在生命的自由体验》，《浙江大学学报》（人文社会科学版）2005年第6期。

闲日，日有闲时。”[①] 的确，“闲暇”是每一个人都拥有的空间，关键是如何来“休”，如何更好地度过人生中“闲”的时光，这就是一个很值得思考的重要问题。王国维先生认为人有“生活之欲”与“势力之欲”两种，“人之一生，惟有此二欲以策其智力及体力，而使之活动”。“生活之欲”较易满足，而“势力之欲”的获得就有赖于闲暇时间精神生活的满足程度。他说：“人类之生活，既竞争而得胜矣，于是此根本之欲复变而为势力之欲，而务使其物质上与精神上之生活超于他人之生活之上。”在王国维先生看来，文学、美术正是实现“势力之欲”的最好方式，“若夫最高尚之嗜好，如文学、美术，亦不外势力之欲之发表”[②]。文学、美术都属于审美创造活动，可见，“闲”催生了“势力之欲”，而文学、美术等审美创造活动都是“势力之欲”发泄的结果之一，也是具有很高精神价值的“休”的方式。由此可见，王国维先生所认同的文学、美术等艺术休闲嗜好是高尚的，能给休闲主体在创作或阅读文学作品时带来感官、情绪、精神上的轻松舒缓、悠闲自在、欣悦的状态，是精神层面的静态休闲。王国维先生的休闲美学思想与席勒的游戏进化理论是一脉相承的。席勒认为游戏分物质游戏和审美游戏，他将生物的自由活动称为物质游戏，比之高一级的是审美游戏，审美游戏是人的想象力的自由运动。物质游戏的自由只是不受生存压力制约的自由，低级审美游戏的自由依然要依附于实用，而高级审美游戏才真正是人在游戏冲动中对纯粹美的追求。王国维认为博弈、宫室、车马、衣服、驰骋、田猎、跳舞等休闲嗜好中都包含着功利与实用的一面的思想，是对席勒游戏进化思想的借鉴与吸收，他用“嗜好”来界定伴随休闲活动而产生的强烈的情感活动。

审视人类不同时期的休闲实践，我们也不难发现，“休闲”活动从来就是伴随着鲜明的情感、价值取向，伴随着强烈的个体情感体验的，是“以欣然之态做心爱之事”。中国古代美学中的“游”、“乐”、“畅神”、“怡情”和“品味”等概念无不与休闲相通，西方美学中的“游戏”、“超越”和“自我实现”等观念也都与休闲彼此沟通。审美是一种生命的享

---

① 王国维著，姜东斌、刘顺利选注：《千古文心——王国维文选》，百花文艺出版社 2002 年版，第 71 页。

② 王国维著，姜东斌、刘顺利选注：《千古文心——王国维文选》，百花文艺出版社 2002 年版，第 72 页。

受，休闲更是以自我生命的享受为目的。人们在高品位的休闲中实现着审美化的生活方式，同时为了达到高品位的休闲又常常离不开审美方式的介入。建立在闲暇基础上的行为，包括休息、娱乐、学习、交往等，都有一个共同点，即可以获得一种愉悦的美感体验，这种体验往往以渗透、融合、感染、凝聚、熏陶、净化等多种形式影响人的行为方式和生活方式。美国哲学家杰弗瑞·戈比也在哲学高度上强调了休闲审美的情感色彩，他说："休闲是从文化环境和物质环境的外在压力中解脱出来的一种相对自由的生活，它使个体能以自己所喜爱的、本能地感到有价值的方式，在内心之爱的驱动下行为，并为信仰提供一个基础。"① 建立在审美境界基础上的休闲活动，品茶、饮酒、养花、读书，倾听自然、游览山水、漫步园林、悠游郊野，闲坐、运动、饮食、逛街、聚友等能够给人带来精神的愉悦、自由的创造和生命的升华。在获得畅快的、愉悦的心理体验的同时，感知生命的自由和美好，也可以说是"休闲"的最高境界。

在漫长的中国休闲文化历史中，许多文人士子都认识到文学艺术的休闲功能，他们从不自觉到自觉地运用文学来调剂生活、抒发情感、超越现实、完善休闲人生。正如鲁迅先生在《中国小说的历史变迁》中所认为的，诗的产生不仅能统一劳动的动作、协调劳动的节奏，诗同时具有减轻劳累的自娱作用，而谈论故事、娱乐消遣则是娱人和自娱的结果。鲁迅先生从文学发生学的角度肯定了文学具有的休闲娱乐的本质。

从文学创作实践看，文学的休闲娱乐性特点，也始终或明或暗地伴随着文学发生，成为文学休闲得以实现的根本与前提。审视文学的功能体系，文学虽然也包含认识、教育、伦理等多方面的功能，但其核心依然是审美娱乐，其他功能都是依附在审美娱乐功能之上的。在漫长的文学实践活动中，文学的休闲功能与其他功能一直演绎着此消彼长的太极图状态，即使在生产力水平较低或强权政治主宰时期，文学的政治功能居主导地位，文学依然通过审美作用于人的心灵，起到教化、认识的作用。当生产力得到全面发展，人们摆脱了对生产力的依赖与束缚，不再满足于对物质生活的依赖，而是渴望获得更多精神上的愉悦享受时，文艺的政治功能就会慢慢退居其次，休闲娱乐功能就会成为时尚主导。从《诗经》中普通劳动者对劳作、情感生活的吟唱，到魏晋南北朝诗人悲怆慷慨的生命意识表现，再到唐诗中李白纵酒狎妓的豪放以及白居易闲适享乐的咏叹，直至唐

---

① 托马斯·古德尔、杰弗瑞·戈比著，成素梅等译：《人类思想史中的休闲》，云南人民出版社2000年版，第11页。

宋词中对山水的咏叹、对生命意识的感悟、对爱情闲愁的吟唱……无疑，这些文学作品都是古人生命情感、生命意志的呈现，从深层次上讲，是文人自我意识、生命意识的觉醒。文人在追求精神的解脱和超越以获得精神上自由的过程中，同样渗透着文学休闲所独有的文化意蕴和休闲思想。

第二章

词体萌生的商业文化背景与休闲社会土壤

虽说我国古代的诗文多有言志、载道的功能要求，但仍不乏用于自娱的作品，比较而言，唐宋词起于娱宾遣兴之需，主于侑酒佐欢之用，被视为“小道”，和其他文体相比，其依乐而作、依声而歌、委婉曲折的体性特点，善于表达儿女情长或人生怅惘，为其他文体所不能比，故最具抒情特质和休闲娱乐功能，在成为抒情文学精品的同时，又是中国古代休闲文化中最为耀眼的明珠。正如先人所言：“情有所感，不能无所寄。意有所郁，不能无所洩。古之为词者，自抒其性情，所以悦己也”①，“情有文不能达，诗不能道者，而独于长短句中，可以委婉形容之”②，“词之为体，要眇宜修，能言诗之所不能言，而不能尽言诗之所能言”③。以上三例是就抒情立论，那么，作为与休闲关系最为密切的词，又是在怎样的文化背景中萌生的呢？

在中国古代文学发展的历史上，诗、词、曲、赋、小说、戏剧等各种文学样式，都曾经作为某一时期文学的代表而繁荣兴盛，成为新兴的文学样式而受时人追捧。同时，它们又总是伴随着那个时代的文化的隐退而日趋衰微。这种某一文学样式与特定时代社会文化环境关系密切、互生互长的文化现象，广泛存在于人类文化发展史的任何阶段，为历代学者所关注。刘勰早就在《文心雕龙·时序》中提出“时运交移，质文代变”，“文变染乎世情，兴废系于时序”的观点，认为时代的变化必然导致文学创作的变化。清人叶燮则以自然气候与花的关系比喻社会文化的发展对文学的制约，他说：“夫天有四时，四时有春秋。春气滋生，秋气肃杀。滋生则敷荣，肃杀则衰。”（叶燮《原诗·外篇》卷下），而胡适在《文学改良刍议》中，对词体的生长更是作了全面考察论述，提出了“文学随时代而变迁”的著名论断。他说：“文学者，随时代而变迁者也。一时代有一时代之文学……诗至唐代而极盛，自此以后，词曲代兴，唐、五代及宋初之小令，此词之一时代也；苏（轼）、柳（永）、姜（夔）之词，又一时

① 唐圭璋：《词话丛编》之《白雨斋词话·卷八》（清·陈廷焯），中华书局1986年版，第3968页。

② 唐圭璋：《词话丛编》之《铜鼓书堂词话·卷三》（清·查礼），中华书局1986年版，第148页。

③ 郭绍虞：《中国历代文论》之王国维《人间词话删稿》，中华书局1962年版，第439页。

代也……凡此诸时代，各因时势风会而变，各有其特长。”

词体萌芽于唐，发展于五代，鼎盛于宋。词在承传晚唐五代的基础上，经过苏轼、辛弃疾的变革，再经姜夔、周邦彦等精通音乐的词人的加工，由流行于酒肆歌馆的“诗余”发展成为有宋一代之文学的代表。据《全宋词》、《全宋词补辑》所录，宋代词人有一千四百余家，辞章有两万四百多首，影响绵延几千年。这其中既有词体自身繁衍演变的规律和传承轨迹，更有当时社会、人文的影响，离不开宋代特殊的经济社会土壤，包括经济生活、家居社交活动、市民与官宦的娱乐之需，亦即离不开宋代文化体系，离不开宋代特定文化背景下人们的社会审美理想和审美趣味。正如史家所言，唐末农民战争后两宋统治的三百年间，是我国社会经济和文化极大发展的时期，农业产量一直保持在唐代的最高水平，劳动生产率超越了以往任何一个历史时期。特别是富庶的成都平原，城市经济发展，中心城市形成，商业文化异军突起，市民生活安逸，休闲享乐思想滋长，曲子词、花间词就是在这样的商业文化背景和社会休闲需求中迎来了异彩纷呈的繁荣时期。可以说当时富裕的社会土壤，社会物质财富的极大丰富，太平盛世享乐风气的盛行，市井生活的休闲娱乐需求，共同孕育了这一新兴的文学样式。

第一节　宋代经济的发展与商业文化背景

公元960年，宋太祖赵匡胤统一中原，建立宋朝，定都汴京（今河南省开封市），史称北宋。公元1127年，北宋灭亡，康王赵构在南京（今河南省商丘）称帝，史称南宋。公元1127年，南宋都城迁到临安（今浙江省杭州市），直至公元1279年灭亡，宋朝统治达319年之久。

这是一个承前启后的朝代，是一个富有近代色彩的朝代。日本汉学家内藤虎次郎在1922年发表的《概括的唐宋时代观》中，将中国古代社会分为三个发展时期，宋代因其贵族政治的崩溃，君主独裁政治得以确立，平民文化昌盛，庶民地位得到提高而被划归近世。[①] 从纵向的社会发展史来看，宋初统治者吸取前代教训，设计并推行了一整套君主独裁的政治制度，社会结构、文化面貌发生了全面的转变，在土地制度、赋税制度、政治结构、阶级关系、思想文化、习俗观念等方面，形成了明显不同于此前的新格局。特别是随着宋代经济的发展，经济文化重心的南移与文化结构的变迁，宋代帝政都显现出一定的庶民性、人文化色彩，具有鲜明的中国帝政时代后半期的时代特色，开启了中国历史发展的新阶段。从横向的时代剖面来看，宋代经济社会的发展，大大推进了宋代文化的昌盛，形成了具有明显“近世精神”的商业文化，宋代士人也具有突出的“庶民性特征”，带着明显的商业文化孕育的俗世享乐与现世关怀思想。正是在这一意义上，历代学者都对宋代文化给予了高度的评价与充分肯定。如严复在《致熊纯如函》中说：“若研究人心政俗之变，则赵宋一代历史，最宜究心。中国所以成为今日现象者，为善为恶，姑不具论，而为宋人之所造就，什八九可断言也。”[②] 宋文化在中国文化史上独领风骚，并对人类文化发展作出了杰出贡献。著名国史家陈寅恪称：“华夏民族之文化，历数千载之演进，造极于赵宋。后渐衰微，终必复振。”[③] 当代历史学家邓广铭先生更是对宋代文化给予了极高评价，他说宋代文化是“已经达到了登峰造极的高度的”，“宋代文化的发展，在中国封建社会历史时期之内达于顶峰，不但超越了前代，也为其后的元明之所不能及”，并强调这是“无可争辩的事实”[④]。作为宋朝一代之文学代表的“词”，在宋代文化的母体中孕育，在宋代文化的沃土中成长，必然深受其影响并推动深化这种文化的特征。

---

① 《日本学者研究中国史论著选译》卷 1，中华书局 1992 年版，第 10 页。

② 严复：《严复集》第三册，中华书局 1986 年版，第 668 页。

③ 陈寅恪：《宋史职官志考证序》，《金明馆丛稿二编》，上海古籍出版社 1980 年版，第 245 页。

④ 邓广铭：《序列》，陈植锷：《北宋文化史述论》，中国社会科学出版社 1992 年版，第 1、7、8 页。

一、社会相对稳定，人口持续增长

宋王朝是在五代十国的基础上建立起来并完成统一的，它没有经历过像以往一些朝代那样大规模的战乱破坏。加上宋初太祖、太宗时期，为了稳定统治，增加税收，积极采取召集流民垦荒，兴修农田水利，推广优良品种和促进南北方农作物品种交流等发展农业生产的措施。随着社会的相对稳定和经济的恢复，宋初人口快速增长。到了北宋末年，“太平日久，人物繁阜。垂髫之童，但习鼓舞；斑白之老，不识干戈”[①]，迎来了中国人口发展历史上的第二个高峰期。据赵德馨主编的《中国经济通史》记载，宋辽夏金元是历史上中国人口增长的第二个高峰时期，“宋金时期人口在8 000 万到14 000 万之间，超过汉唐一倍”[②]。宋初宋太祖黄袍加身时，北宋有州111 个，县638 个，户数为967 353。至北宋末年“宣和四年，又置燕山府及云中府路，天下分路二十六，京府四，府三十，州二百五十四，监一千二百三十四，可谓极盛矣”[③]。

宋朝的地方行政区划基本上实行的是两级制，将近400 个府、州、军、监为一级，1 234 个县为一级。府为体制较尊的地区，比如首都、陪都等；军一般是军事重镇或要冲；监设在一些主要的工矿牧盐等重要物资产区。宋代的人口统计一般是以京、府、州、县、户为单位统计的，很难得到一个精准的数据。今天对宋代人口的研究，也多是通过对每户的税额和专卖收入或对编户和非编户户口统计推算而得。宋代人口不仅数量呈动态增长趋势，人口结构也呈现多元、复杂的格局，手工业者、客商、妓女开始作为重要的人口构成要素，出现在各种统计数据中。以北宋都城开封为例，即可见一斑，见下表。

---

① 孟元老：《东京梦华录 · 序》，中华书局1982 年版，第4 页。

② 赵德馨：《中国经济通史》卷5，湖南人民出版社2002 年版，第112 页。

③ 脱脱等：《宋史》卷85《地理一》，中华书局1977 年版，第2095 页。

一般人口	禁军及家属	宫城	官僚、从事官营手工业的厢军	僧尼道士	妓女	合计
100万（崇宁）	10万（崇宁）	1万以上	10万以上	2~3万	数万	150万

注：引自周宝珠：《宋代东京研究》，河南人民出版社1992年版，第348页。

人口是衡量社会发展的重要指标。就城市的人口与规模而言，大宋帝国人口不仅超过了以往任何朝代，而且远远超出了同时代的任何国家和地区。据李春棠先生研究统计，11世纪的俄罗斯地区共有86个城市，13世纪达到250个。但这些城市的人口最多的不过数万，大多城市的人口都在1~2万之间。整个11—13世纪的欧洲城市居民人口，一般都在0.5~1万之间，直到16—17世纪，拥有4万人口的伦敦，已经是西方人眼里的超级大城市了。所以当马可·波罗万里迢迢来到中国时，这位见多识广的威尼斯商人的儿子不由得惊叹“苏州城，漂亮得惊人”，“这里人口众多，稠密得令人吃惊”。[①] 人口持续增长反映了宋代经济的发达，也为宋代商业经济的繁荣奠定了稳固的基础。

二、商业经济繁荣，城市集群开始形成

城市是人口、财富、享乐的集中之地，也是商业经济繁荣发展的摇篮，人类文明在此不断繁衍生息，孕育传播。古代的城市，是“城”与“市”的集合，“城”是具有防御功能的军事设施，“市”是以商品交换为主要目的的商品交换场所。赵宋王朝开国之初，为推动促进商业经济的发展，出台了一系列奖掖商业的政策与措施。一是打破秦汉以来“坊”和“市”封闭、分割的格局，突破城市居民区与商业区截然分隔的局面，大大拓宽了城市交易区的面积。秦汉以来，“坊”为居住区，“市”为交易区，“坊”与“市”之间各有围墙，并规定居民不得临街开门。宋太祖建

① 李春棠：《坊墙倒塌以后——宋代城市生活长卷》，湖南人民出版社2006年版，第6—7页。

隆三年（962 年），下令撤除坊墙，沿街允许开设店铺，实行“街市结合”的城市体制，居住区和商业区交叉存在，并且逐渐连成一片，居民小巷不再相互隔离，店铺林立的大街小巷形成了完善的商业网络，取代了旧有的封闭式管理；二是改变了汉唐以来的宵禁政策，彻底打破了“日中为市”的交易传统，延长集市开放时间，形成了城市特有的早市、晚市、夜市格局；三是颁发诏令，明令各地不得苛留、搜集商贩行李货物，并且令各地政府将商税榜于税务部门门首，地方不得擅自创立名目收税；四是广泛搜罗商业人才，提高商人地位。淳化三年（992 年）三月二十一日颁发“广搜罗之道诏”，表示“如工商杂类人内有奇才异行，卓然不群者，亦许解送”。自此，历来所奉行的“工商不得与于士”的陈规被打破，商人的社会地位也得到提高。这一系列政策的推行，不仅极大地促进了宋代经济的发展，也使城市社会、经济、文化生活呈现出空前的活跃与兴旺。以北宋为例，真宗景德年间的商业税总额为 450 多万贯，北宋后期则增至 1 000 万贯以上。[①] 同时，区域性商品交易的活跃，全面推进了城市发展的进程，形成了以大都市为核心的城市、镇市、草市多层次商品交易网，城市集群形成。据学者李春棠《坊墙倒塌以后——宋代城市生活长卷》的统计结果显示，宋代县以上城市约有 1 163 个，镇有 1 900 个以上，其中州府主客户总数超过 10 万者有 49 个，人口在 1～10 万的城市不少于 100 个[②]，社会呈现出一派欣欣向荣的繁盛景象。北宋画家张择端笔下的《清明上河图》，就生动直观地留住了宋代都城开封的这一段记忆：热闹繁华的市区街道上，以高大的城楼为中心，两边的屋宇鳞次栉比，茶坊、酒肆、脚店、肉铺、庙宇、公廨交错绵延，商店中有绫罗绸缎、珠宝香料、香火纸马等的专门经营，此外尚有医药门诊、大车修理、看相算命、修面整容，各行各业，应有尽有。大的商店门首还醒目地扎着“彩楼欢门”，悬挂着市招旗帜，招揽生意。街市行人，摩肩接踵，川流不息。有做生意的商贾，有看街景的士绅，有骑马的官吏，有叫卖的小贩，有乘坐轿子的大家眷属，有身负背篓的行脚僧人，有问路的外乡游客，有听说书的街巷小儿，有酒楼

---

① 彭雨新：《中国封建社会经济史》，武汉大学出版社 1994 年版，第 406 页。

② 李春棠：《坊墙倒塌以后——宋代城市生活长卷》，湖南人民出版社 2006 年版，第 6—7 页。

中狂饮的豪门子弟，有城边行乞的残疾老人，男女老幼，士农工商，三教九流，无所不备。交通运载工具有轿子、骆驼、牛马车、人力车，有太平车、平头车，形形色色，样样俱全。城外，繁忙的汴河码头人烟稠密，粮船云集，人们有在茶馆休息的，有在街头看相算命的，有在饭铺进餐的。还有“王家纸马店”，是卖扫墓祭品的。河里船只往来，首尾相接，或纤夫牵拉，或船夫摇橹，有的满载货物，逆流而上，有的靠岸停泊，正紧张地卸货。横跨汴河的是一座规模宏大的木质拱桥，它结构精巧，形式优美，宛如飞虹，故名虹桥。一只大船正待过桥，船夫们有用竹竿撑的，有用长竿钩住桥梁的，有用麻绳挽住船的，还有几人忙着放下桅杆，以便船只通过。邻船的人也在指指点点，像在大声吆喝着什么。船里船外都在为此船过桥而忙碌着。桥上的人也伸头探脑地，为过船的紧张情景捏了一把汗。这里是闻名遐迩的虹桥码头区，车水马龙，熙熙攘攘，是一个名副其实的水陆交通会合点。《清明上河图》再现了北宋政治经济中心汴京当时繁盛热闹的城乡、街市、水道间的形形色色。这是宋代社会经济的一个缩影，它形象直观地反映了当时由活跃的经济、繁盛的城市、稠密的人口组成的宋代社会。

三、市民阶层出现，商业文化的雏形显现

宋代户籍分为坊郭户和乡村户，坊郭户就是城市人口，包括州府县城及各草市、市镇的居民。伴随着宋代城市集群的崛起，城市商业经济的繁荣，大量的不在籍的流动人口向城市聚集，市民开始作为重要的城市人口集群出现在城市人口结构中。如都城开封和临安，人口都在百万以上，其余如鄂州、建康、成都、长沙等二线城市，人口也超过了 10 万，占当时总人口的 12% 以上。如此庞大的城市人口，必然导致人口结构性变化，衍生出新的观念与思想。

变化之一是城市居民的职业结构趋向多元化，从事手工业和服务性行业的社会群体成为城市居民的重要组成部分，市民阶层作为社会的主要群体开始形成。宋代以前的城市经济，基本上以农业为主，在经济结构上具有明显的单一性和纯消费性。两宋时期，随着城市化进程的深入，城市经济更加繁荣，商业和手工业分工更加细密，不仅行业众多，行业内部的职

业分工也更加明确细密。如酒肆、食店就有“博士、挡头、行莱、过买、外出卷儿、酒家人、师公、大伯”等分工，药铺也有“当铺郎中、前后作、药生作”[①] 等不同职位。再譬如宋代印刷业和私家刻书十分兴盛，临安更是书铺林立，当时的临安府拥有大量的刊工，单是临安会子库印会子的工人每日就有 204 人。[②] 至南宋，城市手工业又有了新的发展，官营手工业较多的局面逐渐改变，私营手工业作坊和小商品生产比重增加。南宋临安城里从熟食小品到衣服穿着或室内杂物用具，都有专门制作的手工业作坊，仅《梦粱录》卷十三《团行》条所记载的就有下列 22 种：碾玉作、钻卷作、篦刀作、腰带作、金银打银作、裹贴作、铺翠作、裱错作、装案作、油作、木作、砖瓦作、泥水作、石作、竹作、漆作、钉铰作、箍桶作、裁缝作、修香浇烛作、打纸作、冥器作等。[③] 此外，周密的《武林旧事》卷六也记载说南宋临安各种小商品生产有 170 多种。[④] 这些史料一方面说明手工业在宋代城市经济中所占分量之多、比重之大，另一方面也反映了宋代手工业分工的专业化、精细化，手工业从业人口之多。规模庞大的手工业聚集了庞大的手工业人群，正如孟元老描述的，东京“东西两巷，谓之大小货行，皆工作伎巧所居”[⑤]。手工业迅速发展的同时，服务业也蓬勃发展，并逐渐成为城市产业中一个重要的组成部分。据《宋词与宋代的城市生活》记载，宋代城市中，有文献记载的行业达 440 多行，其中比例最大的是服务业、手工业，呈现出城市生活、商业社会的特点。[⑥] 值得注意的是服务业的迅速发展折射出宋代社会风尚的商业化转变，人们的生活观念也在城市化、商业化的进程中滋生出人生在世享乐为上的意识。

变化之二是以追逐奢华、享乐为核心的商业文化雏形已经显现。古代社会早期的各种文化与娱乐活动，通常是作为特权阶层的特殊享受供少数人享用，而不是通过市场化、商业化的手段向全社会推行，商业化的交易

---

① 吴自牧：《梦粱录》卷十九《顾觅人力》，浙江人民出版社 1980 年版，第 183 页。

② 吴自牧：《梦粱录》卷九《监当诸局》，浙江人民出版社 1980 年版，第 80 页。

③ 吴自牧：《梦粱录》卷十三《团行》，浙江人民出版社 1980 年版，第 115 页。

④ 周密：《武林旧事》卷六《小经纪》，西湖书社 1981 年版，第 102 页。

⑤ 孟元老：《东京梦华录》卷二《酒楼》，中华书局 1982 年版，第 71 页。

⑥ 杨万里：《宋词与宋代的城市生活》，华东师范大学出版社 2006 年版，第 7 页。

行为比较少见。中晚唐以后，娱乐作为一种消费服务，开始在市场上出现。到宋代，以谋生和赢利为目的的文化娱乐活动已相当普遍，娱乐消费市场发育趋于成熟，专业的表演场所“勾栏”、“瓦市”开始出现，并广泛存在于城市的各个角落。“勾栏”、“瓦市”的出现，不仅在中国古代经济发展史上具有阶段性意义，标志着商业意识向社会生活的全方位的渗透，在中国古代文化发展传播历史上，同样具有阶段性的意义。商业经济的发展，市民阶层的形成，给传统社会注入了异质文化要素，不仅改变了城市居民的成分，更促进了市民文化的成长，使娱乐市场具备了迅速发展的条件。宋代的娱乐市场非常发达，时序性、宗教性、政治性等名目繁多的节日不仅为娱乐市场提供了娱乐的时间与空间，纵情狂欢、君民同乐的节日习俗更为各种娱乐文化的发展提供了必要的社会文化基础。据伊永文《宋代市民生活》记载，每逢岁时节庆、迎神赛会，各社各村组织舞队在游行中表演诸般技艺，盛大者达数十百队，连绵十多里。各种表演“纷然丛集”，都人不论贫富，倾城而出，“公子王孙，富室骄民，踏青游赏城西，店舍经纪，辐凑湖上，开张赶趁”，许多专门性的娱乐场地与队伍更是通宵达旦营业狂欢。[①] 另据《东京梦华录》卷三《大内西右掖门外街巷》记载，北宋东京著名的瓦舍就有桑家瓦、中瓦、里瓦、朱家桥瓦、新门瓦、州西瓦、保康瓦、州北瓦、宋门外瓦九处，而以东角楼一带的瓦舍最为集中。其中“州西瓦子”“南自汴河岸，北抵梁门大街，亚其里瓦，约一里有余”[②]，可见其规模气势。

所谓瓦市是宋代固定的娱乐专门场所，专业艺人会聚于此，不间断地举行各种文化娱乐活动，相当于我们现在的戏院、书社等。此外还有勾栏，勾栏则是戏院、舞台或看场。宋代的勾栏有围墙、有门，收费入场，还设有戏台、戏房、观众席。观众席有“神楼”和“腰棚”等雅座，可供观众安坐欣赏节目，中间则是平地供观众站立观看。据载，临安盛时，城内有 5 个瓦市，城外更多，合计达 17 个，南宋末更达 23 个，可见宋代享乐风气之盛。以东京、临安为例，当时酒楼、茶坊、妓馆、歌肆林立。对此，范成大的《吴船录》卷下非常形象地为我们描述了当时的盛景：“沿

---

① 伊永文：《宋代市民生活》，中国社会出版社 1999 年版，第 260 页。

② 孟元老：《东京梦华录》卷三，中华书局 1982 年版，第 83 页。

江数万家，廛邗甚盛，列肆如栉，酒垆楼栏尤壮丽，外郡未见其比，盖川广荆襄淮浙贸迁之会，货物至者无不售。”[①] 孟元老《东京梦华录·序》更对汴京之盛概括道：“举目则青楼画阁，绣户珠帘，雕车竞驻于天街，宝马争驰于御路，金翠耀目，罗绮飘香。新声巧笑于柳陌花街，按管调弦于茶坊酒肆。八荒争凑，万国咸通。集四海之珍奇，皆归市易；会寰区之异味，悉在庖厨。花光满路，何限春游；箫鼓喧空，几家夜宴。伎巧则惊人耳目，侈奢则长人精神……”[②] 市民阶层的出现，不仅改变了当时社会结构，而且他们的价值观、审美趣味、道德观念，也对整个社会产生了深远影响。正如日本学者加藤繁在《中国经济史考证》中所说：“当时都市制度上的种种限制已经除掉，居民的生活已颇为自由、放纵，过着享乐的日子。不用说这种变化是由于都市人口的增加，它的交通商业的繁荣，它的财富的增大，居民的种种欲望强烈起来的缘故。”[③] 正是市民阶层的“颇为自由、放纵的生活”和种种强烈的欲望，导致了新的都市风情、娱乐、文化的产生，城市生活方式开始变得多姿多彩起来。

第二节　唐宋社会“休沐”制度的建立与休闲社会土壤的形成

一、唐宋日趋完善的休假制度，士大夫充裕的休闲时间

我国的休假制度源远流长，其源头往往与农时节令活动关系密切，和中国农业社会这个大背景相关，和具体的农业生产活动相关，带着明显的农耕文明色彩。可以毫不夸张地说，中国古代所有节庆活动，都是以农业生产的时令和节气转换为基础的，古代人们休闲活动时间的长短也主要听

---

① 范成大：《范成大笔记六种》之《吴船录》卷下，中华书局 2002 年版，第 223 页。

② 孟元老：《东京梦华录·序》，中华书局 1982 年版，第 4 页。

③ 加藤繁：《中国经济史考证》，《宋代都市的发展》，商务印书馆 1959 年版，第 277 页。

命于自然的天时变换。远古时期，人们为了祈求好的年成和庆贺丰收，每年要举行春秋两次的祭神活动。每当祭神之日到来时，四乡八里的村民全部出动，参与祭事活动。祭罢则饮食宴乐，彻夜狂欢。官府此日也不办理公务，官吏亦随之休假，这便是古代最早的休假日。而最早的节日更是由节气时令直接演变而来。按照我国古代农历的排定，最重要的节日有八个，即四立（立春、立夏、立秋、立冬）、二分（春分、秋分）、二至（夏至、冬至），这些日子因对农事耕作至关紧要而被我们的祖先视为重要节日。同时，我们的先人还根据月亮的圆缺变化和节气时令之间的关系，制定出一些特殊的日子，后来演化成为当今人们所熟悉的元旦、春节、元宵、中秋等重要节日。据《事物纪原》记载："伏羲初置元日，神农初置腊节，轩辕初置二社，巫咸初置伏日。"这便是早期节假日的雏形。随着社会的发展，这种带有宗教祭祀色彩和农耕文明痕迹的节假日逐渐变成一种官员享受的待遇和管理官员的制度，并且在历代君王的管理构架内不断完善。

中国古代官僚体制中的休假制度建立较早，《后汉书·续礼仪志》记载："冬至前后，君子安身静体，百官绝事，不听政，择吉辰而后省事。"可见，自秦汉起，古代中国官员的休假制度便已确立。古代官员休假称作"休沐"，也就是"言休息以洗沐也"。《汉律》规定，"吏五日得一下沐"，也就是说官吏每隔五天可以回家休息沐浴一次。此外，对级别较高的官员还有诸如奖励性休假予告、病休性质的赐告和特许为父母奔丧的告宁。魏晋时期又在固定休假的基础上增加了轮休制、省亲假、落成假，这样，不仅休假的名目多了，休假的时间也大大增加了。到唐代，随着经济的繁荣，大唐帝国社会生活的不断丰富和各种节庆活动的增加，唐代休假制度又呈现新的特点：

一是作为常规的节假日增多。按照《唐六典》卷二记载："元正、冬至，各给假七日；寒食、清明四日；八月十五日、夏至及腊日各三日。"除此之外，还规定，正月七日、十五日、晦日、春秋二社等二十个日子各休假一日。也就是说元日、寒食、清明、上巳、夏至、端午、中元、中秋、重阳、冬至等官员们均要休息一至三天不等，这就大大增加了休假的时间。闲暇假日的增多，反映出大唐帝国经济的富足和对节日文化的高度重视。

二是旬假制的建立。在此以前的规例是官吏每五日休息一天，到唐代已改为十日一休。据《唐会要·休假》记载，唐高宗“永徽三年二月十一日，以天下无虞，百司务简，每至旬假，许不视事，以便百姓休沐”。唐玄宗开元“二十五年正月七日敕：许自后，百官每旬节假，不入曹司……每至旬假休假，中书门下及百官并不须入朝，亦不须衙集”①。休假便要充分享受休息的自由，因此不必上朝加班。这种十日一休的旬假制后来被宋代普遍采用。

三是新增设了皇帝诞降庆贺日与忌日祭奠假、节日假、旅游假、婚姻假、事故假等一些休假名目。例如规定：皇帝生日的降诞日要休假。唐玄宗“开元十七年八月五日，左丞相源干曜、右丞相张说等上表，请以是日为千秋节，著之甲令，布于天下，咸令休假”②。八月五日是唐玄宗李隆基的生日。此例一开，后来的唐代君主大都加以效法，把自己的生日定名为一个节日，让百官届时休假，并同百姓一道庆贺。皇帝、皇后的忌日也要休假。“（唐高宗永徽）四年五月二十一日敕：高祖大武皇帝既开洪业，不可限以常礼，忌日特宜废务。”③ 特别值得注意的是新增旅游假和授衣假。“（唐玄宗开元二十五年）正月，内外官五月给游假，九月给授衣假，分为两番，各十五日。其游假若风土异宜，各种不等，通随便给之。”④ 其中的“游假”是一种旅游消闲假，给假的时间可以根据各地气候、风土之差异而灵活规定，不强调千篇一律。“授衣假”则是因为要准备冬衣而给的假。不仅仅“内外官”可以享受，太学及国子学也同样可以享受。

此外还有孝假、事故假、婚姻假等。这些假期的增设，不仅大大增加了官员的休息闲暇时间，更折射出中国古代吏治中的人文关怀和精神追求，也从另一个侧面反映了朝野共有的不断增长的休闲需求。到宋代，这一带着休闲色彩和浓重狂欢意识的假日更是得到空前发展。

宋代官员所休之假大致分为定期例假、节日假和婚丧病事假三大类型，休假的主要方式为“朝假”和“休务”。所谓“朝假”即皇帝不上朝，官员也不必赴殿朝参，但需安排值日处理公务；“休务”即不必安排

---

① 王溥：《唐会要·休假》，上海古籍出版社 1985 年版，第 1518 页。
② 王溥：《唐会要·节日》，上海古籍出版社 1985 年版，第 542 页。
③ 王溥：《唐会要·休假》，上海古籍出版社 1985 年版，第 1518 页。
④ 王溥：《唐会要·休假》，上海古籍出版社 1985 年版，第 1519 页。

官员值日办公，可以任意选择在家或自由外出休息。这点与前朝的制度有所不同。在这里，我们需要重点关注的是宋代名目繁多的节日休假。宋代官员所休的各种节日假，时数之多，节日之繁，可算中国古代社会之最了。据《野客丛书》卷16“大节七日假”条所记载，太宗时期规定：岁节（春节）、冬至、寒食（冬至后的第105天）是宋代的“三大节”，每个节日各放“七日假”，7日中休务5天，朝假2天；而圣节（当朝皇帝与太后的生日）、上元（元宵节）、中元（七月十五日）各放朝假3天，其中休务1天；夏至、腊日（冬至后第三个戌日）亦各放朝假3天，官员均不得休务。以上五节称为“五中节”，还有“18小节”，即春社（立春后第五个戊日）、秋社（立秋后第五个戊日）、上巳（三月初三）、端午、重阳、立春、人日（正月初七）、中和（二月初一）、春分、立夏、初伏、中伏、末伏、立秋、七夕、秋分、授衣、立冬共18个节日，规定各放朝假1日，但不得休务。[1] 类似记载，多见于不同史籍。

如《宋史·职官三》就记载：祠部郎中、员外郎“掌天下祀典、道释、祠庙、医药之政令”，他们“每岁元日、冬至、寒食假各七日。天庆、先天、降圣节各五日，诞圣节、正七月望、夏至、腊各三日。天祺、天贶节、人日、中和、二社、上巳、端午、三伏、七夕、授衣、重九、四立、春秋分及每旬假各一日”。

北宋庞元英《文昌杂录》卷一亦记载：“祠部休假，元日、寒食、冬至各七日；上元、夏至、中元、腊日各三日；馀立春、清明等节各为一日，一岁共七十六日。”《续资治通鉴长编》卷六十四也说，真宗景德三年九月，“诏以稼穑屡登，机务多暇，自今群臣不妨职事，并听游宴，御史勿得纠察。上巳、二社、端午、重阳并旬时休务一日，祁寒、盛暑、大雨雪议放朝，著于令。”只要不耽误公务，在上班时间内可以游宴，每旬放假一天，遇上下雨和酷暑严寒的日子还不用上早朝，用今天的眼光看来，这真是一位体恤下情、富有人文关怀的明君。这就是当时的“休沐”制度，也是宋代官宦文人所处的宽裕的时间环境。

“休沐”制度的完善，休暇时间的增多，必然促发士大夫文人等有闲阶层的休闲需求，必然催生享乐思想。《宋朝事实类苑》就记载：“（晏

---

① 徐松：《宋会要·辑稿》卷七十八《职官》，中华书局1957年版。

殊）及为官职，时天下无事，许臣僚择胜燕饮，当时侍从文馆士大夫，各为燕集，以至市楼酒肆，往往供帐为游息之地。”① 可见，嬉游宴赏，填词燕集，纵情欢娱，成为当时文人官宦主要的生活休闲方式。

二、士大夫优裕的物质待遇

所谓士大夫是指古代的官僚和文人。正如刘泽华先生所分析的：“士大夫主要包含如下两方面内容：其一，指居官与有职位的人。从一些材料看，大抵为中上层官僚。其二，指有一定社会地位的文人。……士大夫可以指在位的官僚，也可以指不在位的知识分子，也可以兼指。士大夫从此时期起在中国历史上形成一个特殊的集团。他们是知识分子与官僚相结合的产物，是两者的胶着体。”②

唐宋时期的士大夫大多集官僚、文人、诗人等多重身份于一身，如白居易、刘禹锡，直到宋代晏殊、欧阳修、王安石、苏轼父子等，既是当朝大臣，又是文坛领袖，还是诗名显赫的名士，特别是随着赵宋王朝庶民政治、文人政治的推行，这类士大夫文人的数量众多，并逐渐形成一个特殊的社会群体，他们大多位高责轻，禄厚而身闲，过着优裕消闲的生活。

俸禄是古代官员生活的主要来源，俸禄制度，也是历代王朝官职管理制度的重要内容。赵宋王朝立国以来，对官员实行怀柔政策，采取“益俸”政策，官员的俸禄都很高，“在中国历代封建王朝中宋代官僚的俸禄是最为优厚的”③。清代史家赵翼在其《宋制禄之厚》一文中甚至称宋代官员俸禄“给赐过优”，可谓“恩逮于百官者惟恐其不足，财取于万民者不留其有余”。但是具体到每一个历史时段和每一个官员具体所得，也会出现多寡不一的情况。但是从总体来看，宋代的俸禄是一个动态的变化过程，呈不断增长的趋势。张全明先生根据宋代官吏制度及其俸禄水平的变化，将宋代俸禄供给划分为四个阶段：

第一阶段，北宋前期，即自宋建立至真宗景德年间，俸禄制度承前

---

① 江少虞：《宋朝事实类苑》卷35，上海古籍出版社1981年版，第446页。

② 刘泽华：《先秦士人与社会》，天津人民出版社2002年版，第98页。

③ 龚延明：《宋代官吏的管理制度》，《历史研究》1991年第6期。

唐、五代旧制，确立了按官品高低发放俸禄的定制。唐代的俸禄由土地（永业田、职田）、工资（月俸）、禄米、食料构成。根据职位高低，一品官员授田72顷，禄米每年700石，月俸每月8 000文，食料费每月1 800文，杂用每月1 200文，防阁或庶仆每月20 000文。而七品县官授田6顷，禄米每年80石，月俸每月1 750文，食料费每月350文，杂用每月350文，庶仆费每月1 600文。

第二阶段，从真宗大中祥符元年（1008年）重定百官俸禄至神宗元丰三年（1080年）改革官制及俸禄制度，确立了以本官为主、自宰臣而下至岳渎庙令共41等的俸禄发放制度。这一时期，真宗一方面改革俸禄发放制度，另一方面仍不断地执行增俸益禄之策，以致“三司估百官奉给折支直，率增数倍”，并且规定，对地方官吏“俸给宜优”。大中祥符年间，又诏令文武官员一并增加俸禄，制定文武职官月俸自三师三少120贯至侍禁4贯分为22等发放。这一时期所定的百官俸禄，是宋代自太祖以来一次较大规模的增加官俸的定制。至仁宗时，又将自咸平后尤其是乾兴以来之增俸数固定下来，从而确立了自枢密使带使相等为400千、宰相300千至下茶酒班殿侍1千，郢、唐州内品等共41等的禄制。并于嘉祐二年（1057年）十月一日，颁发《嘉禄令》正式颁行天下。[①]

第三阶段，自元丰三年（1080年）官制改革开始至北宋末，俸禄制度发生了相应的变化。由于元丰官制中有本官等级与实职高低不一的差别，从而重新确立了一套官吏俸禄发放制度——《元丰寄禄格》制。元丰改制后的官员俸禄，除禄粟、元随人衣粮、杂项与地方官员的职田仍多沿《嘉禄令》发给外，还提高了俸钱，新加了职钱。

第四阶段，自宋高宗立都临安至南宋末年，其俸禄制度可谓杂糅北宋不同时期俸禄制度的混合体制。

从上述宋代的俸禄制度及其变化来看，各个时期的俸禄水平并不是一成不变的。[②] 即使是宋初官员的俸禄，也是一个不断增加的变量，与唐末官员俸禄支取方式相比，宋初官员俸禄有逐步提高的趋势。特别是宋仁宗时期《嘉禄令》的颁布，作为中国古代封建社会禄制史上重要转折的标

---

① 脱脱等：《宋史》卷171《职官十一》，中华书局1977年版，第4101—4129页。

② 张全明：《也论宋代官员的俸禄》，《历史研究》1997年第2期，第135—141页。

志，它不仅是对宋初及其以前的俸禄制度的一次成功改革，从而基本上完成了魏晋以来历朝按官品定俸禄向按本官定俸禄的转变，而且确立了官吏俸禄以现钱为主干，辅以禄粟、衣料等实物为津贴，兼配以职田为补充的新型支付方式。如枢密使带使相等除规定的月俸、禄粟等各项收入外，还按年或月发给不同数量的茶、酒、面、厨料、纸等实物。同时，官员赴任或督察地方，还按规定补给一定数量的“给券”，即差旅费。至于各官署，则还依职等发给数量较大的“公用钱”作为办公费用。另外，宋代为地方官提供的职田，也是当时官员俸禄的一个重要组成部分。特别是自真宗大中祥符年间至神宗元丰三年间，官员的月俸、杂项等大量提高，当时官员俸禄收入明显增长。也正因为如此，人们形成了宋制禄之厚为历代所无的看法。特别是士大夫退休后仍可获得丰厚俸禄的制度，可谓开辟了现代退休制度的先河。宋制规定，退休后的俸禄根据官员在任时的为官政绩，给予全额俸禄或一定限度的增减。退休俸禄保证了士大夫退休后也有足够的经济来源维持其日常生活和休闲生活。史载吕蒙正“景德二年春，表请归洛。陛辞日，肩舆至东园门，命二子掖以升殿，因言：‘远人请和，弭兵省财，古今上策，惟愿陛下以百姓为念。’上嘉纳之，因迁从简太子洗马，知简奉礼郎。蒙正至洛，有园亭花木，日与亲旧宴会，子孙环列，迭奉寿觞，怡然自得”①。而 2010 年 6 月 2 日西安航天产业基地雁塔南路考古工地发掘了一座宋代县官墓葬，出土了一批茶具、酒器、文房四宝，如茶叶末釉瓷瓶、骨梳、金珠、铜镜、铜钱、石砚台等文物，而且出土的生活用品精细华美，其中有四件白瓷莲花座盏托，与之相配的有影青六曲瓷盏、白瓷六瓣葵口盏、白瓷圆口小底盏。这四套盏托与盏的出土反映了宋代官僚士大夫的饮茶风尚，更是用实物直接反映了宋代士大夫阶层富裕精致的生活。②

三、宽松自由的社会和政治环境

鉴于唐末藩镇拥兵横行之祸及五代各朝权臣悍将篡夺帝位之风，宋代

① 脱脱等：《宋史》卷 265《吕蒙正传》，中华书局 1977 年版，第 9184 页。
② 《中国新闻网》西安 6 月 2 日电，记者冽玮。

立国之初即实行崇文抑武的政策，政治上内敛怀柔，政策上推行裁抑武臣、优遇文士的政策，高其官职，厚其俸禄，“恩逮于百官者惟恐其不足”，为宋代文人营造出一个非常宽松的政治环境。首先，完善科举制度，大力举荐寒门子弟通过科举取士进入朝廷任职，为下层知识分子寻找政治出路。科举虽然不是宋代的创举，但宋代士人的政治出路也是唐代所无法比拟的。在唐代，士人的仕进之路主要是科举考试，但科考取士的人数很少，尤其是最为士子们所青睐的进士科，每年及第者不过二三十人。更何况，唐代的科考制度并不完善。参与科考者，部分来自各级学校，大多为官员子弟，其他人则要经过地方上的“选贡”，士庶之分虽非“选贡”的依据，但作为一种划分社会阶层的手段，它对“选贡”必然会有相当大的影响。更重要的是，考卷评阅实行不糊名制，考生能否及第，受其家庭背景、个人的社会声誉、与考官的关系等外在因素的影响较大。所以，在科考中能够捷足先登，“春风得意马蹄疾，一日看尽长安花”的幸运儿只是少数，绝大多数不免名落孙山，有的甚至一生都困顿风尘，潦倒场屋。到了宋代，不仅门阀势力大大减弱，门阀观念也逐渐消弭。宋代完善的科举制度，严格的考试过程，已使门阀世族没有任何入仕优势可言。相反，一些出身寒微而有卓绝才干的士人却乘时而起，通过科举考试实现了跃登龙门、报主荣亲的人生理想。为了杜绝科考中的请托舞弊之风，宋代实行了严格的弥封、誊录制度，有效地防止了主考官徇私取舍，使每个考生都有一个相对公平的竞争机会。同时，还大规模地扩大士子们最为看重的，也是出路最好的进士科的名额。宋代每年录取的进士名额一般有两三百人，最多时达五六百人。如真宗咸平三年（1000 年），录取进士 409 人，诸科达 1 100 余人。[①] 宋代统治者尊重士人，对屡次没有考中的举子特加恩典：各地将在省试多次落第的人另立名册上报朝廷，准许他们陪省试合格者参加殿试，称“附试”，称这些人为“特奏名”。正科名额已经很多，再加上特奏名进士，宋代科举录取的人数要远远超过唐代。科举正途之外，宋代还实行恩荫制度，扩大恩荫范围，以笼络朝臣。在宋代，一代为官，则荫及数代子孙，姻亲、门客皆可恩荫授官，以至于“荐辟之广，恩荫之滥，

---

① 马端临：《文献通考·选举五》，中华书局 1986 年版，第 299—307 页。

杂流之猥，祠禄之多，日增月益，遂至不可纪极”[1]。而且无论是科举还是恩荫，一旦被朝廷录用，即可享受优厚的待遇，“一登仕版，迁转如流”，“官秩既进，俸亦随之”[2]。难怪庆历年间石介撰《庆历圣德颂序》不无得意地炫耀：“上视汉魏隋唐五代，凡千五百年，期间非无神圣之主、盛名之时，未有如此选人之精、得人之多、进人之速、用人之当，实为希阔殊尤，旷绝盛事。”因此，宋代文人极少“怀才不遇”之作。仕途比前代广阔，产生了大量文人从政的现象。仕途无忧，自然关注时事。其次，宋代对文人士子实行宽容怀柔的管理政策，不仅鼓励文人士子大胆进言，广泛参与治理国家的各项事务，而且不轻易处罚责难文人。据《宋稗类钞》卷一记载，宋太祖在建国之初曾立下“戒碑”，发誓“不得杀士大夫及上书言事人”，并告诫子孙“有渝此誓者，天必殛之”。宋太宗也曾说，文臣的弊病多如鼠穴，堵不胜堵，不必过分追究，只要除去其甚者就可以了。宋代真宗以下的各朝皇帝均严格奉守这一祖宗遗训，不敢稍有违背。整个宋代，除叛逆谋反罪外，一般京官犯罪，只是贬黜为地方官，俸禄照旧；罪大者也不过是降级到“远恶军州”安置“过岭”（大庾岭南）、“过海”（到海南岛），这算是最重的处置，但仍然做官食禄。宋代文人士大夫俸禄之厚、政治地位之高，在历代封建王朝中是鲜有可比的。

宽松的政治环境，重文、养文的社会风尚，为士大夫文人消除了忧生畏祸的心理障碍，培养了文人士子忠君、言事的政治人格，铸就了文人由边缘而中心的政治地位，激发了文人由观望到担当责任的社会人格。同时，优厚的官俸，为他们纵情享乐提供了最根本的物质保障；闲适宽裕的时间为他们享受生活提供了时间上的保障；而城市和商业的发达，则为纵情享乐培育了滋生和蔓延的肥沃土壤。位重而责轻，俸厚而身闲。随着文人社会地位的提高、自我价值的实现，潜藏在文人生命意识深处的享乐需求也如春天的荒草，在文人士子心中蔓延生长。对此，朝廷不但不加干涉，而且鼓励。“杯酒释兵权”后的宋朝统治者对开国的功臣勋旧实行赎买政策，用丰厚的物质赏赐保证其富贵生活，鼓励他们“多置歌儿舞女，

---

① 《廿二史札记》卷二十五。

② 徐松：《宋会要辑稿》卷78《职官》，中华书局1957年版，第3097页。

日饮酒相欢”[①]，以避免他们对国家权力的觊觎。“一时人士，相率以成风尚者，章醮也，花鸟也，竹石也，钟鼎也，图画也，轻歌妙舞，狭邪冶游，终日疲役而不知倦。”[②] 正如《东京事略》记载：“宋兴，承五季之馀，天下得离兵革之苦，至真宗之世，太平之治洽如也。咸平以来，君明臣良，家给人足，刑措不用，契丹请和，事以休息，德明纳款，抚以恩信。于是朝帝陵、封岱宗、祀汾脽、谒亳社，绝代旷典莫不具举，礼乐明备，颂声洋溢。”接着，王栐具体描述宋代风气的变化过程，他说：“祖宗立国之初，崇尚俭素，金银为服用者鲜，士大夫罕以侈靡相胜，故公卿以清节为高，而金银之价甚贱。至东封西祀，天书降，天神现，而侈费浸广，公卿士大夫是则是效，而金银之价亦从而增。”[③] “咸平、景德以后，粉饰太平，服用浸侈，不惟士大夫家崇尚不已，市井闾里以华靡相胜，议者病之。”[④]

第三节 唐宋文人休闲思想渊源与休闲需求

一、宋代士大夫矛盾的双重文化性格

在中国古代，“士大夫”是官僚与知识分子的特殊结合体，这种双重身份就决定了士大夫具有其特定的政治人格和文化人格。有宋一代，文人士子拥有历朝所不能比的政治空间，物质优裕、时间自由，形成了宋代文人宽松、舒适的政治环境与生活空间。但是，宋代士人的思想束缚与精神压抑较之唐代要严重得多，这种束缚一方面来自士大夫文人内省尚理的时代特点，另一方面来自北宋晚期理学对人的禁锢。宋代文化较之于唐代胡汉结合的开放性文化要更加内敛、自省，文化精神努力追求儒学重建，民

① 李焘：《续资治通鉴长编》卷2，建隆二年秋七月戊辰条，光绪七年辛巳浙江书局校刻，第11页。

② 王夫之：《宋论》卷8之5，舒士彦点校，中华书局1964年版，第154页。

③ 王栐：《燕翼诒谋录》卷二，中华书局1981年版，第16页。

④ 王栐：《燕翼诒谋录》卷二，中华书局1981年版，第17—18页。

族性特点更加鲜明，加之北宋后期理学对人思想精神的影响，宋代士大夫整体精神面貌、文化性格呈现出明显的双重性特点，即身体的极度自由和精神备受控制的矛盾统一。文人士大夫一方面高举“仁义礼智信”的旗帜，另一方面又疯狂追求生命的享乐，矛盾的人生在宋代士大夫身上得到和谐统一。理学与宋词就是在这样的人生夹缝中互存互动、互生互长的。

正如前文所言，宋代推行的是“文人政治”。宋代官僚大多是经过科举进入仕途的文人士子，欧阳修、王安石等就是其中代表。据《宋史·宰相表》统计，北宋大概有92%的宰相是科举出身，相较之下，依靠门荫登上相位者不过几人而已，这是北宋宰相成分构成所发生的重大变化。宋太祖曾说：“向者登科名级，多为势家所取，致塞孤寒之路甚无谓也。今朕躬亲临，试以可否进退，尽革畴昔之弊矣。”① 其取仕的倾向性之鲜明，在中国古代历史上史无前例。而为了使右文政策不被中途废止，宋太祖更以家法的形式使之制度化，从而将其抬高到至上的地位。对此，《宋史·曹勋传》载：“艺祖有誓约藏之太庙，不杀大臣及言事官，违者不祥。”其中“不杀大臣及言事官”，集中体现了北宋士大夫群体的人格特征，至少他们的政治人格得到了尊重，士大夫的政治理性获得了相对自由的张扬，士大夫的政治地位也得到保障。和以往的士大夫群体相比，宋代士大夫拥有突出的“庶民性特征”，这是伴随着赵宋王朝政治重心由宗室、外戚、宦官向寒士文人转换，伴随着以赵匡胤为首的庶民政治势力崛起而诞生的，具备了明显的近世特征精神。

一方面，皇恩浩荡的感化，大大激发了宋代士大夫“先天下之忧而忧，后天下之乐而乐”的责任感和忧患意识，使赵宋王朝的知识分子具有封建时代最为积极的主人翁姿态。钱穆先生说：“宋朝的时代，在太平景况下，一天一天地严重，而一种自觉的精神，亦终于在士大夫社会中渐渐萌出。所谓‘自觉精神’者，正是那辈读书人在自己的内心深处渐渐涌现出的一种感觉，觉得他们应该起来担负起天下的重任。”② 日本学者沟口雄三在谈及宋人的政治态度时说：“自从孔子学派在政治社会中进行活动，正如人们常说的那样，特别是在宋代以后，出现了大批的科举官僚，在社

① 李焘：《续资治通鉴长编》卷16，上海古籍出版社1986年版，第128页。
② 钱穆：《国史大纲》，商务印书馆1996年版，第558页。

会上到处可以注意到儒家的为政者和积极分子作为政治社会的领导阶级所特有的经世责任观念。”① 在宋代，忠君爱国的例子更是不胜枚举。“先天下之忧而忧，后天下之乐而乐”的范仲淹，“由王官宫臣，卒登宰相，凡所以辅道圣德，忧勤国家，有旧有劳，自始至卒，五十余年”的晏殊，“孤忠一许国，家事岂复恤”的欧阳修，“予生虽儒家，气欲吞逆羯。斯时不见用，感叹肠胃热。昼卧书册中，梦过玉关山”的苏舜钦，“王师北定中原日，家祭无忘告乃翁”的陆游，“人生自古谁无死，留取丹青照汗青”的文天祥……彰显的都是宋代文人士子的主体精神。理学家张载更明确地提出了伟大的人生目标：“为天地立心，为生民立命，为往圣继绝学，为万世开太平。”②

另一方面，宋代又是一个崇尚儒学、追求“内圣外王”的道德自律的时代，伴随着文人士子主体意识高扬和个体精神舒放的是宋代文人对儒学回归和道德性理的追求。唐宋词就是在士子文人个体生命觉醒和理学儒学复兴的文化背景中发展起来的。宋代虽然有文苑与道学的主要营垒之分，但因儒学一直都是治国与修身的主导学说，宋代的新儒学——理学，也一直潜在地影响并规范着整个宋代士大夫的思想和言行。理学的代表人物，从北宋的周敦颐、邵雍、张载、程颢、程颐、谢良佐、杨时，到南宋的胡宏、朱熹、陆九渊、杨简等，他们的学术活动几乎贯穿于整个宋代，他们的理学思想集中代表了宋代统治者的思想倾向，是士大夫阶层主体意识的理论表现。这种内在化了的伦理规范在当时的士子文人心目中，已经沉淀为一种心灵的自觉。也就是说，儒家那套伦理纲常、行为规范仅仅形之于外在的礼教仪节已经不够了，应当把它作为一种内在的道德自觉，把理学外在的伦理规范对人的行为、思想的整顿和约束变为内在心性自觉的协调和修养。这就形成了宋代士人带着鲜明时代特点和士本特征的文化矛盾人格：一是，文人士大夫必须依附于国家政权，将自我角色定位于忠君报国的理念之上；二是，宋代士人集群整体文化精神觉醒带来了前所未有的怀疑精神、批判精神、忧思内敛精神以及由此而生的创造精神。根植于“庶民性”的基因和“士本体”求雅、求庄的人生追求此消彼长，使宋代士人

---

① 沟口雄三：《中国儒教的十个方面》，《孔子研究》1991 年第 2 期。

② 张载：《张载集》，中华书局 1978 年版，第 320 页。

的生活呈现出复杂的“外儒内俗”的二极互存的结构形态。“大我”的忧世精神与“小我”的官本意识，儒学立德立言的永恒价值的追求和及时行乐的浅俗观念，厚德载物的复古方正与嗜狎恋艳的享乐情怀……诸种近乎矛盾的生活形态描绘出宋代文人丰富、矛盾、多棱的精神世界，也表现出宋代文化超越时代的“近世性”文化特征。

从人类文化发展的历史看，文化的变迁既是物质文化积淀的结果，又是精神文化发展变化的基础条件。反之，精神文化的发展又有赖于制度文化的保障，物质文化的发展又受到制度文化演进的制约。宋代上承汉唐儒风，下启明清的时代特征，在这个新旧时代交替赓续创新的转折时期，冲突与矛盾并存，理学的禁锢和思想的活跃并存；国势的不振与专制的强化，同经济技术的跃进与学术文化的繁荣并存；“以天下为己任”的气概，同文恬武嬉的风尚并存；主张务实、强调“致用”的理念，与空谈义理、性命的学风并存；要求革弊变法创新的思想，和因循苟且颟顸不化的风气并存……正是在这个意义上，才有了一个说不完的宋朝，有了丰富多样的宋代文化，有了尚理内敛而又多情缠绵的宋代文人。

二、士大夫文人对商业文化价值观的认同和奢靡享乐风气的追逐

受几千年农耕社会的影响，农耕文明“以农为本”的价值观深刻地影响了人们对事物的取舍与判断。商人历来被视为“见利忘义”的形象而被历代文人所不齿，孔子所谓“君子喻于义，小人喻于利”的儒家文化观念根深蒂固，文学作品中也鲜有正面的商人形象。但是随着宋代商业经济的繁荣，社会对商业活动的日益依赖，商业经济日渐成为城市的支柱经济，商人的社会地位开始得到认可，传统的“农本商末”的文化观念受到动摇，商人追逐利益最大化的价值观念也逐渐被文人所接受。北宋李觏就公开反对避而不谈“利”、“欲”的假学道观点。他说：“利可言乎？曰：人非利不生，曷为不可言！欲可言乎？欲者人之情，曷为不可言！言而不以礼，是贪与淫，罪矣。不贪不淫，而曰不可言，无乃贼人之生、反人之

情，世俗之不喜儒，以此。孟子谓何必言利，激也！焉有仁义而不利乎？”[①] 李觏从人性、人情的角度，充分肯定了“利”、“欲”存在的合理性，这就从根本上动摇了“农本思想”。南宋陈耆卿则从社会分工的角度，肯定了商业、商人存在的合理性、必然性，认为商业也是百姓的本业，商人和士子地位应该是平等的。他提出：“古有四民，曰士、曰农、曰工、曰商。士勤于学业，则可以取爵禄；农勤于田亩，则可以聚稼穑；工勤于伎艺，则可以易衣食；商勤于贸易，则可以积财货。此四者，皆百姓之本业，自生民以来，未有能易之者。”[②] 随着观念的改变，商业活动、商人形象也开始进入文学的视野，特别是唐代传奇中，大量商人形象成为作品的主角。值得注意的是，这些形象有别于传统观念中非奸即诈的形象，而是对商人漂泊艰辛的生活给予了同情和理解，塑造了许多乐善好施、机智勇敢的义商、侠商形象，肯定了商人的价值观和道德观。如《北梦琐言·荆十三娘》中快意恩仇的荆十三娘，《太平广记》中致富有方的窦刈、机智果敢为父报仇的谢小娥等。商人不再低人一等，转而成为世人羡慕的对象。请看陆游诗《估客乐》中的文人与商人形象对照：

牛车辚辚载宝货，磊落照市人争传。倡楼呼卢掷百万，旗亭买酒价十千。公卿姓氏不曾问，安知孰秉中书权。儒生辛苦为一饱，趑趄光范祈哀怜。齿摇发落竟不顾，诗书满腹身萧然。自看赋命如纸薄，始知估客人间乐。[③]

诗中商人一掷千金，儒生却穷困潦倒，财富显示了商人的力量，苦乐尊卑都由他左右了。在这里，商业社会金钱决定一切的价值观和人生在世享乐为先的人生观已经动摇了士大夫文人的价值体系，对商业价值观的认同和对奢华生活的向往，悄悄地改变了士大夫文人的生活。

在传统的文化观念中，文人是以社会良知形象出现的，追求的是“达则兼济天下，穷则独善其身”，以天下为己任，“先天下之忧而忧，后天下

① 李觏：《直讲李先生文集》卷二十九。

② 陈耆卿：《嘉定赤城志》卷三十七《风俗门·土俗·重本业》。

③ 陆游著，钱仲联校注：《剑南诗稿》卷十九《估客乐》，上海古籍出版社1985年版，第1504页。

之乐而乐”的人生观、价值观。但是，随着宋朝太平日久，优待文臣、重文抑武等政策的实施，在士大夫物质生活优厚化，政治生活核心化，精神情感生活开放化、自由化的养士、重士、爱士文化环境中滋养出来的主体意识、生命意识舒放张扬，加之商业社会价值观的日益浸染，宋统治者“或劝以声妓自娱，或责限为相公买妾”的劝导，知识阶层对人类、对社会的责任感慢慢或被消解，或形成了庙堂与家居、官宦生涯与个人生活的二元甚至多元理想、志趣。文人士子的自我价值日渐觉醒，他们开始关注自身价值，关注生命的价值，特别是受到商业文化提倡享乐、注重个体生活体验的价值观影响，受到市民阶层追求感官享乐风气的浸染，作为新兴地主阶级知识阶层的士大夫文人的“人生行乐耳”的享乐心理迅速膨胀起来了。如果说宋初的士人能认清士风堕落是造成晚唐五代“痛史”的原因之一，从而努力于确立人格、提高道德，造成了以范仲淹等人为代表的一代士大夫新风，那么追求享乐心理的膨胀，则又遥接中唐而在新的时代发酵、成形。李从军先生《中唐文学的复兴时代》认为：中唐文人面前所展示的除了步入仕途和退身江湖外，还出现了“第三世界”——都市世界，“在这个第三世界里，并不是只有高尚的道德和精湛的伎艺，还有放荡、势利、奢侈、轻薄……文人在这个世界中，逐渐被市民化了。金钱、享乐、价值观念被输入文学”[①]。北宋的士大夫（如晏殊）虽或能与市民化（如柳永）划清界限，但享乐的观念却并无很大的区别。

白居易就是中唐“第三世界”的一个典型例子。早年的白居易是一个讲气节、讲良知、有风骨的文人。在被贬江州的日子里，他还倾慕陶渊明：“永惟孤竹子，拂衣首阳山。夷齐各一身，穷饿未为难。先生有五男，与之同饥寒。肠中食不充，身上衣不完。连征竟不起，斯可谓真贤。……幕君遗荣利，老死此丘园。”[②] 但是，当为官日久，所历渐多之后，“兼济”思想愈少，而“独善”思想愈多，他惦记的是“囊中贮馀俸，园外买闲

① 李从军：《中唐文学的复兴时代》，《中国首批文学博士学位论文选集》，山东大学出版社 1987 年版，第 173 页。

② 白居易著，朱金城笺校：《白居易集》之《访陶公旧宅》，上海古籍出版社 1988 年版，第 362 页。

田”[1]；追求的是“似出复似处，非忙亦非闲。不劳心与力，又免饥与寒。终岁无公事，随月有俸钱”[2]；日常过的是歌女相伴的日子。令人深思的是白居易这样中庸的生活态度，奢靡享乐的生活现状，却受到宋代文人普遍的羡慕、效仿，成为宋代文人追慕的对象，就连旷达豪放的苏东坡也多次表示“独敬爱乐天”。可见，人生行乐的思想逐渐演变为当时文人一种集体无意识，演变成群体性的生活常态，宋大臣蔡挺《喜迁莺》中所描绘的“太平也，且欢娱，不惜金尊频倒”，就是当时大多数文人追求享乐、注重个人体验生活的写照。宋代当朝文人钱世昭所撰《钱氏私志》中曾经记载了这样一个故事：

宋庠居政府，上元夜至书院内读《周易》，闻其弟学士祁点华灯、拥歌妓醉饮达旦。翌日谕所亲令诮让云：“相公寄语学士：闻昨夜烧灯夜宴，穷极奢侈，不知记得某年上元同在某州州学内吃齑煮饭时否?”学士笑曰：“却须寄语相公：不知某年同在某处州学吃齑饭是为甚底?”[3]

宋代士人放浪才情、宴游逸乐的事例非常多，孟元老《东京梦华录》、吴自牧《梦粱录》、周密《武林旧事》等宋代笔记对此都有翔实的记载。但是这样赤裸裸地把享乐当作求取功名的目的却从深层次上反映了整个宋代社会知识阶层的价值取向。

三、唐宋文人“色”、“艺”相伴的休闲活动

休闲作为一种涉及诸多社会人文因素的文化现象，既不同于一般的休息娱乐，也不能完全等同于纯粹的审美活动。任何一种文化的流行，都有其深层的社会心理在起引导作用。休闲文化与审美文化的密切相关决定了宋代文人对休闲方式的选择，决定了宋人的审美心理取向。

---

① 白居易著，朱金城笺校：《白居易集》之《新昌新居书事四十韵因寄元郎中张博士》，上海古籍出版社 1988 年版，第 1269 页。

② 白居易著，朱金城笺校：《白居易集》之《中隐》，上海古籍出版社 1988 年版，第 1493 页。

③ 《四库全书总目》，子部，小说家类。

从审美与生活关系的角度论，宋人生活在商业经济蓬勃发展，社会整体风气趋向享乐的时代，士大夫文人的休闲活动也烙上深深的时代印迹。从品茗赏花的休静养性到酒色相伴的郊游宴饮，从琴棋书画的艺术休闲再到狎妓纵乐的肉欲之欢，其中既有根植于“庶民性特征”的俗世享乐、俗世情怀和俗世物态，又有着宋代文人强烈的“士本特征”。宋代士大夫文人的休闲活动可谓是宋人艺术化人生的缩影，是宋代士大夫文人矛盾人生的缩影。庙堂生活与私家生活的混合统一，矫情与痴情的统一，精神追求与肉欲放纵的统一，雅与俗的统一，种种二极矛盾混合统一于丰富多彩的休闲活动中。综观这些活动，都有一个共同的特点，就是把休闲享乐活动和士大夫文人自身的修身养性结合在一起，使唐宋休闲活动都带有浓郁的艺术色彩和高雅的审美取向。在茶楼、酒肆、青楼、园林，休闲总是和诗词相伴，总是和美色相伴，沉浸在活动中的人们在获得身心愉悦的同时也获得人格的熏陶。这种休而含情、休而带美的休闲观念，正是中国古代文人所共同追求的境界，是文学创作实践所追求的境界。休闲活动与休闲方式的选择，是宋代士大夫文人审美心理、文化心态的外在表征。

宋朝士大夫的休闲可谓常态化、生活化，很难用一个标准对它进行简单的分类。为了叙述方便，以下将从时间、空间两个维度来考察宋代士大夫文人的休闲生活。

从时间维度看，宋人可谓无时不在休闲，无论是为了太平而求和的北宋，还是为了苟安而偏隅江南的南宋，他们始终酷爱享乐、精于享乐，时刻实践着休闲的人生理想。从时间角度考察宋代休闲，当首推各种名目繁多的节日休闲。如前所述，宋代的节庆假日是历朝中最多的，仅法定休假即“一岁共七十六日”，特别要提出的是宋代节日更明显地突破了社会阶层的分野，节日休假呈现出享乐性、全民性、共时性的特点。节日期间，不分男女老幼、不问贫富士庶，上至宫廷贵戚，下至乡野村夫，都实践着共同的民俗活动，都共同分享着节日带来的欢乐与喜庆。人们根据时日季节不同，选择不同的娱乐方式，尽情地享受着生命的快乐。《挥麈后录》记载苏轼“春时每遇休假，必约客湖上，早食于山水佳处，饭毕，每客一舟，令队长一人，各领数妓，任其所适。晡后，鸣锣以集之，复会望湖楼或竹阁之类，极欢而罢。至一二鼓，夜市犹未罢，列烛以归。城内士女云集，夹道以观千骑之还，实一时盛事也”[①]。如果说休假的游乐还只是部分人的消闲，那到节日，更是举世狂欢。据《东京梦华录》记载，北宋时，“中秋夜，贵家结饰台榭，民间争占酒楼玩月，丝簧鼎沸。近内廷居民，夜深遥闻笙竽之声，宛若云外。闾里儿童连宵嬉戏，夜市骈阗至于通宵”[②]。到南宋的中秋夜，宫中“是夕有赏月，延桂排当，如倚桂阁、秋晖堂、碧岑，皆临时取旨，夜深天乐直彻人间”[③]。民间则“王孙公子，富家巨室，莫不登危楼，临轩玩月，或开广榭，玳延罗列，琴瑟铿锵，酌酒高歌，以卜竟夕之欢。至如铺席之家，亦登小小月台，安排家宴，团圆子女，以酬佳节。虽陋巷贫窭之人，解衣市酒，勉强迎欢，不肯虚度”[④]。中秋如此，元宵节更是万众狂欢、君臣同乐、全民夜游。宋词中数量庞大的元宵词、节序词就是最好的见证。

如果说节日的狂欢还只是偶尔为之的放纵，那么《武林旧事》所记载的南宋张镃（张约斋）的“赏心乐事”、“游赏备忘录”则足以说明宋代士大夫文人“色”、“艺”相伴的休闲特点与休闲人生。

正月孟春

岁节家宴　立春日迎春春盘　人日煎饼会　玉照堂赏梅　天街观灯　诸清臣灯丛奎阁赏山茶　湖山寻梅　揽月桥看新柳　安闲堂扫雪

二月仲春

现乐堂赏瑞香　社日社饭　玉照堂西赏缃梅　南湖挑菜　玉照堂东赏红梅　餐霞轩看樱桃花　杏花庄赏杏花　群仙绘幅楼前打球　南湖泛舟　绮互亭赏千叶茶花　　马塍看花

三月季春

生朝家宴　曲水修禊陈刻“流觞”　花院观月季　花院观桃柳　寒食祭先扫松　清明踏青郊行陈刻“游”　苍寒堂西赏绯碧桃　满霜亭北观棣棠　碧宇观笋　斗春堂赏牡丹芍药　芳草亭观草　宜雨亭赏千叶海棠　花苑蹴秋千　宜雨亭北观黄蔷薇　花院赏紫牡丹　艳香馆观林檎花　现乐堂

---

① 王明清：《挥麈后录》卷6，中华书局1961年版，第161页。

② 孟元老：《东京梦华录》卷八，中华书局1982年版，第215页。

③ 周密：《武林旧事》卷三《中秋》，中华书局2007年版，第87页。

④ 吴自牧：《梦粱录》卷四《中秋》，浙江人民出版社1980年版，第26页。

观大花　花院尝煮酒　瀛峦胜处赏山茶　经寮斗新茶　群仙绘幅楼下赏芍药

四月孟夏

初八日亦庵早斋，随诣南湖放生、食糕糜　芳草亭斗草　芙蓉池赏新荷　蕊珠洞赏茶　满霜亭观橘花　玉照堂尝青梅　艳香馆赏长春花　安闲堂观紫笑　群仙绘幅楼前观玫瑰　诗禅堂观盘子山丹　餐霞轩赏樱桃　南湖观杂花　鸥渚亭观五色莺粟花

五月仲夏

清夏堂观鱼　听莺亭摘瓜　安闲堂解粽　重午节[1]泛蒲家宴　烟波观碧芦　夏至日鹅（炙下换肉）陈刻“脔”　绮互亭观大笑花　南湖观萱草陈刻“花”　鸥渚亭观五色蜀葵　水北书院采蘋　清夏堂赏杨梅　丛奎阁前赏榴花　艳香馆尝蜜林檎　摘星轩赏枇杷

六月季夏

西湖泛舟　现乐堂尝花白酒　楼下避暑　苍寒堂后赏碧莲　碧宇竹林避暑　南湖湖心亭纳凉　芙蓉池赏荷花　约斋赏夏菊　霞川食桃　清夏堂赏新荔枝

七月孟秋

丛奎阁上乞巧家宴餐　餐露轩观五色凤儿　立秋日秋叶宴　玉照堂赏玉簪　西湖荷花泛舟　南湖观稼陈刻“观鱼”　应铉斋东赏葡萄　霞川观云陈刻“霞川水荭”　珍林剥枣

八月仲秋

湖山寻桂　现乐堂赏秋菊　社日糕会　众妙峰臣木樨　中秋摘星楼赏月家宴　霞川观野菊　绮互亭赏千叶木樨　浙江亭观潮　群仙绘幅楼观月桂隐攀桂　杏花庄观鸡冠黄葵

九月季秋

重九家宴　九日登高把萸　把菊亭采菊　苏堤上玩芙蓉　珍林尝时果景全轩尝金橘　满霜亭尝巨螯香橙　杏花庄（竹刍）新酒　芙蓉池赏五陈刻“三”色拒霜

---

① 重午节即端午节。

十月孟冬

旦日开炉家宴　立冬日家宴陈刻“脱”　现乐堂煖炉　满霜亭赏蚤霜　陈刻“蜜橘”　烟波观买市　赏小春花　杏花庄挑荠　诗禅堂试香　绘幅楼庆煖阁

十一月仲冬

摘星轩观枇杷花　冬至节家宴　绘幅楼食馄饨　味空亭赏腊梅　孤山探梅　苍寒堂赏南天竺　花院赏水仙　会幅楼前赏雪　绘幅楼削雪煎茶

十二月季冬

绮互亭赏檀香腊梅　天街阅市　南湖赏雪　家宴试灯陈刻“安闲堂试灯”　湖山探梅　花院观兰花　瀛峦胜处赏雪　二十四夜尝果食　玉照堂赏梅　除夜守岁家宴　起建新岁集福功德①

从时间角度看，这份备忘录从年头到年尾，不论节日抑或平时，不论忙闲，宋人无时不在休闲；从物态角度看，不论郊野赏花还是家宴削雪煎茶，不论奇花异葩还是四季珍果，宋人也是无物不可以休闲。这份休闲备忘录，不仅详细罗列了宋代士大夫花样翻新的休闲节目，更在彰显士大夫文人生活奢靡的同时，传递了休闲主体将艺术审美融于生活，求雅求新、将生活艺术化的人生追求。

从空间考察，宋代士大夫文人的休闲足迹首先集中在遍布都市的大小酒楼。据《东京梦华录》、《都城纪胜》、《梦粱录》等宋代笔记记载，宋代的酒楼数量甚多，其中著名酒楼就有樊楼、和乐楼、遇仙楼、仁和楼、清风楼、会仙楼、状元楼、登云楼、宜城楼、和丰楼、太平楼、熙春楼、五门楼、赏心楼、花月楼、三元楼等。其中享誉两宋的著名酒楼是樊楼，也叫做丰乐楼。作为都市文化的公共空间，酒楼是士大夫文人的主要休闲空间。处理政务之余，三五好友同僚相约于此，或高谈阔论，或饮酒赋诗，或共赏美景，也是人生一大快事。南宋著名诗人刘子翚曾写诗热情歌咏樊楼：“梁园歌舞足风流，美酒如刀解断愁。忆得少年多乐事，夜深灯火上樊楼。”从诗中我们不难看到樊楼给文人们留下的深刻记忆。

宋代士大夫和前代士大夫一样好饮，“遇酒且呵呵，人生能几何”是

① 周密：《武林旧事》，中华书局2007年版，第250—254页。

他们固守的生活信条。所不同的是，他们不是把酒作为麻醉剂去消释人生的痛苦，而是把酒作为生活的作料，尽可能地熬制人生的琼浆。他们也很少追求醉酒后“天子呼来不上船”的那种飘飘欲仙的快感，而是充分感受“彩袖殷勤捧玉钟”的饮酒过程。在宴会上，招歌伎相待，娱宾侑酒，是宋代士大夫约定俗成的休闲娱乐和社交方式之一。人们一边把玩美酒，一边欣赏歌舞，成为当时颇为盛行的休闲方式。如果说“诗词”相伴是中国古代士大夫文人休闲的特色，那么“色”则是宋代文人特有的休闲方式，歌伎则是宋代特殊社会背景下孕育的特殊群体。且看：

欧公闲居汝阴时，一妓甚颖，文忠歌词尽记之，筵上戏约，他年当来做守……①

舍人张孝祥，廷试第一，知潭州。因宴客，妓有歌陈济翁慕山溪词者，至“金杯酒，君王劝，头上宫花颤”，张之首不觉自为摇动者数四，坐客忍笑而张不知也。②

辛稼轩以词名，守南徐日，每燕必命其侍妓歌所作，尤得意《贺新郎》一词……③

放翁在朝日，曾与馆阁诸人，会饮于张功甫南湖。酒酣，主人出小姬新桃，歌自制曲以侑觞……④

邵子文为陕西宣抚司书机宜文字，与路铃李君甚熟。家有数侍婢，每遇歌宴，子文必遇……⑤

周平园当出使，过池阳，太守赵嵩文招饮，出家姬小琼，舞以侑酒，公赋一阕……⑥

可见，“色”、“艺”相伴的休闲生活已成为社会各阶层广泛接受的生

① 赵令时：《侯靖录》卷1，中华书局2002年版，第48页。

② 丁传靖：《宋人轶事汇编》卷16，中华书局1981年版，第891页。

③ 岳珂著，吴企明点校：《桯史》卷3《稼轩论词》，中华书局1981年版，第38页。

④ 丁传靖：《宋人轶事汇编》卷17，中华书局1981年版，第930页。

⑤ 范公偁：《过庭录》卷1《邵子文谓口乃祸门》，中华书局2002年版，第320页。

⑥ 周密著，张茂鹏点校：《齐东野语》卷15，中华书局1983年版，第282页。

活常态。不论是身居高位的欧阳修，还是驰骋沙场的辛弃疾、张孝祥，抑或爱国诗人陆游，均不能免俗。当然，无论是酒色相伴的宴游还是节日狂欢抑或文人的聚会，其中都少不了诗文的相伴，更少不了用词抒发这些多情文人的复杂情怀，这就是唐宋词繁衍发展的原生态，词就在这样的特殊时代下应时而生并茁壮成长，成为宋代“最为成功”的“艺术部门”，“时代心理终于找到了它最合适的归宿”[①]。吴熊和先生从发生学的角度对唐宋词的产生与发展作过全面系统的论述。他说：

许多事实表明，词在唐宋两代并非仅仅作为文学现象而存在。词的产生不但需要燕乐风行这种具有时代特征的音乐环境，它同时还关涉到当时的社会风习，人们的社交方式，以歌舞侑酒的歌妓制度，以及文人同乐工歌妓交往中的特殊心态等一系列问题。词的社交功能与娱乐功能，在相当长的时间内，是同它的抒情功能相伴而行的。不妨说，词是在综合上述复杂因素在内的历史背景下产生的一种文化现象。[②]

① 李泽厚：《美的历程》，文物出版社 1982 年版，第 155—156 页。
② 吴熊和：《唐宋词通论》，浙江古籍出版社 1995 年版，第 466 页。

第三章

唐宋词的文体特征与休闲功能

如果说词体生长的商业文化背景和社会土壤只是词体孕育生发的外在因素，那么词体本身所具备的吟咏性情的抒情特点、宜歌宜舞的合乐性特点、娱宾遣兴的休闲娱乐特点，则是词体生长的内在原因和必然要素。与中国古代先行发生发展起来的诗、文、辞、赋等文学形式相比较，于隋唐兴起而至宋代趋于繁荣的曲子词，由于借助了音乐艺术的载体、长短句的体式等有利因素，因而在娱乐抒情的艺术功能上得到空前的强化，从而将中国古代抒情文学的发展推上了一个历史的新高峰。对此，宋人自己多有体认。如尹觉《题坦庵词》曰："词，古诗流也。吟咏性情，莫工于词。"又如张炎《词源》卷下"赋情"条亦云："簸弄风月，陶写性情，词婉于诗。盖声出莺吭燕舌间，稍近乎情可也。"他们将词与诗加以对照，从不同侧面论述词在"吟咏性情"、"陶写性情"方面，"莫工于词"、"词婉于诗"的艺术特性和审美特色。这种观点和认识也得到了后人广泛的文化认同。但是由于受儒家功利主义文学思想的影响，加之在20世纪一个相当长的时期内，受极左文艺思潮和偏激的政治思想、文化思潮的影响，人们对中国古代诗词思想意义和审美价值的认识，往往多肯定那些具有较强的政治性、思想性、现实性、史诗性的作品，而对那些不关乎经世济用、忧国爱民、理想抱负之类的所谓"绮思艳情"、"闲情逸趣"，则多有忽略甚至加以否定。其实，"绮思艳情"也好，"闲情逸趣"也好，都是人类广泛丰富、博大深微的情志的一部分。唐宋词在这个方面的表现比之传统的诗文辞赋又作了进一步深入细致的发掘与深化，不仅扩大了中国古代抒情文学的表现范围，而且大大丰富了唐宋词的艺术魅力，其价值是不容否定的。但很长一段时间以来，由于人们对词体的误读，人们习惯或者说只懂以思想意义、豪放风格来取词、论词。特别是新中国成立后庸俗社会学引入词学研究，给词以太多太重的政治、社会、思想意义和价值，给词冠以粉饰太平、脱离现实的帽子，而失去了词以其"小道"、"诗余"依声以歌、娱宾遣兴的原始意义和功能，失去了词体的休闲价值和意义。对词体初始意义的还原，既是对历史的尊重，也是对人类休闲需求、休闲权力的回归与肯定，对文学休闲娱乐功能的回归与肯定。

第一节 唐宋词的“休闲”文体特征

所谓文体，是指独立成篇的文本体裁、样式、体制，是文本构成的规格和模式，也是一种独特的文化现象，是某种历史内容长期积淀的产物。它反映了文本从内容到形式的整体特点，属于形式范畴。文体的构成包括表层的文本因素，如表达手法、题材性质、结构类型、语言体式、形态格式，也包含了深层的社会因素，如时代精神、民族传统、作家风格、交际境域、读者经验等。正如当代学者童庆炳先生所言：“从表层看，文体是指作品的语言秩序、语言体式，从里层看，文体负载着社会的文化精神和作家、批评家的个体人格内涵。”①

唐宋词以娱乐大众、表现普泛化的儿女情感为创作旨归，借助各种社交渠道广泛流播于民间，形成了包括娱乐性、音乐性、抒情性在内的“休闲”文体特性，不但丰富了当时人们的精神文化生活，为当时的士大夫文人提供了高雅的“休闲”方式，而且为后世休闲文化的蓬勃发展树立了成功的典范。从某种意义上说，唐宋词赖以繁荣的动力，也正来自这些“另类”于主流价值体系之外的休闲娱乐社会功能和文体特性的不断发展与强化。

一、词体娱宾遣兴的交际娱乐特点

如果我们将目光投向人类的儿童时期，不难发现，以文学来休闲娱乐的现象在上古社会就已存在。《吕氏春秋》卷五《仲夏季第五·古乐》载：“昔葛天氏之乐，三人操牛尾，投足以歌八阕：一曰‘载民’，二曰‘玄鸟’……”可见当时的文学是和歌舞相伴而行的，祭祀活动与游戏共在，娱神与娱人共存。秦汉以来，文学的娱乐功能依然时有所见。例如西汉著名辞赋家枚乘就宣称其“为赋乃俳（杂戏），见视如倡（乐人）”，司马迁

---

① 童庆炳：《文体和文体学的创造》，云南人民出版社 1994 年版，第 1 页。

也认为“文史星历，近乎卜祝之间，固主上所戏弄，倡优畜之”。即使是力倡“文以明道”的韩愈，也提出过“以文为戏”① 的观点。可见传统文学观在某种程度上对文学娱乐功能的认可。然而，随着封建正统观念对封建伦理道德教化的不断强化，在文学的诸多功能中，娱乐功能因与传统儒学的教化功能相冲突而逐渐淡出主流文学的视野而日渐萎缩，处于支流边缘的地位。以抒情娱乐消遣为目的的文学体裁往往要经过漫长的岁月才得到认可。唐宋词的发展就经过了这样一个由民间而庙堂，由边缘而主流，由娱乐而文学，由俗而雅的发展演变过程。

唐宋词就文体特点而言，首先是应歌应景之作，具有娱宾遣兴、交际娱乐的特点。唐宋词自中唐文人词始告确立至北宋近三百年的词史，就是一部应歌词的历史。所谓应歌词，就是在社交娱乐活动中，词人为歌伎歌以佐欢而作的歌词。“别是一家”的词诞生于瓦舍酒楼，萌芽于燕乐歌伎，助兴佐欢是它最初的目的，娱乐遣兴是它生存的起码条件，可以说最初的词是带着酒色之欢而诞生的，开篇就深深烙上了娱乐的痕迹。欧阳炯在为我国第一部词集《花间集》作序时就公开宣称，结此集的目的乃为“绣幌佳人”，“递叶叶之花笺，文抽丽锦；举纤纤之玉指，拍按香檀。不无清绝之词，用助妖娆之态”，“庶使西园英哲，用资羽盖之欢；南国婵娟，休唱莲舟之引”②，明目张胆地言明是为红巾翠袖提供一个艺术水平高于民间俗曲、显示文人雅趣的新的唱本，以满足文人士大夫酒色歌舞的享乐生活。而这个新的唱本“不无清绝之辞，用助妖娆之态”，充满浓艳的女性气息且不无感官刺激性，目的是为享乐佐欢，而非言志与匡时济世。虽然说欧阳炯的序昭示的只是编撰者的取舍标准，未必能完全代表创作者的思想目的，但不可否认的是他代表了当时社会的审美标准。当时的社会，是“家家之香径春风，宁寻越艳；处处之红楼夜月，自锁嫦娥”③ 的歌词盛况。其时，不但城内“一片揭天歌吹，满目绮罗珠翠”（尹鹗《金浮图》），就连城镇近郊也出现了“村落闾巷之间，弦管歌声，合筵社会，昼夜相接”④ 的情景。在这样的社会土壤与娱乐环境中，唐宋词以城市通俗娱乐文艺的

---

① 马其昶：《韩昌黎文集校注》，上海古籍出版社 1986 年版，第 136 页。
② 欧阳炯：《花间集序》，《百家词》本，中州古籍出版社 1990 年版，第 1 页。
③ 欧阳炯：《花间集序》，《百家词》本，中州古籍出版社 1990 年版，第 1 页。
④ 张唐英：《蜀梼杌》，中华书局 1985 年版，第 10 页。

方式，由歌楼酒馆社交应景进入文人视野，以艳俗的审美趣味和娱乐轻松的表达获得读者的认可，这种词体观念贯穿从唐五代到宋代近三百年的词史之中。我们从历代文人的词体创作中可以找到大量的例证。最早的文人词集《花间集》的创作动机是以“不无清绝之辞，用助妖娆之态”。欧阳炯之友景焕在《野人闲话》中也记述说：“后主时，每春三月、夏四月，多有游花院及锦浦者，歌乐掀天，珠翠填咽。”南唐宰相冯延巳“以金陵盛时，内外无事，朋僚亲旧，或当燕集，多运藻思，为乐府新词，俾歌者依丝竹而歌之，所以娱宾而遣兴也”①。据宋叶梦得《避暑录话》记载，北宋太平宰相晏殊“未尝一日不燕饮”，宴饮“必以歌乐相佐”，等歌伎们表演完毕，即“遣歌伎曰：‘汝曹呈艺已遍，吾当呈艺。’乃具笔札相与赋诗，率以为常”②。将填词视为“呈艺”，以资“娱宾”、“佐欢”作为主要目的的创作现象，在当时可谓相当普遍，即使文坛宗师欧阳修填词时，亦是一副闲暇之余为求一时欢乐的悠闲之态：“良辰美景，固多于高会；而清风明月，幸属于闲人”，“因翻旧阕之辞，写以新声之调，敢陈薄伎，聊佐清欢”。③ 就是苏轼这样开一代词风的大家，在内心深处，依然将词看作笔墨游戏，“以文章余事作诗，溢而作词曲”④。而苏轼携歌伎造访大通禅师所作的调侃之作《南歌子》，更说明文人游戏的创作态度和聊佐清欢的创作动机。随着晏殊、欧阳修、苏轼这些政治地位、文学地位都极高的“大腕”级人物的身体力行，随着宋代士大夫文人享乐休闲生活的普泛化，词体的娱乐性特点也不断被放大、拓展。王小盾在《唐代酒令艺术》一书中这样描述唐代的词人：“唐代词人并不只是案头吟咏的人，而在更大程度上，是游戏的人、娱乐的人、交际的人，纵歌狂舞于‘樽前’、‘花间’的人。”⑤

古人的酒席歌筵上，自中唐以来就有“艳歌一曲酒一杯”（白居易《长安道》）的侑觞劝酒的形式，宋代不仅沿袭了唐代盛行的歌伎制度，词人应歌填词，歌伎歌以侑觞，并将这种风俗进一步社交化、工具化、仪式

---

① 陈世修：《阳春集序》。
② 叶梦得：《避暑录话》卷二。
③ 欧阳修：《采桑子·西湖念语》，《全宋词》，中华书局 1999 年版，第 153 页。
④ 王灼：《碧鸡漫志》卷二，唐圭璋《词话丛编》，中华书局 1986 年版，第 83 页。
⑤ 王小盾：《唐代酒令艺术》，知识出版社 1995 年版，第 5 页。

化，成为宋代社会士大夫司空见惯的社交行为，成为具有时代特征的一种社交仪式、场面。如：

郭应祥《鹧鸪天》词序云：“梦符置酒于野堂，出家妓歌自制词以侑觞。”

曾觌《南柯子》序：“浩然与予同生己丑岁，月日时皆同，秋日，见席上出新词，且命小姬歌以侑觞，次韵奉酬。”

毛滂《剔银灯》序云：“同公素赋，侑歌者以急拍七拜劝酒。”

周密《瑞鹤仙》词序：“寄闲出家姬侑尊，所歌则余所赋也。调闲婉而辞甚习，若素能之者。坐客惊诧敏妙，为之尽醉。”

从这些词序，我们可以看出，作者写这些词的根本目的，在于利用其实用的交际功能，即酒席上播诸美人皓齿及其所擅长的管弦声，最终是用来侑觞劝酒的。人们在欣赏中更关注的是乐曲的美妙和歌伎按曲而唱时的美妙歌声以及劝酒时的效果，至于词人在此词中抒发了什么感情及其作为文学的词的价值体现，倒是次要的了。歌伎献艺樽前，歌舞佐欢，唱词侑觞，是为了娱宾遣兴。可以说，有酒必有词，有词必有歌伎。这种风俗不仅出现在一般的社交中，还出现在各类节庆祝寿场面中。这些在唐宋词的数量上占绝对优势的、以社交娱乐功能为主导，辅以抒情功能的词，并非是纯文学或纯审美的，其显现的首先是形而下的实用功能。词的实用功能虽然缺乏纯文学、纯审美或作为时代心理的载体的那种崇高性、思想性、艺术性，但对当时人们的文化生活却具有重要的休闲作用与释放意义。

二、词体代言抒情的叙事特点

如果说词体应歌应景的交际性娱乐特点是唐宋特殊社会背景下孕育的特殊功能，那词体创作中普泛化存在的“男子作闺音”代言叙事的特点，则是唐宋词有别于其他文体的又一显著特征。

正如沈松勤先生在其《唐宋词体的文化功能与运行系统》一文中所言，早期的唐宋词不仅不像传统诗歌那样属于“夫子自道”，多为抒发作者自己的真情实感，而是抒他者之情，言他人之事，多为代言体，其创作主体在表现形态上也发生了严重的“性变”，即所谓“男子作闺音。”[①] 不仅以婉约词创作著称的晏殊、晏几道父子如此，即使是被人们尊为词坛豪放派的开山之祖的苏轼，也多有妮子态的作品，词风婉转妩媚，带有女性声腔。《东坡乐府》现存的三百四十多首词中，真正可以称为豪放词的却不足十分之一，而更多的是明丽、妩媚的婉约词，且多为上乘之作。正如贺裳《皱水轩词筌》云：“苏子瞻有铜琶铁板之讥。然其《浣溪沙·春闺》曰：‘彩索身轻常趁燕，红窗睡重不闻莺。’如此风调，令十七八女郎歌之，岂在‘晓风残月’之下。”北宋诗文革新运动领袖欧阳修也未能跳出男女恋情、离愁别恨的格调，吟唱“泪眼问花花不语，乱红飞过秋千去”之类的华艳闺情。而刚毅执拗的政治家王安石到动情处也不免艳情俗语，如：“红笺寄与添烦恼，细写相思多少。醉后几行书字小，泪痕都揾了”（王安石《谒金门》），动情处不知不觉使用了“柔丽之语”抒写离别相思之情。这些名公德行高尚，刚正立朝，文章典雅，却在词中表现出与诗文截然不同的女儿态。类似这种风格的作品，唐宋词中可谓比比皆是。请看：

春日游，杏花吹满头。陌上谁家年少，足风流。妾拟将身嫁与，一生休。纵被无情弃，不能羞。

——韦庄《思帝乡》

永夜抛人何处去，绝来音。香阁怨，眉敛，月将沉。争忍不相寻。怨孤衾。换我心，为你心，始知相忆深。

——顾敻《诉衷情》

却与和衣推为寝。低声地、告人休恁。月夕花前，不成虚度，芳年嫁君徒甚。

——欧阳修《夜行船》

平白地、为伊肠断。问君终日，怎安排心眼。

——苏轼《殢人娇》

---

① 沈松勤：《唐宋词体的文化功能与运行系统》，《文学评论》2001年第4期。

怨你又恨你，恨你，惜你，毕竟教人怎生是。

——黄庭坚《归田乐》

这些词作的作者，都是掷地有声的七尺男儿，在这里都变成了吴侬软语的小女子，流露的也是一副闺阁柔情。透过这看似矛盾的创作现象，结合士大夫文人所处的时代背景和唐宋文人特殊的矛盾文化性格，我们认为产生这一现象的原因不外有三：一是“男子作闺音”反映的是特殊时期士大夫特殊的文化心理，是在宋代士大夫文人俗世享乐情怀和理学精神约束矛盾下产生的自我救赎，是宋代士大夫文人双重人格的具体体现；二是男子代言作闺音是宋代诗酒唱和例行公事的需要，是同僚聚首、迎来送往社交娱乐中的特殊表达方式，是唐宋士大夫在社交和娱乐活动中建立起来的一种特殊而又通常使用的语言，而词中流露出的闺阁情深也是以社交娱乐为前提的普泛化、共通的情感；三是词体婉约艳丽、长于抒情的文体特点本身具有女性化倾向，影响并决定了作品的风格。宋代当朝词论家吴处厚在其《青箱杂记》中就为这种创作现象辩护说：“文章纯古，不害其为邪；文章艳丽，亦不害其为正。然世或见人文章铺陈仁义道德，便谓之正人君子；若言及花草月露，便谓之邪人，兹亦不尽也。……然余观近世所谓正人端世者，亦皆有艳丽之词。”[①] 吴氏意在说明，名公们是可以有双重精神生活的，某些艳丽之词并不足以损害他们的品格。这无疑是对艳丽之词的肯定，但也揭示了词体与传统诗体的体性区别：词婉于诗，以艳丽为特色，以表现儿女之情见长，正如明代词学家李东琪概括道：“诗庄词媚，其体元别。”如果说晚唐五代的文人沉迷于花间樽前的享乐，是在战乱与忧患的社会中所采取的逃避现实的方法，是游戏人生的狂人，那北宋士大夫文人在歌舞宴席前的娱宾遣兴、诗词相乐、“男子作闺音”，却是安逸富裕环境里的人性追求，是词体清醒的“舞者”，是唐宋士大夫文人双重矛盾人格的物化表现。

---

① 吴处厚著，李裕民点校：《青箱杂记》卷八，中华书局 1985 年版，第 81 页。

三、词体宜歌宜舞的合乐性特点

词又别称“曲子”或“曲子词”，是文学和音乐高度结合的抒情韵文，具有天然的合乐性特点。同诗歌等其他文学体裁相比，词与音乐的关系最为密切。就词的起源而言，词由乐而起，是依乐定体、倚声填词、宜吟易唱的音乐性文体，词的萌芽、发展和流行传播，都和词的音乐背景密切相关。反之，词对燕乐的介入，也丰富、推动了燕乐的兴盛与发展。梁启超先生就认为长短句的词体是配合音乐的最佳形式，是中国诗歌进化的必然。他说：“凡诗歌之文学，以能入乐为贵，在吾国古代有然，在泰西诸国亦靡不然。以入乐论，则长短句为便，故吾国韵文，由四言而五言，由五七言而长短句，实进化之轨辙使然也。”① 燕乐不仅对词的内在特质和主体风格产生过重大影响，而且对曲子词形式体制的最终确立起到了决定性的作用。

中国古代音乐，素有雅乐、清乐、燕乐之分，三种音乐代表了历史上三个不同的音乐时代。宋沈括《梦溪笔谈》卷五《乐律一》云：“以先王之乐为雅乐，前世新声为清乐，合胡部者为宴乐。”雅乐流行于先秦，清乐流行于汉魏，到隋唐，清乐受到外来西域少数民族音乐的影响，形成了新的隋唐燕乐。《宋史·乐志》对此有比较完整的记载：“一曰燕乐，二曰清商，三曰西凉，四曰天竺，五曰高丽，六曰龟兹，七曰安国，八月疏勒，九曰高昌，十曰康国，而总谓之燕乐。”可见，燕乐是吸纳了少数民族音乐元素的民间通俗音乐的总称，因其旋律热情活泼，音节富有变化，有别于前代的任何音乐，深受各阶层人们的喜爱，很快在各种宴会游乐场合配词流行。

考察燕乐对词体的影响，首先表现在对曲子词体制形式的影响上。唐宋词开始就是借胎现形，以“依声填词”的形式出现的，先有曲后有词，依照已有的音乐曲调或谱式，制词相从。从词牌看，唐宋词的词牌大多来源于燕乐的曲调名。以唐五代词调为例，崔令钦《教坊记》录三百二十四曲，内杂曲二百七十八，大曲四十六，皆为开元、天宝时期社会上的流行

① 梁令娴：《艺蘅馆词选·序》，广东人民出版社 1981 年版，第 2 页。

曲。如此众多的曲调，词人可以不拘于调名本意，自由地选调运用，或应歌应景，或抒情托志。词人选调往往忽略调名的内容，而非常重视词（曲）调的声情，讲究因情择调，使曲调与词情融合无间。清沈祥龙《论词随笔》就说：宋“词调不下数百，有豪放，有婉约，相题选调，贵得其宜，调合则声情始合”。大体而言，婉约词人常选用《蝶恋花》、《诉衷情》、《雨霖铃》之类哀怨低回之调，而豪放词人则多用《满江红》、《念奴娇》、《贺新郎》、《渔家傲》之类音韵洪畅、激越奔放之调。据吴熊和先生考证，由这些流行曲演变的唐五代词调，有以下79个：

抛球乐　清平乐　贺圣朝　泛龙舟　春光好　凤楼春
长命女　柳青娘　杨柳枝　柳含烟　浣溪沙　浪淘沙
纱窗恨　望梅花　望江南　摘得新　河渎神　醉花间
思帝乡　归国遥　感皇恩　定风波　木兰花　更漏长
菩萨蛮　临江仙　虞美人　献忠心　遐方怨　送征衣
扫市舞　凤归云　离别难　定西番　荷叶杯　感恩多
长相思　西江月　拜新月　上行杯　鹊踏枝　倾杯乐
谒金门　巫山一段云　望月婆罗门　玉树后庭花
儒士谒金门　麦秀两歧　相见欢　苏幕遮　黄钟乐
诉衷情　洞仙歌　渔父引　喜秋天　梦江南　三台
柘枝引　小秦王　望远行　南歌子　渔歌子　风流子
生查子　山花子　竹枝子　天仙子　赤枣子　酒泉子
甘州子　破阵子　女冠子　赞普子　南乡子　拨棹子
河满子　水沽子　西溪子　回波乐[①]

此外，词体分段、分片的外在形体特征，长短并用、奇偶相生的特殊形体特征，断句押韵的语言特点，都是依据曲体分段分片、曲韵有长有短、有断有续的特征而生成的。先看词分上下两片的特点，唐宋时期的乐曲大都分段，一段叫做一片，词体分段、分片的外在形体特征就是依据乐曲的分段而形成的。从创作实践角度来考察，历代词学家对此也多有

① 吴熊和：《唐宋词通论》，浙江古籍出版社1995年版，第17—18页。

体会：

沈括《梦溪笔谈》卷五："唐人乃以词填入曲中。"

张耒《东山词序》："大抵倚声为之词，皆可歌也。"

黄庭坚《渔家傲序》："或请以此意倚声律作词，使人歌之，为作《渔家傲》。"

刘辰翁《酹江月》注："同舍延平府教祝我初度，依声依韵，还祝当家。"

冯梦龙《古今小说》卷十二《众名姬春风吊柳七》："什么叫填词？……唐时名妓多歌之。至宋时，大晟府乐官博采词名，填腔进御。这个词，比切声调，分配十二律，某律某调，句长句短，合用平上去入四声字眼，有个一定不移之格。作词者按格填入，务要字与音协，一些杜撰不得，所以谓之填词。"

方成培《香研居词麈》卷三："宋人多先制腔而后填词，观其工尺，当用何字协律，方始填入，故谓之填词。"

当然，随着词体的发展，许多精通音乐的文人也不断对词调进行改造、创新，比如柳永、周邦彦、姜夔，或善于择俗乐制新词，或善于自创新调、倚声填词。总之，词的发展始终是和音乐的推动密切相关的。正是基于这点，词家也常常用音谐和语工来评价词的优劣，并根据这一特点总结出作词的规律与要点。如李清照提出词的"五音"、"五声"、"六律"、"清浊轻重"等概念，杨缵概括的"作词五要"：第一要择腔……第二要择律……第三要填词按谱……第四要随律押韵……第五要立新意。作词五要，其中腔、律、谱、韵四个方面都和音乐有关。可见，词与音乐关系的密切，词体合乐性之重要。也正因如此，词体休闲娱乐的作用也愈发地强大明显。

但是，词与乐的结合又是一个不断发展变化的动态过程，它和词体的演进密切相关。一方面，词受制于乐，词的体制特性和声律特点都受到燕乐的深远影响，词与乐一度关系密切，水乳交融；另一方面，由于"诗歌与音乐，各有各的特殊的情形，要想把诗歌竭力去融合音乐，反映音乐，无论如何是做不到的"[①]。在"主音"与"主文"的矛盾冲突中，词与乐

---

① 刘尧民：《词与音乐》，云南人民出版社1982年版，第79页。

的关系不断发展变化。随着词体的成熟发展，词体的音乐性也从强势到逐渐淡化，而词的文学功能则不断增强，词体也由原来的音乐附庸，最终演变成为独立的新型抒情诗体。文人词摆脱音乐最终独立，从音乐的角度讲，固然是一种遗憾，但从文学的角度讲，则是一种解放或创新。对音乐的疏离虽然消弭了歌词“别是一家”的特立性，但同时也确立了它在文学史、诗史上的独特地位，这正是词体文学性不断发展完善的必然结果。

可以说，词与乐的结合是中国音乐文学史上最典型的形态之一。在文人词脱离了音乐之后，民间词逐渐发展成为与音乐更为契合的文学样式——曲，由词而曲的过程也体现了在大众文化的背景下，流行音乐对文学的自主选择。

四、吟咏性情的抒情性特点

文学是情感的艺术。文学作品的思想意义和审美价值，在很大程度上取决于它对人的情感、心理的抒写和表现所达到的广度与深度。与中国古代先行发生发展起来的诗、文、辞、赋等文学形式相比较，唐宋词由于借助了音乐艺术的载体和长短句交错押韵的形体特点，因而在娱乐抒情的艺术功能上得到空前的强化与深化，从而将中国古代抒情文学的发展推上了一个历史的新高峰。

音乐作为一种流动的艺术，是人类情感符号最直接的表现，能直接表达、抒发人们的情感。词也因其所依附的燕乐调式繁多，“从浊至清，迭更其声，下则益浊，上则益清，慢者过节，急者流荡”① 而特别适合表现柔婉缠绵之情；同时，词体以长短句为主，有五、七言句，也有一、四、九等多种句式，错落有致、富有变化。不同的句式格律，可以表达不同的情感内容，语气的轻重缓急，情感的舒放浓淡，都在字、词、句、章的不同组合中得到充分表现，容易在听觉上引起读者的感情共鸣，因而在传递情感、吟咏性情方面，有着其他文学形式无法比拟的优势。对于词体的言情“特长”，历代词论也多有揭示和阐发，不仅宋人自己认为“吟咏性情，莫工于词”，后世历代学者对此也有广泛的文化认同，明清词论家就从诗

---

① 《新唐书》卷二十二《礼乐志》，中华书局1975年版，第473页。

词各有所工的角度，多方说明唐宋文人专以词言情的创作倾向和追求婉约迤逦的审美偏好。明代著名学者王世贞即云：“词号称诗余，而诗人不为也。何者？其婉娈而近情也，足以移情而夺嗜。”① 明何良俊则从戏曲理论家的视角论述道：“乐府以皦迳扬厉为工，诗余以婉丽流畅为美。柔情曼声，摹写殆尽，正词家所谓当行，所谓本色者也。”② 明陈子龙在《王介人诗余序》中说：“宋人亦不免于有情也，故凡其欢愉愁怨之致，动于中而不能抑者，类发于诗余，故其所造独工，非后世所及。”清人查礼也说：“情有文不能达、诗不能道者，而独于长短句中可以委婉形容之。”③ 清陈廷焯云：“后人之感，感于文不若感于诗，感于诗不若感于词”（《白雨斋词话》）。当代学者钱钟书先生对此也深有体会。他说：

> 宋人在恋爱生活里的悲欢离合不仅仅映在他们的诗里，而且常常出现在他们的词里。如范仲淹的诗里一字不涉及儿女私情，而他的词……这样悱恻缠绵的情调，措词婉约，胜过李清照《一剪梅》。据唐宋两代的诗词看来，也许可以说，爱情，尤其是在封建礼教眼开眼闭的监视下的那种公然走私的爱情，从古体诗里差不多全部撤退到近体诗里，又从近体诗里大部分迁移到词里。④

词缘情而作、缘情而发，故其所抒之情就比传统诗文表现得更纯粹、更细腻、更幽深，也因此宋人对词情有独钟。

如果从情感表达角度来考察唐宋词的创作历程，词体创作走过的是一条由艳情、闲情而性情的抒情创作道路。这个过程是唐宋词体不断演进、变化的过程，也就是词的娱乐性不断弱化、淡化而抒情性不断强化、深化的过程。从某种程度上来讲，抒情性的嬗变堪称唐宋词史演进的一条重要

---

① 王世贞：《艺苑卮言》，唐圭璋《词话丛编》第 1 册，中华书局 1986 年版，第 385 页。

② 何良俊：《〈草堂诗余〉序》，《词苑英华》本。

③ 唐圭璋：《词话丛编》之《铜鼓书堂词话卷三》（清・查礼），中华书局 1986 年版，第 148 页。

④ 钱钟书著，舒展选编：《钱钟书论学文选》（第六卷），花城出版社 1990 年版，第 38 页。

线索，是唐宋词不断雅化、诗化、文人化的一个重要表征。

唐宋词的抒情性特点首先表现在对男女“艳情”的偏好和抒发上。“词之初起，事不出于闺帷。”[①]“词为艳科”，这是在唐宋词长期的被认可与受批评过程中人们达成的文化共识。所谓“词为艳科”，首先是指词体题材内容多集中于表现女性情感、女性体貌以及与女性相关的男女情爱，其次是指词体由于多写女性题材和女性视角而形成绮丽风格和香艳色调。如前所述，宋代文人一方面深受儒家理学思想的影响，强调对感情的控制和驾驭，诗歌创作追求“乐而不淫，哀而不伤，以物观物，而不牵于物；吟咏情性，而不累于情”[②] 的超越效果，这是宋代文人对诗歌创作的普遍认识，甚至这种认识已经内化成为一种创作本能。但是，另一方面，随着唐宋物质生活的富裕和士大夫文人生命意识的觉醒，唐宋文人又较前代文人更加注重个体生命的感受，追求细微的情爱体验与声色享乐，于是在精神的超越和物质的享受之间，词成为文人情感宣泄的有效突破口，成就了诗重理、词言情的创作理念，形成了“词为艳科”的创作格局。对此，当代学者也多有体认。杨荫浏先生说：“宋代词人往往表现出双重人格：戴上面具作载道之文、言志之诗，卸下面具写言情之词。”[③] 李泽厚先生也断言宋朝“时代精神已不在马上，而在闺房；不在世间，而在心境。”[④]

正如词论家所言，唐宋词的抒情风格就是建筑在儿女艳情的基础之上的。与传统的诗文相比，词缺少了言志和载道的社会功能，它更多地关注才子佳人们在花前月下、舞榭歌台这些特定场合的情感纠葛，只要属于感情的体验，不论是真诚还是逢场作戏，不论是永久还是瞬间，不论是灵魂还是肉体，在词里都不加掩饰地表现出来。我国文学史上第一部词集的序言即《花间集序》不仅旗帜鲜明地表明了艳词崇尚文辞绮丽的创作宗旨，从内容上考察，《花间集》所收的 500 首词作，也是以男女欢情艳语为主调，以相思恨别、男欢女爱为主要内容，此类作品占词作总数的 80% 以上。唐五代文人以他们的创作实践着他们的创作理念，李璟仅存的 3 首词

---

① 先著：《词洁》卷二。

② 魏了翁：《费元甫注陶靖节诗序》，《鹤山先生大全文集》卷五十二，四部丛刊本。

③ 杨荫浏：《中国音乐史纲》，万叶书店 1952 年版，第 160 页。

④ 李泽厚：《美的历程》，文物出版社 1981 年版，第 155 页。

全部抒写恋情；李煜传世的 34 首词中，至少有一半是批风抹月的艳情之作；在冯延巳现存的 110 首词中，充满着花柳情思的词作也有 100 首以上。以词作艳语、写艳情、摹艳事，从敦煌曲子词就开启了先河，不仅在唐五代得到发扬光大，而且贯穿了整个唐宋词的创作实践。

在宋代，几乎每一位染指于词的文人，都或多或少地写过表现女性生活或男女情爱的“艳词”。柳永、张先、晏几道、秦观、黄庭坚、周邦彦、贺铸、姜夔、吴文英等以写艳情词而闻名的“词坛高手”自不必论，就连孤高自许、几乎不食人间烟火的林和靖，亦以一曲《长相思》将旖旎缠绵的心曲款款道来。一代名相司马光，也曾写出《锦堂春》（红日迟迟）这样的香软之作，明陈霆《渚山堂词话》卷三评之曰：“《锦堂春》长阕，乃司马温公感旧之作。……公端劲有守，所赋妩媚凄婉，殆不能忘情，岂其少年所作耶？古贤者未能免俗，正谓此耳。”连理学家程颐，“闻诵晏叔原‘梦魂惯得无拘检，又踏杨花过谢桥’长短句，笑曰：‘鬼语也！’意亦赏之”[①]。因此朱彝尊说：“词虽小技，昔之通儒巨公，往往为之”（《红盐词序》）。在这股香艳词风的吹拂下，即便是以“豪放”著称的苏轼和辛弃疾，也都未能“免俗”。苏轼现存的 300 多首词中，描写“绮罗香泽之态”和“绸缪宛转之度”的词作占了大半。“秾纤绵密”、“清而丽、婉而妩媚”的艳词，在辛弃疾词中也不在少数。刘克庄在《辛稼轩集序》中就说：“公所作大声鞺鞳，小声铿鍧，横绝六合，扫空万古，自有苍生以来所无。其秾纤绵密者亦不在小晏、秦郎之下。”[②] 范开在《稼轩词序》中也说：“其间固有清而丽、婉而妩媚，此又坡词之所无，而公词之所独也。”[③]为了契合曲子词“曲尽人情，惟婉转妩媚为善”的文体特征，有些词人甚至不惜“为文造情”，“为赋新词强说愁”地杜撰艳情艳事入词。如王炎在《双溪诗余自序》中曾自况云：“三十有二始得一第，未及升米之粟而慈亲

---

① 邵博：《邵氏闻见后录》，中华书局 1983 年版，第 151 页。

② 刘克庄：《辛稼轩集序》，金启华等编《唐宋词集序跋汇编》，江苏教育出版社 1990 年版，第 172—173 页。

③ 刘扬忠：《北宋时期的文化冲突与词人的审美选择》，《湖北大学学报》1998 年第 3 期。

下世，以故家贫清苦，终身家无丝竹，室无姬侍。”[①] 但就是这样一位词人，其词中却也不乏“纤手行杯红玉润”（《蝶恋花》），“缃桃花树下，记罗袜、昔经行”（《木兰花慢》）一类缱绻情事。由此可见，就其题材选择而言，唐宋词已经表现出十分明显的艳情化倾向，并得到广泛的认同，成为作词、品词、论词的标准。在这种词体创作思想、创作理念指导下的词体创作，自然是情海漫漫，滔滔不尽。他们尝试着用词这种非正统的文学形式，表现丰富的生活，感受几乎不受道德伦理约束的情感抒发的畅快，享受着生动活泼的创作带来的心灵飞跃，感受精神休闲的畅美。词就这样冲破士庶界限，在贴近市民生活、情感，带给市民娱乐享受的同时，也让从秦观、周邦彦到柳永、苏轼这样的唐宋词名家名扬天下。

如果说源发于唐五代，吟唱于“花间”、“樽前”的词因其特殊的时代背景和创作环境自然而然地走上了写艳事、抒艳情、“男子作闺音”的创作道路，奠定了唐宋词香艳婉约的基本格局和主体风貌，那么，随着北宋中期理学的复兴，儒家政治教化说对词体创作的渗入，宋人关于词为艳歌的观念也逐渐有所改变，在香风艳歌中，出现了对“闲情逸趣”的吟唱，有了一些闲情、闲愁等独特的生命体验。虽然早在南唐词人冯延巳等的词作中，“闲思闲想”之作已时有所见，但是这些闲愁多是儿女闲情之愁，是代女性抒发闺中闲愁，而非词作者自我主体意识觉醒后的生命之愁，是“她愁”而非“我愁”。如冯延巳《采桑子》中的“闲思闲想”，晏殊《浣溪沙》中的“闲愁闲闷”。发展到北宋中期后，随着宋代文人主体意识不断觉醒，词体表现范围的扩大，更多的生命体验、情感进入词家视野，初期那种社交式泛化的抒情逐渐被词人发自内心的真情所替代，闲愁、闲情也因其反映了词人的生命状态而成为词人重要的生命主题。如晁端礼就直接将自己的词集命名为《闲适集》，即使南渡后，不少词人依然在高唱“天难问，何妨袖手，且作闲人”（张元幹《陇头泉》），“谁人解识闲中味，雪月烟云自能致。世态只如风过耳。三杯两盏，眼朦胧地，长向花前醉”（史浩《青玉案》），“绿芜墙绕青苔院，中庭日淡芭蕉卷。蝴蝶上阶飞，烘帘自在垂。玉钩双语燕，宝甃杨花转。几处簸钱声，绿窗春睡轻”

① 王炎：《双溪诗余自序》，金启华等编《唐宋词集序跋汇编》，江苏教育出版社1990年版，第170页。

（陈克《菩萨蛮》）。唐圭璋先生在《唐宋词简释》中评价此首《菩萨蛮》说："通首写景，而人之闲适自如，即寓景中。"这首词所表现出来的闲适情绪，在宋词中具有较大的普遍性，闲愁、闲情、闲逸，也成为宋词的主要情绪和情感之一。宋人胡寅在《酒边集序》中就曾以"一洗绮罗香泽之态，摆脱绸缪宛转之度"[①] 来评价这种词风的转变，并高度评价苏轼对词风的改革与开拓。现代词学家胡云翼先生也如此论断说："苏轼以前二百多年的词都是病态的、温柔的、女性的词；直到苏轼，始创为健康的、壮美的、男性的词。"[②] 我们姑且不论他的结论的对错，但这起码说明"艳情"之外的"闲情"、"性情"开始在作品中出现，共同组成唐宋词抒情的交响乐。

由"艳情"而"闲情"，是宋代士大夫文人身份的第一次确认。从代言体的女性到主体化的男性，不仅转变了唐宋词的抒情主体，还开拓了唐宋词的抒情领域。从绮思艳情到闲情逸趣，提升了唐宋词的抒情品格，深化了唐宋词抒情的特色。艳情表男女相悦，闲情则发生命感触。闲情乃是一种以生命感触为根底、以哀愁孤寂为核心内容、以轻灵惝恍为典型形态的情感状态。闲情词惝恍迷离之意境常使人产生别有寄托的疑问。确实，词中表现出的那种失落感与寂寞心，那种忧生的恐惧，其契机往往在于现实生活的某种缺憾，并因此在词中寄予一定的期待。但闲情之为物，更趋高超空灵，寄托为何通常不能追索而得。闲情词与一般所谓有寄托之词，区别正在于此，从而使"闲"之一字更有着落。闲情之形成，须有多方面的条件：第一，抒情主角要由佳人转为士大夫文人自身，或者仅借佳人之口，抒发的已是士大夫之情。就是说，要由代言向自言转化。第二，词人之仪度心态，必得真有悠然闲适之状。第三，此种闲情无任何具体事情可稽，它摆脱了琐碎生活小事的羁绊，而直接由对宇宙人生之感悟而来。因此它可以起于中夜之徘徊，也可以兴于酒阑之寂寂，还可以发于盛筵之索寞。

闲情词之创作，就其本质而言是以人生的缺憾为基因的忧生之嗟。此种嗟叹在中国文学传统中由来已久，也是人与生俱来的一种情感。生于末

---

① 施蛰存：《词籍序跋萃编》，中国社会科学出版社 1994 年版，第 149 页。
② 胡云翼：《中国词史大纲》，北新书局 1933 年版，第 155 页。

世固会有“悲凉之雾、遍被华林”的沧桑感觉，身逢盛世也未尝不会有盛景难常之忧虑，宇宙无穷之慨叹。但词中的忧生之嗟与诗文中的忧生之嗟终究不同，前者不如后者之直接浓重，却比后者更重视意绪气氛之营造。闲情的精神内涵主要在于表现词人之寂寞心。人说“千古寂寞文人心”，寂寞者岂唯文人，芸芸众生为物欲所蔽而不及察，文人乃以其敏感的体验去传达一份人类共有的生命状态，词中表现之寂寞心，即其一端。从北宋词坛创作实际看，闲情词并不多见，主导词坛的仍以艳情为主。闲情之作畛域未广，影响后世的却相当深远。由于它触及人性心理结构中比较稳定的深层意识，因此才能启发人们跳出艳情的窠臼，把词导向“抒写性情”的正途。同时闲情词婉雅之面目、从容之态度也使词的文人化步伐加快，词意宜雅、词情宜曲等观念遂渐为人所接受。

由艳情而闲情进而性情，是唐宋词向诗歌传统的回归，是词体脱离音乐实现文学化、文人化的重要过程。艳情、闲情其实无不出于性情。情到真处，艳者也正，情到深处，闲者也大。性情的表现有两种形态。一是将自身的真实及自身所感觉的真实全部呈现，如此则嬉笑怒骂、饮食男女都无非性情。如李煜之性情集中为生命悲感；王安石之性情表现为兴亡之感；张先之性情具体化为日常生活。我们说艳情、闲情都无非性情，就是此意。二是通过对此身、此生乃至此世拉开审美的距离，作静穆的观照后，将生命融入宇宙，在相对中掌握永恒。“长恨此身非我有，何时忘却营营”，此种性情表现更为深隐，有时甚至被错认为“无情”。而苏轼以其眼界之大、胸怀之广兼容了这两种表现形态，其性情之行，如水之随地赋形，各具特点。黑格尔在《美学》中曾这样论说：“只表现作歌者本人个性的歌毕竟比不上具有普遍意义的歌，因为后者的听众较广，打动的人较多，引起同情共鸣者也较容易，会由众口流传下去。”[①] 作为当时的流行歌曲，唐宋词中的男女情爱往往并非现实生活中个体情爱的具体反映，而是将个性化的情感消融于普泛化的情感之中，以间接的方式传达具有共性特征的生活意绪，从而引发欣赏者强烈的情感共鸣。因此日本学者村上哲见指出：

---

① 黑格尔：《美学》，商务印书馆 1995 年版，第 224 页。

> 尽管（艳情词）主题如此庸俗，而且语汇陈腐，但是词中所展开的境界却洋溢着娇艳之美，具有诱人的不可思议的魅力。这大约是因为表面上看起来始终是优雅艳丽的，然而却托寓着超乎传统“闺怨”这一概念的、对于人生和对于时代的深切的绝望感与孤独感的缘故。[①]

唐宋词对于艳情题材的“非我”化处理，能够生发出深广的人类情感内蕴，故能感人至深而传世极广。词中抒发的虽然大多是普泛化的情感，但呈现出幽婉深细的特征。对此，王国维先生有一段颇为著名的论述，他说：“词之为体，要眇宜修，能言诗之所不能言，而不能尽言诗之所能言。诗之境阔，词之言长。”缪钺先生也说：“人有情思，发诸楮墨，是为文章。然情思之精者，其深曲要眇，文章之格调词句不足以尽达之也，于是有诗焉……诗之所言，故人生情思之精者矣，然精之中复有更细美幽约者焉，诗体又不足以达，或勉强达之，而不能曲尽其妙，于是不得不别创新体，词遂肇兴。若夫词人，率皆灵心善感，酒边花下，一往情深，其感触于中者，往往凄迷怅惘，哀乐交融，于是借此要眇宜修之体，发其幽约难言之思。”[②] 由此可见，词最乐于抒写和最擅长描摹的，就是这一类“要眇宜修”、“细美幽约”的情感。

正如人类社会生活的范围和内容之广泛丰富，人的情感心绪的类型和内涵也十分复杂多样，文学创作因此形成了大大小小、多种多样的文学母题。举凡故国之思、黍离之悲、思乡之情、怀古之感、忧生之嗟、伤逝之痛、感士不遇、羁旅行役、离别相思、伤春悲秋等，都是中国古代文学尤其是抒情诗歌所特别擅长表现的、具有悠久传统的文学母题。这些文学母题在表现人类情感生活的涵盖面上虽有大小之分，在揭示人类心灵世界的深层结构上亦有深浅之别，但它们都因为闪耀着人性美的光辉并具有艺术美的魅力，从而受到历代不同读者的喜爱，具有经久不衰的生命力。

---

① 村上哲见著，杨铁婴译：《唐五代北宋词研究》，陕西人民出版社 1987 年版，第 105 页。

② 缪钺：《诗词散论·论词》，上海古籍出版社 1982 年版，第 56—60 页。

第二节　唐宋词的休闲社会功能

“别是一家”的词兴于唐五代，盛于宋，成为宋代“最为成功”的“艺术部门”（钱钟书语），并以其强大的生命力，深深吸引了当时社会各阶层的不同人群，恰如李泽厚先生所评价的，“时代心理终于找到了它最合适的归宿”[①]。然而，从历史角度看，唐宋词作为广泛流行于当时社会各阶层的文体，与其说它是一种文学体裁，不如说是当时带有时尚色彩的休闲方式、娱乐方式、社交方式，是顺应宋代社会休闲娱乐需要而出现的新兴的精神生活方式。士大夫文人填词，多为应酒宴席间歌儿舞女之邀，是社交场合的应酬之作。市井小民作词听曲，也不过是劳作之余的娱乐消遣，目的是消愁解闷。正如沈松勤先生所说：“唐宋词的功能与价值，不完全表现在形而上的、具有崇高审美意义的时代心理的载体上，而首先体现为形而下的、非文学的实用功能。换言之，唐宋词的原生状态与繁衍发展，首先不在文学本身，而是基于非文学的、形而下的社会文化活动，其文学性或作为时代心理的载体是在非文学的实用功能中逐渐形成的，而且非文学因素贯穿于唐宋词史的始终。”[②]

回顾唐宋词近三百年的发展历程，唐宋词的“非文学因素”主要表现在包括交际、娱乐、抒情、审美在内的休闲文化功能上。“别是一家”的唐宋词，以表现儿女私情娱乐大众为创作旨归，以歌伎为传播中介，以瓦舍、酒肆等公共场所为传播空间，呈现出迥异于传统诗文传道、言志的社会功能，带有明显的休闲娱乐文化色彩。唐宋词集社交、娱乐、抒情、审美在内的休闲文化功能，不但丰富了当时人们的精神文化生活，而且帮助宋代士大夫文人在道德理学与世俗享乐之间的矛盾中，找到了精神的平衡，实现了人格的和谐。从某种意义上说，唐宋词赖以繁荣的动力，也正来自于这些休闲文化功能的不断发展和强化。

---

① 李泽厚：《美的历程》，文物出版社 1981 年版，第 155—156 页。

② 沈松勤：《唐宋词体的文化功能与运行系统》，《文学评论》2001 年第 4 期。

一、应歌、应社、应制，交游为尚的社交功能

文学历来就不仅仅是置于案头研读的。早在春秋战国时期，颂诗活动就经常出现在外交礼仪中，《诗经》也常被引作外交辞令。先哲孔子更是明确提出："诗可以兴，可以观，可以群，可以怨。""群"即是指文学作品具有交流和沟通思想感情、协调人际关系的作用。所以孔圣人在教育自己的儿子孔鲤时又进一步强调："不学诗，无以言。"可见诗歌对于古人社交的重要意义。

唐宋词的社交功能首先体现在应歌、应社、应制三方面。所谓"应歌"，是指词人应教坊或是歌女之邀约而作词；"应社"是指词人在诗社、诗友结社游赏时所作的唱和之作；"应制"是指应皇帝或朝廷之命所写或是写给朝廷看的词。无论是"应歌"、"应社"抑或"应制"，都是宋代非常流行的创作活动，这类作品大多属应景之作，谈不上有多少真情实感，更难见创作主体的艺术思想与精神境界，但数量庞大。宋人周济在《介存斋论词杂著》中就曾批评说："北宋有无谓之词以应歌，南宋有无谓之词以应社。"但是，这些"无谓"之作却贯穿自晚唐文人词确立至南宋三百多年间，应歌、应社、应制成为促进词体创作的重要因素绵延不绝地贯穿在整个词体发展过程中，词作也成为重要的交际元素出现在不同的社交场合中，对唐宋词的发展产生过重要影响，例如促使词作数量大幅增长，推进唐宋词向社会生活的各个领域渗透，促使词体格调走向格律化，形成词体女性化特征等。因篇幅有限，此处就不一一展开。

与传统诗文个体化的创作与欣赏过程不同，唐宋词的创作、传播过程的实现往往依赖于聚众享乐的过程，多在酒宴承欢、好友唱和中实现。早在唐代，词就是酒筵歌席上的重要交际工具，不仅士大夫文人好用诗酒承欢，民间也十分流行酒令。白居易词《代书诗一百韵寄微之》"密坐随欢促，华尊逐胜移。香飘歌袂动，翠落舞钗遗。筹插红螺碗，觥飞白玉卮"，描写的即是上层社会歌舞送酒的热闹场面。而敦煌词中的酒令就更多了，其中《思越人》便是一首典型的酒令词："一枝花，一盏酒，小争不去□□。□□□□终不醉，无花对酒难□。一枝遗□□□□，□枝慕我心迷。几度拟判判不得，思量□□□垂。"另外，《内家娇》"善别宫商，能

调丝竹，歌令尖新”，《苏莫遮》“善能歌，打难令”，《浣溪沙》“纤手行令匀翠柳，素咽歌发绕雕梁”等所描写的均是酒令场面。另据王昆吾先生考证，《倾杯乐》、《回波乐》、《三台令》、《杨柳枝》、《醉花间》、《醉公子》等词牌名也都源自唐代酒令。①

唐宋词的社交功能其次体现在以词行令的社交风俗上。宋代以词行令之风较唐代更加盛行。宋人陈元靓《事林广记》癸集卷十二就记载了一些酒令词，并描绘了行令的具体场景。如《卜算子令》，其序言行令规则：“先取花一枝，然后行令，唱其词，逐句指点，举动稍误，即行罚酒，后词准此。”其词则记述了整个行令过程，云：

我有一枝花（指自身，复指花），斟我些儿酒（指自身，令斟酒）。唯愿花心似我心（指花，指自心头），几岁长相守（放下花枝叉手）。

满满泛金杯（指酒盏），重把花来嗅（把花以鼻嗅）。不愿花枝在我旁（把花向下座人），付与他人手（把花付下座接去）。

又如《花酒令》：

花酒（左手把花，右指酒），是我平生结底亲朋友（指自身及众宾）。十朵五枝花（以手伸五指反复，应十朵；又舒五指，应五枝，仍指花），三杯两盏酒（伸三指、又伸两指，应三杯两盏数，指酒）。

休问南辰共北斗（伸手作休问状，指南北），任从他乌飞兔走（以手发退，作任从状，又作飞走状）。酒满金卮花在手（指酒樽，指酒盏，指花），且带花饮酒（左手插花，右手持酒饮）。

这种传花行令的方式明显地保留着唐代酒令艺术中“灼灼传花枝，纷纷度画旗”的歌舞化痕迹。这种带有浓重娱乐色彩的酒令词，到宋代更添了歌伎唱词，并成为宋人社交娱乐的一种时尚。

唐宋时期，官员上任、离任，地方官都要设宴迎送，参与迎送的除了地方官外，还有歌伎。正如明田汝成《西湖游览志余》所言：“唐宋间，

---

① 王昆吾：《唐代酒令艺术》，东方出版中心1996年版，第76—82页。

郡守新到，营妓皆出境而迎。既出，犹得以鳞鸿往返，腼不为异。苏子瞻送杭妓往苏州迎新守《菩萨蛮》词，杭妓往苏，迓新守杨元素，寄苏守王规甫云云，又西席上代诸妓送陈述古云云，此亦足觇一时之风气矣。”苏轼《菩萨蛮》（杭妓往苏迓新守）表现的正是这种场景：“玉童西迓浮丘伯。洞天冷落秋萧瑟。不用许飞琼。瑶台空月明。清香凝夜宴，借与韦郎看。莫便向姑苏，扁舟下五湖。”文人应歌填词、歌伎唱以承欢成为流行于唐宋社会的社交仪式。类似这样的场面，在宋代各种笔记中可谓比比皆是，此处仅录一则以证。宋人罗烨《醉翁谈录》载：

王上舍勉仲，邀崔木游春出郊，特呼角妓张赛赛侑尊。酒已数行，崔木酣醉。王上舍谓赛赛曰：“崔上舍，今之望人也，尔乃京城之角妓也。以望人而遇角妓，可谓一时之佳遇，适今之时，正值仲春，风暖日和，花红柳绿，景物如此，岂可无一词歌咏乎？尔可请崔上舍赋一词，于席前歌之，庶不负今日之景也。”

宾主作词行令，歌伎唱词劝酒，既避免枯燥乏味，又能得到艺术享受，“色”、“艺”相伴，其乐融融，其情欢洽，有力地推动了人际交往和交流，成为宋人社会生活的一部分。从词体传唱主体来看，宋代社会无论尊卑、老幼、男女，都对听词赏曲表现出一种由衷的喜爱。“新声巧笑于柳陌花衢，按管调弦于茶坊酒肆”，“五陵年少，满路行歌，万户千门，笙簧未彻”①，即描绘了当时社会传唱曲子词的热闹场面。随着曲子词的社交范围和社交对象的不断扩大，对生活各个领域的不断深入，唐宋词作为人们日常生活中一种特殊而又通常使用的社交语言，不仅出现在特定的酒筵歌席，还作为日常的社交工具出现在各种欢度节日、祝寿庆生等社交场合，出现在“贺新楼落成”、“贺人开酒店药铺”、“贺人新娶”、“贺人入赘”、“贺人生子”等带有仪式色彩的喜庆场合，成为“全民消费”的“应社”工具，成为日常的交际语言，其社交功能也日见专门化趋势。

据许伯卿先生统计，全宋词中数量最多的是祝颂词，共 3 351 首，占全宋词的 15.8%，排名第一；排名第二的是咏物词，3 011 首，占全宋词

① 孟元老：《东京梦华录·序》，中华书局 1982 年版，第 4 页。

的14.2%；艳情词2 610首，占全宋词数量的12.31%，排名第三。[①] 可见，祝颂社交、咏物唱和成为唐宋词最重要的使用功能，对宋人社会影响之深、影响面之广。当然，唐宋词的交际工具性特点，也在一定程度上消解了词的艺术性，不仅被当朝士人批评为“无谓”之作，当代学者也普遍认为宋词题材“狭窄”，难出艳丽、婉约之本色。然而从文化角度看，曲子词包括社交功能在内的各种实用功能的平民化和世俗化倾向，虽然有时损害了作品的艺术性和思想性，降低了其作为文学的审美价值，但无论从现实层面还是从历史层面看，它们都在特殊的时代在某种程度上丰富和完善了当时人们的精神文化生活，也在中国文化发展史上留下了浓墨重彩的一笔。而且，从某种意义上说，唐宋词赖以繁荣的动力，也正来自于民间这种实用功能的不断发展和强化。

二、歌以佐欢，娱宾遣兴的娱乐功能

唐宋词的发展是复杂的动态过程，其功能结构是多面的、立体的。和唐宋词社交功能相伴相生的是词体的休闲娱乐功能和浓郁的商业色彩。

还原词体萌生时期的社会土壤，曲子词源自“胡夷里巷”，传唱于歌馆酒肆，自萌生之日起，就深深烙上了娱乐消闲的色彩。从创作观念看，唐宋词人是由娱乐休闲走上词体创作道路的。一方面，士大夫文人将作词、唱词看作人间乐事陶醉其间：“樱唇玉齿，天上仙音心下事；留住行云，满坐迷魂酒半醺”（欧阳修《减字木兰花》），“江南好，千种美酒，一曲《满庭芳》”（苏轼《满庭芳》）。甚至在歌筵舞席间感叹人生苦短，要只争朝夕：“萧娘劝我金卮，殷勤更唱新词；暮去朝来即老，人生不饮何为”（晏殊《清平乐》）。另一方面，又将词斥为“淫词”，并置之于最卑微的地位，称之为“小词”、“诗余”。钱惟演就公开宣称：“平生惟好读书，坐则读经史，卧则读小说，上厕则阅小辞。”[②] 这种文体等级观念代表了当时士大夫文人的创作态度。可见，在当时正统文人眼中，“小词”

---

① 许伯卿：《宋词题材研究》，中华书局2007年版，第37页。

② 欧阳修：《归田录·宋元笔记小说大观》，上海古籍出版社1990年版，第620页。

根本进不了主流社会和正式场合，只能作为“游戏”、“佐欢”的工具出现在士大夫文人私人的各种娱乐休闲环境中，也正因如此，才使词具有了更多的休闲娱乐特质，给创作者、传唱者带来欢快愉悦的享受，进而实现休闲娱乐的目的。

从创作实践看，词的娱乐休闲功能也十分明显。歌伎唱词、文人作词，都是为了物质感官的享受和消遣，歌筵酒席之中听歌伎浅斟低唱、与歌伎缠绵缱绻的情事成为唐宋词初期最主要的内容。南唐词人冯延巳的词中所写大多是“闲思闲想”（冯延巳《采桑子》），北宋晏殊的词中也充满了“闲愁闲闷”（晏殊《浣溪沙》），晁端礼更是直接将自己的词集命名为《闲适集》。即使南渡后，不少词人依然在高唱“天难问，何妨袖手，且作闲人”（张元幹《陇头泉》），“谁人解识闲中味，雪月烟云自能致。世态只如风过耳。三杯两盏，眼朦胧地，长向花前醉”（史浩《青玉案》）。词体的这种娱乐性功能，可谓与生俱来。我们不仅可以从流传下来的《调笑令》、《倾杯乐》、《回波乐》、《三台令》、《杨柳枝》、《醉花间》、《醉公子》等词牌名窥视到当时文人创作的调笑娱乐心态，更可以从各种笔记史料中，直接看到他们的创作态度。欧阳炯《花间集序》中就反复强调以“不无清绝之词，用助娇娆之态”，“……广会众宾，时延佳论”，“……用资羽盖之欢，南国婵娟，休唱莲舟之引”。欧阳炯的友人景焕在《野人闲话》中也记述道：“后主时……每春三月、夏四月，多有游花院及锦浦者，歌乐掀天，珠翠填咽。”陈世修在为冯延巳《阳春集》作序时也说：“朋僚亲旧，或当燕集，多运藻思，为乐府新词，俾歌者倚丝竹而歌之，所以娱宾而遣兴也。”皮日休也说：“元白之心，本乎立教，乃寓意于乐府雍容宛转之词，谓之讽喻，谓之闲适。既持是取大名，时士翕然从之，师其词，失其旨，凡言之浮靡艳丽者谓之‘元白体’。二子规矩攘臂解辩，而习俗既深，牢不可破。”[①] 由这些序言可知，晚唐时词体娱乐创作的观念已经建立，贵族豪家自创新曲用于宴会场合歌舞侑樽的情况已十分普遍，这种创作倾向已经成为当时风行文坛的普遍现象，为人们所广泛接受。一如当代学者王小盾在《唐代酒令艺术》一书中所描述的那样：“唐代词人并不只是案头吟咏的人，而在更大程度上，是游戏的人、娱乐的人、交际的人，

---

① 皮日休：《论白居易荐徐凝屈张祜》，《全唐文》卷 797，第 8359 页。

纵歌狂舞于‘樽前’、‘花间’的人。”[①] 晚唐、西蜀词的娱乐性质对宋词的影响是显而易见的。鲖阳居士《复雅歌词序》云：“温李之徒，率然抒一时情致，流为淫艳猥亵不可闻之语。吾宋之兴，宗工巨儒，文力妙天下者，犹祖其遗风，荡而不知所止。脱于芒断，而四方传唱，敏若风雨，人人歆艳咀味于朋游樽俎间，以是为相乐也。其韫骚雅之趣者，百一二而已。”这段话明确指出温庭筠的应歌之词对宋词内容、风格和功能产生的全面影响。

首先，唐宋词的娱乐功能体现在词体娱乐的全民化特征上。与传统诗文被少数人垄断的局面截然不同，曲子词是宋代士大夫文人与市井细民共同享受的娱乐性文艺，上至帝王，下到百姓，都对词表现出高涨的热情。对此，王兆鹏先生指出：“在宋代，帝王将相、贩夫走卒、文坛墨客、家庭妇女、方外僧人、风尘歌伎、江湖好汉、民族英雄，无不参与词的创作。宋词的创作队伍，几乎涵盖了各个社会阶层，包括了各种社会角色身份。”[②] 可见曲子词创作和欣赏的普及性及普泛化的特点。对此，唐宋时期的史书笔记都有大量的记载。如前蜀建国者王建，其棺柩下的石座即刻有盛大的伎乐场面，后蜀后主孟昶之子、皇太子玄喆在行军打仗时亦“携乐器、伶人数十以从”[③]。又如宋仁宗喜好柳永词，陈师道在《后山词话》中就有记载云：“仁宗颇好其词，每对酒，必使侍妓歌之再三。”还有宋徽宗微服于汴京著名小唱艺人李师师家，宋理宗晚年耽于逸乐，多次召民间歌伎唐安安入宫演唱等。至于曲子词对宋代士大夫日常生活浸润之深，则可以从以下序言轶事中窥见一斑。《苕溪渔隐丛话》收录的《遁斋闲览》载：“张子野郎中，以乐章擅名一时。宋子京尚书奇其才，先往见之，遣将命者，谓曰：‘尚书欲见云破月来花弄影郎中乎？’子野屏后呼曰：‘得非红杏枝头春意闹尚书邪？’遂出，置酒尽欢。”宾主双方皆久闻对方名词佳句，并为之心折，以此互相称许。由此而知曲子词与宋代士人生活水乳交融的关系。以歌乐相娱的记载，也多见于宋代各种史料和自序中。叶梦得《避暑录话》记载：

---

① 王小盾：《唐代酒令艺术》，知识出版社 1995 年版，第 5 页。

② 王兆鹏：《唐宋词史论》，人民文学出版社 2000 年版，第 109 页。

③ 欧阳修：《新五代史》，中华书局 1974 年版，第 245 页。

晏元献喜宾客，未尝一日不宴饮，盘馔皆不预办，客至旋营之。苏丞相颂尝在公幕，见每有佳客必留，但人设一空案一杯。既命酒，果实蔬茹渐至。亦必以歌乐相佐，谈笑杂至。数行之后，案上已灿然矣，稍阑既罢，遣声伎曰："汝曹呈艺已毕，吾亦欲呈艺。"乃具笔札相与赋诗，率以为常。

晁无咎《调笑》小序中道：

盖闻民俗殊方，异音异好。洞庭九奏，谓踊跃于鱼龙。子夜、四时，亦欢愉于儿女。欲识风谣之变，请观调笑之传，上佐清欢，深惭薄技。

欧阳修《采桑子》"西湖念语"序云：

因翻旧阕之辞，写以新声之调，敢陈薄伎，聊佐清欢。

晏几道《小山词自序》称其作词的目的在于：

病世之歌词，不足以析酲解愠，试续南部诸贤绪余，作五、七字语，期以自娱。不独叙其所怀，兼写一时杯酒间闻见所同游者意中事。

由此可知赵宋王朝上下好词风气之盛。流风之下，"汴都三岁小儿，在母怀饮乳，闻曲皆捻手指作拍，应之不差"①。因此，说宋代社会全民上下都"视唱曲为风流才调的时尚"②，应该是毫不过分的。

其次，唐宋词的娱乐性还体现在唐宋词的商业色彩上。富有文化气息的休闲娱乐活动，历来是权贵阶层的特殊享受。但是中晚唐以后，娱乐作为一种消费服务，开始在市场上出现。到宋代，随着商业经济的快速发展，社会财富的急剧增加，市民精神文化消费需求的日益旺盛，专门供人们休闲娱乐的商业场所"瓦舍"、"勾栏"开始大量出现，以谋生和赢利为

---

① 王灼：《碧鸡漫志》卷一，唐圭璋《词话丛编》，中华书局1986年版。
② 韩经太：《宋词与宋世风流》，《社会科学》1994年第6期。

目的的文化娱乐活动在当时已相当普遍。世风之下，必然催发促成曲子词的娱乐功能，强化曲子词的商业色彩，词的创作与传播因而带上了浓重的商业色彩。如果说晏殊、欧阳修等作词还只是出于单纯的娱乐需要，那么柳永的应歌之作则具有了明显的商业目的。宋人罗烨记载："耆卿居京华，暇日遍游妓馆，所至，妓者爱其有词名，能移宫换羽，一经品题，声价十倍，妓者多以金物资给之。"如果说贫困中的柳永为了生计需要而作词还只是个别的特例，那歌伎为了传唱新词、名家词而竞相争购，词家为祝寿、开张、节庆的应歌应景，则是唐宋词市场化、商业化的必然结果。宋代商业经济的高度发展，社会财富的急剧增加，以及由此而造成的整个社会自上而下的个人私欲的扩张，必然催发促成曲子词的娱乐功能，强化曲子词的商业色彩。有学者指出，在宋代以前，凡论及奢华生活，其对象主要是皇室、贵戚与达官显宦，而在宋代，却总是士庶并提。① 这也是其他朝代、其他文体所没有出现过的富有近代色彩的文化现象。

传统的诗教和文艺观严重束缚了艺术创作的自主性和创造力，导致了艺术作品的僵化。而以娱乐为主要功能的曲子词的出现，则在一定程度上打破了这个僵局。所以说词体娱乐性功能的意义是多方面的：一方面，词体娱乐功能的实现体现了宋人对文艺本质特征的重新认识和再发掘，因为"从原初的文化创造力看，诗是在游戏中并作为游戏而产生出来的……它也总是倾向于放肆、戏谑与快乐"②。只不过长期以来，文学的这种功能始终被传统文论"言志"、"载道"的重重迷雾所遮掩而已。而且，它又为后世文学的发展拓宽了道路。宋代以后，戏曲、小说等文学样式后来居上，逐步取代了传统诗文在文坛上的主导地位，这便与它们娱乐大众的功能定位有着密不可分的关系。另一方面，也是更为重要的意义在于，宋人对曲子词娱乐功能的重视又体现出个人主体价值的提升和自我独立意识的觉醒。它意味着宋人已觉悟到人的生存权利和享乐权利，并有用文学来表现这种权利的自由，这实际上也是人本主义的一种外现。

---

① 方行：《中国封建地租与商品经济》，《中国经济史研究》2002 年第 2 期，第 26 页。

② J. 胡伊青加著，成穷译：《人：游戏者》，贵州人民出版社 1998 年版，第 154 页。

当然，由于“只有观众才实现了游戏作为游戏的东西”①，而观众所追求的，往往偏重于参与娱乐活动时所获得的感官刺激和直接的心理冲击，因此，“在这场文化消费的盛宴中，文化生产者和消费者之间形成了一种关系暧昧的互动，说不清是谁主动，说不清谁为谁提供了放纵的理由”，“消遣、释放、宣泄、排解、感观的刺激、游戏和娱乐不仅是文化消费行为的出发点，也是其最终的落脚点”②。这就必然会导致一部分“唯娱乐”、“唯煽情”等粗制滥造的作品的出现。但从总体上来看，作为流行歌曲的唐宋词，娱乐功能凸显而教化功能潜隐，这无论从文学而言还是从文化而言，都有着相当重要的社会价值和时代意义。从另一个角度讲，文学的经世致用功能和娱乐休闲功能，是推动词体发展的两条主线，一明一暗，推动了词体文学的繁荣发展。

三、唐宋词休而含情、休而为美的审美功能

从审美角度看，唐宋词首先是特殊时代、特殊生活条件下唐宋士大夫文人休闲生活的结果，是词人追求闲适、自由审美生活和体验的结果，是士大夫文人超越人生的结果。从深层次看，唐宋词因休而含情、休而为美的审美文化功能和与创作主体心灵高度契合而被士大夫文人所喜爱，词也因与一代词人的心灵叠合度最大、最真实无伪而成为一代人心灵观照的窗口。

如前所述，宋代文人生活在一个重文抑武、经济发达的时代，政治文人化、经济商业化、生活享乐化、精神理学化的时代，一方面是宽松的政治环境与舒适的生活环境，另一方面又是严重的思想束缚和精神压抑。前者可以满足士大夫们世俗人生的各种功利性、享乐性需求，而后者则钳制甚至扼杀了他们个体人格的独立与自由。若想保持个体人格的独立与自由，则只能脱离官场，归园田居，但没有了官家俸禄，也就意味着隐居生活失去了主要的经济来源和物质保障，也就有可能像五代隐士那样，陷于

① 伽达默尔著，洪汉鼎译：《真理与方法》，上海译文出版社1999年版，第141页。

② 吴锡平：《消费真实背后》，《文艺报》2004年1月10日。

衣食无着的窘境。同样，若想获得世俗人生的各种功利性、享乐性需求，则必须依附于国家政权，食君之禄、忠君之事，而个体人格的独立与自由也就不得不屈从于个体对于国家和社会应承担的政治责任和道德义务。正如卢梭所言："人是生而自由的，却无往不在枷锁之中。"于是，仕与隐、闲与忙这两难选择便无可回避地摆在了宋代文人士大夫面前。以在仕途上数度起落、备尝坎坷的苏轼为例，虽然向往休闲归隐的自由，"几时归去，作个闲人。对一张琴，一壶酒，一溪云"（苏轼《行香子·述怀》），"底事区区，苦要为官去。尊酒不空田百亩，归来分得闲中趣"（苏轼《蝶恋花·述怀》），但最终仍放不下仕途带来的种种利益，"我亦恋薄禄，因循失归休。不须论贤愚，均是为食谋。谁能暂纵遣？闵默愧前修"（苏轼《除夜直都厅，囚系皆满，日暮不得返舍，因题一诗于壁》）。苏轼的思想在当时的士大夫文人中非常具有代表性，我们只要看看这些身在庙堂高位心系山野的居士名号，即可略见一斑。如六一居士（欧阳修）、笑笑居士（文同）、东坡居士（苏轼）、浮休居士（张舜民）、淮海居士（秦观）、后山居士（陈师道）、清真居士（周邦彦）、东湖居士（徐俯）、石林居士（叶梦得）、茶山居士（曾几）、芦川居士（张元幹）、石湖居士（范成大）、遂初居士（尤袤）、千岩居士（萧德藻）、于湖居士（张孝祥）、稼轩居士（辛弃疾）等。这些居士大多是权倾一方的官僚，也是赫赫有名的文人，透过这林林总总的居士名号，我们不难窥见宋代士大夫文人向往自由闲适生活的文化动机，发现他们对现实生活的无奈与心灵自由的向往。于是，白居易半仕半隐，半闲半忙的审美化、艺术化的休闲生活恰好为宋人仕隐兼得的人生理想提供了一个堪称模范的范本。

白居易一生过着"似出复似处，非忙亦非闲。不劳心与力，又免饥与寒。终岁无公事，随月有俸钱"（白居易《中隐》）的位高责轻、厚禄身闲生活。在他的生活里，闲居、闲吟、闲游是不变的主题，"闲适"更是他反复咏叹的旋律和毕生追求的精神状态。白居易这种"以仕求隐"、以"闲"对"忙"的哲学观和处世态度，圆融通达地协调了身与心、职与事、仕与隐的矛盾，对宋代士大夫文人产生了深刻的影响。且看他们是如何表露心迹的：

既知吏可隐，何必遗轩冕。（司马光《传家集》卷四）

小隐即居山，大隐即居廛。夫君处其中，政尔当留连。（张孝祥《中隐》）

未成小隐聊中隐，可得长闲胜暂闲。（苏轼《六月二十七日望湖楼醉书》其五）

江山风月，本无常主，闲者便是主人。（苏轼《书临皋风月》）

几时归去，作个闲人。对一张琴、一壶酒、一溪云。（苏轼《行香子》）

清风明月，幸属于闲人。（欧阳修《西湖念语》）

天难问，何防袖手，且作闲人。（张元幹《陇头泉》）

镜湖元自属闲人。（陆游《鹊桥仙》）

这回疏放，作个闲人样。（陆游《点绛唇》）

欲寄吴笺说与，这回真个闲人。（陆游《风入松》）

眼里数闲人，只有钓翁潇洒。（朱敦儒《好事近》）

归去来兮，行乐休迟。命由天、富贵何时。百年光景，七十者稀。奈一番愁，一番病，一番衰。　　名利奔驰，宠辱惊疑，旧家时、都有些儿。而今老矣，识破机关：算不如闲、不如醉、不如痴。（辛弃疾《行香子》）

可见，追求和企慕白居易休闲生活成为唐宋士大夫文人共同的文化心理与价值取向。可以说，“中隐”生活的选择，是唐宋士大夫文人对儒家“穷则独善其身，达则兼济天下”（《孟子·尽心上》）、“天下有道则见，无道则隐”（《论语·泰伯》）这一非此即彼、不可调和的传统价值观念与处世方式的变革。在宋代文人士大夫这里，承担社会责任与追求个性的自由、人格的独立已不再是互相排斥的两极，儒家积极入世的思想使他们热情参与政治，而白居易式的自然、闲散、从容又使他们超然对待人生的荣辱得失。在宋代士大夫看来，个体的社会价值和生命意义既可以通过外在的事功来实现，也可以从内心的适意与自足、自由中去求得。词体正好顺应了士大夫文人追求休闲审美的理想生活，实现内心自由畅快的表达，进入超越现实、解脱仕途苦难、实现精神自由的境界的需要。

唐宋词的休闲功能首先体现在对人的感官愉悦上。唐宋词作为休闲工具，首先是一种“快适的艺术”。康德曾经说过：

快适的艺术是单纯以享受作为它的目的。例如人们在筵席间享受到一切的刺激，有趣地谈说着故事，诱使宾客们活泼自由地高谈阔论，用谐谑和欢笑造成快乐气氛。在这场合，正如人们所说的，随便说些醉话，不负任何责任，不留在一个固定题目的思考与唱和里，只为着当前的欢娱消遣。……这些游戏没有别的企图，只是叫人忘怀时间的流逝。[①]

这里所说的“快适的艺术”，主要是指单纯追求物质层面的较为低级的娱乐形态。“找乐子”是人们参与娱乐活动时的普遍心态，而听唱曲词所带来的声色之娱无疑在很大程度上满足了欣赏者这种浅层次的“求乐”的心理期待。于是，词的曲调是否“尖新”、演出效果能否“惊人耳目”、“长人精神”（孟元老《东京梦华录》）往往成了大众娱乐消费时关注的焦点。肇始于唐五代的曲子词开始就带着娱乐化倾向和感官的欢愉进入消费者的视野。任二北先生在《敦煌曲初探》一书中指出：“敦煌曲，乃唐代一种配合乐舞之歌辞也，配合乐舞之歌辞，所以刺激人之灵感或官能者，首在其所寄托之声乐与舞容。”[②] 而且配合着“刺激人之灵感或官能”的音乐，敦煌歌辞表现出以娱乐为主的特殊社会功能。由于“敦煌曲词……反映的社会面非常广阔，特别是商业城市的生活面貌，反映得更为鲜明”[③]，其娱乐功能的实现又往往以商业经济发达的城市为背景，呈现出与前代民歌相异的商业化色彩。如下面这首《浣溪沙》：“髻绾湘云淡淡妆，早春花向脸边芳。玉腕慢从罗袖出，捧杯觞。纤手行令匀翠柳，素咽歌发绕雕梁。但是五陵争忍得，不疏狂。”通过描写歌伎劝酒、行令、唱词的一系列活动，真实地再现了当时民间以曲词娱乐的场面。

唐宋词萌生于宫廷燕乐花间樽前，传唱于歌伎美女之间，观之悦目，在耳动听，再配以娱乐尽欢的态度和词中多少千回百转的缠绵，“娉婷秀媚，桃脸樱唇，玉指纤纤，秋波滴滴，歌喉宛转，道得字真韵正，令人侧耳听之不厌”[④] 的声色享乐，也足以眩人耳目，愉悦身心。也正是词体巨大的感官享乐，才使得词体产生巨大的吸引力，迅速走红在社会各阶层，

---

① 康德：《判断力批判》，商务印书馆 1964 年版，第 268 页。
② 任半塘：《敦煌歌辞总编》卷一，上海古籍出版社 1987 年版，第 87 页。
③ 刘大杰：《中国文学发展史》，上海古籍出版社 1997 年版，第 167 页。
④ 吴自牧：《梦粱录》卷二十，浙江人民出版社 1980 年版，第 192 页。

即使被冠以“淫词”，士大夫文人也争相唱和，连皇帝也不能免俗。《宋史》卷142《乐志》中载：“太宗洞晓音律，前后亲制大小曲及因旧曲创新声者，总三百九十。”

以西方审美理论看，生命可分为生理生命、对象生命和宇宙生命三个层次。生理生命主要指主体的欲望，也就是弗洛伊德所说的“本我”，对象生命指艺术作品中借以表现人的心灵的山川草木等自然物的生机，宇宙生命则是一切生命之元，是终极生命，是弗洛伊德所谓的“超我”。从审美创作角度看，审美体验必须超越主体的生理生命穿过“本我”才能进入艺术作品的对象生命之中，进而再超越对象生命而回归于宇宙生命。只有与宇宙生命浑然相合的体验才是最高层次的审美体验。但是，生理生命也是生命存在的客观，本我的生命需求也是正当的、必需的。可以说，来自生理生命、本我的各种需求和愿望，是生命的原动力，是人实现对象生命进入超我境界所必须经过的阶段。从这个意义上说，唐宋词的感官娱乐效果和休闲功能，不仅为当时的社会提供了一种艺术化的休闲工具，更重要的是为处于理学人性压抑下的士大夫文人提供了一个心理宣泄的途径，为实现人格的完善和心理的平衡发挥了重要的调剂作用。

唐宋词除了能带给接受者感官上的快适外，北宋后期和南宋的许多优秀词作在吟咏性情、抒发感怀的同时，能带给人们较为深层次的心灵陶醉，使人实现精神的平和愉悦，这也是休闲的最终目标。如汪莘《方壶诗余自序》即云：

余平昔好作诗，未尝作词，令五十四岁，自中秋之日，至孟冬之月，随所寓赋之，得三十篇，乃知作词之乐，过于作诗，岂亦昔人中年丝竹之意耶，每水阁闲吟，山亭静唱，甚自适也。①

显然，作者所为之欣喜的“作词之乐”是因填词唱曲而获得的精神享受，而“甚自适也”则是由词体创作而产生的审美体验。词的这种由抒发情感进而获得心灵的平静、宁和的作用，才是休闲的最高境界。词由社交

① 汪莘：《方壶诗余自序》，金启华等《唐宋词集序跋汇编》，江苏教育出版社1990年版，第227页。

需要、唱和需要进而抒发情感，客观上，它为词人打开了一扇心灵之窗，使饱受理学约束的精神得以放松，这就是词体休闲功能的最高境界，也是词体受历代文人追逐的重要原因。如果我们将目光投向唐宋词以及其他文学门类的创作，我们会发现，因创造而产生的愉快、畅美的心理体验、审美感受，是超越生理生命后人类生命的最高境界，也是超越生存需要、安全需要而进入的生命最高层次。创造的愉快，可以使人类认识到自己的力量与价值，看到劳动果实的收获，体悟到生命在创造时所迸发出来的舒畅和惬意，一种美的感觉也便充盈了他的情感和全身。正如学者刘骁纯所言："这种实现自己的冲动，实际上就是一种创造欲。自己被实现的满足，就是一种创造的愉快，其本质就是马克思所说的'人的本质力量的对象化'。主体的创造力、想象力、征服力得到了感性体现，主体的目的得到了自由的实现。这种愉快是主体对自己内在能力的自我欣赏、自我赞美和自我肯定。随着真正的意识的出现，这种空前高级的快感就成为一种人类最原始的、过渡性的美感。人类最初的由快感向美感转化的高级情感，就这样在创造工具的劳动中诞生了。"① 劳动创造了美，发现了美。而美被创造、被发现的同时，也便产生了最原始状态和最本真意义上的"休闲"。这样的休闲，是劳动过程的一部分，也是在劳动中创造美、发现美并感受美的那一刻；这样的休闲，是劳动成果的艺术化，也是艺术化地表现劳动和劳动对象的过程；这样的休闲，既伴随着对美的事物的美的感受，又深深沉浸在强烈的生命责任感原始的庄严氛围中。在这样一种意义上的休闲中，我们看到了生命在寻求更理想的存在方式过程中所展现出的纯真、顽强、乐观、欢快和伟大。

休闲是人类最基本的需要之一，一切事务从本质上说，都是围绕休闲在运转的。宋人对曲子词娱乐功能、休闲功能的重视，体现出宋人主体价值的提升和自我独立意识的觉醒，意味着宋人已觉悟到人的生存权利和享乐权利，并有用文学来表现这种权利的自由，这实际上也是生理生命向宇宙生命的一种倚靠。席勒说："只有当人在充分意义上是人的时候，他才游戏；只有当人游戏的时候，他才是完整的人。"② 他把"游戏"的冲动当

---

① 刘骁纯：《从动物快感到人的美感》，山东文艺出版社 1986 年版，第 118 页。

② 席勒著，徐恒醇译：《美育书简》，中国文联出版公司 1984 年版，第 90 页。

成人性解放的前提，这就指出了艺术的娱乐功能与人的自由和全面发展的密切关系。几千年前亚里士多德在《政治学》中就指出了这点，他说："游戏作为工作的调剂，能使紧张的生活得到弛懈之感。"[①] 这种"弛懈之感"对于"人生不如意，十事常八九"的普通大众而言，更显得弥足珍贵。"需要是人生中最现实的问题"，"它是我们现实生活中所存在的一切现象的根由"。[②] 休闲对芸芸众生的精神安抚作用，胡祗遹在《赠宋氏序》中说得最清楚明白。他说：

百物之中，莫灵贵于人，然莫愁苦于人。鸡鸣而兴，夜分而寐，十二时中，纷纷扰扰，役筋骸，劳志虑，口体之外，仰事俯畜。吉凶庆吊乎乡党闾里，输税应役于官府边戍。十室而九不足，眉蹙心结，抑郁而不得舒，七情之发，不中节而乖戾者，又十常八九。得一二时安身于枕席，而梦寐惊惶，亦不少安朝夕。昼夜秋居，寤寐一心，百骸常不得其和平。所以无疾而呻吟，未半百而衰。于斯时也，不有解尘网，消世虑，熙熙杲杲，畅然怡然，少导欢适者，一去其苦，则亦难乎其为人矣。此圣人所以作乐以宣其抑郁，乐工伶人之亦可爱也。[③]

的确，不仅士大夫文人需要词来实现身体的休闲精神的超越，需要通过词的创作传唱来娱己娱人，对芸芸众生的大众来说，词的吟唱更是他们劳碌艰辛生活中唯一难得的休闲娱乐，是对当下现实生活的超越与对美好生活的向往，是在对词的欣赏审美体验中激发的对对象生命、宇宙生命的向往，是朦胧中非自觉的对人类文化中最可宝贵的休闲精神的追求。虽然人们对词的创作、欣赏的动机往往偏重于参与娱乐活动时所获得的感官刺激和直接的心理冲击，但是，"在这场文化消费的盛宴中，文化生产者和消费者之间形成了一种关系暧昧的互动，说不清是谁主动，说不清谁为谁提供了放纵的理由"，"消遣、释放、宣泄、排解、感观的刺激、游戏和娱乐不仅是文化消费行为的出发点，也是其最终的落脚点。"[④]

---

① 亚里士多德著，吴寿彭译：《政治学》，商务印书馆1996年版，第410页。
② 吴灿华、詹万生：《人生哲学》，北京师范学院出版社1987年版，第79页。
③ 胡祗遹：《赠宋氏序》，《全元文》，江苏古籍出版社1997年版，第260页。
④ 吴锡平：《消费真实背后》，《文艺报》2004年1月10日。

总之，唐宋词人对曲子词娱乐功能、休闲功能的重视与开拓，唐宋社会对精神生活休闲审美的集体追求，充分体现出唐宋文人主体意识的提升和生命意识的觉醒，意味着宋人对生存权利和享乐权利的觉悟与追求。我们今天将词体的缘起、发展、传播和人类精神永恒的休闲需求联系起来，将词的创作看作唐宋文人生命的自觉、生命的创造，厘清以表达个体生命体验、情感志趣为主的词在唐宋文人心理、精神上的文化坐标就显出了其中的历史意义。

第四章

休闲视野下的唐宋词人创作观念

第一节　具有近代色彩的休闲创作观念

不知哪位先贤说过，“词学是心学”。的确，宋词因其体性和文化功能与创作主体心灵高度契合而被士大夫文人所喜爱，词也因与一代词人的心灵叠合度最大、最真实无伪而成为一代人心灵观照的窗口。但是，我们只要对唐宋词人的创作实践略作考察，就不难发现宋人词体观念的矛盾与复杂。一方面，宋人私下里将作词、唱词看作乐事陶醉其间，“樱唇玉齿，天上仙音心下事。留往行云，满坐迷魂酒半醺”（欧阳修《减字木兰花》），“江南好，千种美酒，一曲《满庭芳》”（苏轼《满庭芳》），甚至只有在歌筵舞席间才感觉人生是真实的，“萧娘劝我金卮，殷勤更唱新词；暮去朝来即老，人生不饮何为”（晏殊《清平乐》）。另一方面，又将词斥为“淫词”，并置之于最卑微的地位，称为“小词”、“诗余”，公开宣称：“文章政事，初非两途。学之优者发而为政，必有可观；政有暇余，则游艺于咏歌者，必其才有余辨者也”（强焕《题周美成词》）。词学批评家们也说苏轼“以文章余事作诗，溢而作词曲”（王灼《碧鸡漫志》卷二），甚至许多达官贵人在发达后，纷纷和词划清界限，忏悔年轻时的词作是“少时汩于世俗”所为。且看他们的表白：

千馀年后，乃有倚声制辞，起于唐之季世，则其变愈薄，可胜叹哉！予少时汩于世俗，颇有所为，晚而悔之；然渔歌菱唱犹不能止。今绝笔已数年，念旧作终不可掩，因书其首以识吾过。①

然文章豪放之士，鲜不寄意于此者，随亦自扫其迹，曰谑浪游戏而已也。②

① 吴文治：《宋诗话全编》之《陆游诗话》，江苏古籍出版社 1998 年版，第 5751 页。

② 清四库馆纂辑：《四库全书》，上海古籍出版社 1989 年影印本，第 1137 册，第 547 页。

晋和凝，少年时好为曲子词，布于汴、洛。洎入相，专托人收拾焚毁不暇。然相公厚重有德，终为艳词玷之。契丹入夷门，号为“曲子相公”。所谓“好事不出门，恶事行千里”，士君子得不戒乎?①

“犹不能止”、“鲜不寄意于此”，道尽了词这一游戏文体对人的强烈吸引，“汩于世俗”一语则说明了写词在宋朝已成为群体乐于为之的风潮，就连皇帝也不能抵制这种新兴音乐形式的媚惑力，《宋史》卷一四二《乐志》中载：“太宗洞晓音律，前后亲制大小曲及因旧曲创新声者，总三百九十。”“晚而悔之”、“随亦自扫其迹”、“恶事行千里”、“专托人收拾焚毁不暇”，这些表达又说明了作为游戏文体的词在宋人心目中的低下地位。显然，在宋人的词体观念中，存在着政治价值和审美价值的矛盾与冲突，反映了宋人理性与感性之间的深度矛盾。正如谢桃坊先生所分析的：“赵宋王朝处在封建社会后期，在加强中央集权和思想统治的过程中加速了人性的异化。社会对人欲的否定与压抑，使人的内在的自我与外在的表现分裂，出现比较严重的表里不一致的现象。”② 宋人为了应付更复杂的社会生活而往往隐藏了真实的自我，在朝廷、政事、社交、家庭等不同的环境里以不同的人格面具出现。只有在私人生活中，尤其是在词体创作、欣赏过程中，才表现出自己的本来面目。这种由士大夫文人个体生命意识的觉醒，社会享乐观念的释放带来的人格变化，必然体现在创作实践中。宋代士大夫文人的双重人格典型地体现在他们对待诗体与词体的不同态度中。在宋人眼里，“诗主理”，讲究道义节气，承载着儒家诗教的责任而显得尊贵而不敢造次；“词言情”，因其艳科的性质与娱乐的功能而被冠以“小词”、“诗余”，因而可以大胆表现欲望、恋情和各种或卑鄙或高尚的内心微妙曲折的感情。宋人在顺应时代好思尚理的要求的同时，努力保持真实的自我和感性的需要，虽然没有唐代诗歌里表现的和谐与大气，却也非常真实地体现了宋代文人丰富的内心，主体精神在看似矛盾的诗体、词体观念中得到统一。

在以儒家思想占统治地位的传统文化中，文学的政教功能被历代封建

---

① 孙光宪：《北梦琐言》卷六之胡寅《斐然集》卷十九《向芗林〈酒边集〉序》。

② 谢桃坊：《中国词学史》，巴蜀书社2002年版，第30页。

统治者视为文学的生命，文学功能的设置都是从“厚人伦”、“美教化”的政治功利目的出发的，任何表现建立在肉体欢乐基础上的个人需求和精神需要的作品，任何以休闲娱乐为目的的创作，不仅被视为违反文学规范，甚至被看作个人创作的污点。我们考察宋人对诗词的矛盾态度不难发现，宋人在词体的创作中，在不自觉的实践中，实际上遵循了艺术的规律，听从了心灵的召唤。黑格尔早在《精神现象学》中就指出，在人类的精神现象中，当普遍的理性与个体的感性冲突时，“如果普遍的必然性的内容与心不相一致，则普遍的必然性就它的内容来说，自身就什么也不是，而必须让路给心的规律”[①]。也就是说，任何精神产品都必须遵循心的规律，文学创作更要表现人的感性。唐宋词一开始就走上了一条与传统相反的道路，将休闲娱乐当作创作的主要目的，将“娱宾遣兴”当作词的主要功能，本能地服从了心的规律也就是服从了艺术的规律。今天，当我们将这种词体观念回归到当时的历史中，还原到当时的社会条件下，就使词体的文学观念具有了进步的意义，具有了近代色彩。

第二节　休闲视野下的词史还原

从中唐词体的萌芽到两宋词体的成熟定型的三百多年间，唐宋词走过了一条由交际娱乐工具而文学体裁，由“词为艳科”而抒百样情、叙百样事，由“男子作闺音”的代言而创作主体明确的发展道路。这个过程是你中有我、我中有你，彼此交叉融合、共同发展的过程。如果将词体置于休闲娱乐的文化大背景下，对从唐五代萌芽到清末的词体发展轨迹作粗略划分，笔者以为胡适先生在20世纪30年代提出的“词史三期说”比较符合词体发展的实际。按照胡适先生《词选》的分类，词体的整体发展可以分为三个大时期：第一时期为词的自然演变时期，时间自晚唐到元初（850—1250年）；第二时期为曲子时期，时间自元到明清之际（1250—

---

① 黑格尔：《精神现象学》上卷，商务印书馆1981年版，第246页。

1650 年)；第三时期为模仿填词时期，时间自清初至今（1620 年至当代)。[①] 在胡适看来，在词的整个历史发展进程中，最有价值的是词的自然演变时期，也即第一时期。在胡适先生粗略勾勒的词史发展轨迹中，充分显示了胡适先生推崇自然和反对模仿抄袭的词学观，这也是他一贯的文学主张。他在 1917 年发表的《文学改良刍议》(《新青年》第 2 卷第 5 号）中提出文学改良八事，其中就有“不摹仿古人”。他还明确指出“文学者，随时代而变迁者也。一时代有一时代之文学。……唐五代及宋初之小令，此词之一时代也；苏柳辛姜之词，又一时代也。”显然，胡适在这里再次强调世事风俗对词体演进的影响，并根据词体在自然演变过程中表现出的不同特点对词加以分类。

从宏观角度看待晚唐五代到两宋的词，大体可以分为三个阶段，即歌者的词、诗人的词、词匠的词。以苏轼为分界点，苏轼之前是教坊乐工与娼家歌伎演唱的词，苏轼到辛弃疾、刘克庄属诗人之词，姜夔之后是词匠词。

先说歌者之词。词起源于民间，流传于娼女歌伶之口。早期的曲子词基本上是教坊乐工和娼家妓女为酒宴助兴的承欢之作，中国文学史上第一部词集《花间集》所收五百首词，几乎都是为娼家歌者所作，内容也无非是相思离别、儿女欢情、醉歌绮语。这种创作状态一直持续到北宋。从宰相晏殊到常住娼家为歌伎作词的柳永，稍后的同为高官的欧阳修，都不能免俗。虽然李后主亡国的悲剧情怀与深刻体验、冯延巳委婉幽深的情感提升了词的意境，在艳情之外为词体增添了一些个人情怀，但依然难脱艳词淫语的俗套，依然是交给歌者传唱的民间文学。这个时期的词基本都是代言体，没有特定的作者，没有具体的抒情对象，也看不到抒情主体的面目，词作内容相近，风格也相近，完全看不到作者的个性和特点，不同作者的作品与作品间差别甚微，极易混淆。例如五代和北宋前期文人的词作，往往多有混杂。比如既见于冯延巳《阳春集》，又见于欧阳修《欧阳文忠公近体乐府》的词作，就有十六首之多。其中《蝶恋花》“庭院深深深几许”、“谁道闲情抛弃久”、“几日行云何处去”等三阕名作，其归属权一直为后世的词学研究者所争论不休，至今悬而未决。又如《阮郎归》

① 胡适选注，刘石导读：《词选》之序，中华书局 2007 年版。

（南园春半踏青时）既见于冯延巳《阳春集》，又见于晏殊《珠玉词》，还见于欧阳修的《欧阳文忠公近体乐府》；《贺明朝》（忆昔花间初识面）既见于欧阳修《醉翁琴趣外篇》卷二，又见于《花间集》卷六的欧阳炯词。仅从风格上看，某些词的作者是很难确定的。就像当今社会的流行歌曲，完全是世俗流行下的娱乐形态，与其说是一种文学体裁，不如看作是一种休闲娱乐的方式。叶嘉莹先生也指出：

（文人）词在初起时，原来只不过是供人在歌筵酒席之间演唱的乐曲而已，用一些华美的词藻，写成香艳的歌曲，交给娇娆的歌伎酒女们去吟唱，根本谈不上个人一己的情志之抒写。……至于就飞卿词本身而言，则其外表所予人的直觉印象却依然只不过是弦吹之音所写的一些侧艳的曲词而已，既无明显的怀抱志意可见，甚至连个人一己之情感也使读者难于感受得到。①

北宋中期，伴随着理学的中兴，宋神宗以经义论策取士取代过去以诗赋选才，《三经新义》的推行，儒家政治教化思想开始向词体观念渗透，特别是北宋灭亡后，民族的危机唤起了士大夫文人内心的责任意识和爱国情怀，以苏东坡为首的词家开始将词体创作和“诗人之旨”联系起来，词的创作机能开始得到彻底改变，词在士大夫手里，突破了“艳科”的樊篱，刘熙载就评说苏轼词“无意不可入，无事不可言”（刘熙载《艺概》），词开始像诗文一样反映广阔的社会和人生：可以抒发羁旅愁思，传递儿女私情，可以咏古悼亡，倾诉内心的苦闷，还可以说理议论，感叹宇宙人生的哲理。词的大门打开了，词坛风气变了，词的用处广了，词的内容丰富复杂了，词人的风格也展示出来了。此时的词坛可谓百花齐放，风格多样。悲壮苍凉、豪迈雄放、哀怨婉约、闲逸旷达、颓废放浪、诙谐游戏，此时的词在表达这些情感上，可谓无所不用其极。

词体由唐五代的艳情而北宋的恋情、闲情再到北宋后期抒写性情，由以“男子作闺音”写绮情艳语到以主体身份吟咏性情、抒发情怀，是词体抒情史上的重大转变，也是词成为一代之文学的魅力所在。胡寅就高度评

---

① 叶嘉莹：《迦陵论词丛稿》，上海古籍出版社1980年版，第70页。

价这个时代的词“一洗绮罗香泽之态，摆脱绸缪宛转之度，使人登高望远，举首浩歌”（胡寅《向芗林〈酒边集〉序》）。王灼更从创作主体的心志本源角度解释这一变化，他说：“故有心即有诗，有诗则有歌，有歌则有声律，有声律则有乐歌”（王灼《碧鸡漫志》卷一）。王灼从心志、声律、乐舞的关系上来强调词体创作中创作主体的重要性，强调主体心志是诗词创作的本源，反之，没有主体情感意识的词必定“浅近卑俗”。这是非常有见地的批评，不仅有助于矫正唐五代以来词体观念的片面性，也表明宋人词体观念更趋于成熟，为词体艺术的成熟发展奠定了理论基础。

但是，随着“诗人之旨”对词的日渐渗透和词体的日渐文人化，词的创作又出现了明显的“雅”化倾向，并逐渐走向形式、技巧的极端。北宋末南宋初年，一种“复雅”意识弥漫词坛。南宋初年曾慥编选的词集就名为《乐府雅词》，声明不收“艳曲”、“谐谑”之词。鲖阳居士选编的《复雅歌词》也标榜旨在发扬文学典雅传统，反对“鄙俚俗下”，以为词应“韫骚雅之趣”。张炎在《词源》卷下中也强调“词欲雅而正之，志之所之，一为情所役，则失其雅正之音”。所谓“雅”，就是内容上要求词意含蓄、意趣高雅、情志符合社会伦理规范，艺术表现上要求精巧工致，形式上要求必须“协律”可歌，甚至对歌词在句数、句式、平仄、韵律等方面都有较为严格的要求，精通音律成为作词的一个重要条件。如李清照《词论》即提出：“盖诗文分平侧，而歌词分五音，又分五声，又分六律，又分清浊轻重。……本押仄声韵，如押上声则协；如押入声，则不可歌矣。”张炎《词源》亦云：“词之作必须合律。”夏承焘先生《词源注》道：合律是“指合于音律、乐谱”。词体创作精严的合乐要求，不仅在很大程度上制约了词体的独立，影响了词的发展，而且在另一个层面上限制了词家多种情志的抒写。这种依曲定体、按谱填词、一味求雅之风，随着宋徽宗崇宁四年（1105 年）官方设置音乐机构“大晟府”，网罗了一批懂音乐、善填词的作家而达到顶峰。周邦彦便是其中成就最高、影响力最大的一位。周邦彦是一位“妙解音律”的词人，据潜说友《咸淳临安志》卷六十六《人物传》载：“邦彦能文章，妙解音律，名其堂曰‘顾曲’，乐府盛行于世。”南宋陈郁《藏一话腴》内编卷下则赞周邦彦：“二百年来，以乐府独步，贵人学士、市儇妓女知美成词为可爱。”政和六年（1116 年），周邦彦提举大晟府，“主要负责搜集、审定前代以及当时社会流行的各种曲拍和腔调，并在这基础上创制‘大晟新声’”①。南宋初年王灼的《碧鸡漫志》卷二就说：“崇宁间建大晟乐府，周美成作提举官，而制撰官又有七。”而稍后于此的张炎也在《词源》卷下道：“迄于崇宁，立大晟府，命周美成诸人讨论古音，审定古调。沦落之后，少得存者。由此八十四调之声稍传。而美成诸人又复增演慢曲、引、近，或移宫换羽，为三犯、四犯之曲，按月律为之，其曲遂繁。”周邦彦以音乐家的身份来从事词曲创作，虽然有助于发展词乐，规范词调，但是过度追求词体格律化程度，必然使词体失去鲜活的民间色彩而走上形式主义的道路，将词人变为匠人。这就是胡适先生所谓的“匠人之词”。

正如胡适在《词选》序言中所说：“文学新的方式都是出于民间的。久而久之，文人学士受了民间文学的影响，采用这种新体裁来做他们的文艺作品。……浅薄的内容变丰富了，幼稚的技术变高明了，平凡的意境变高超了。但文人把这种新体裁学到手之后，劣等的文人便来模仿；模仿的结果，往往学得了形式上的技术，而丢掉了创作的精神。天才堕落而为匠手，创作堕落而为机械。生气剥丧完了，只剩下一点小技巧，一堆烂书袋，一套烂调子！于是，这种文学方式的命运便完结了。”② 也许胡适的观点有些极端，但类似的观点也出现在鲁迅先生的书信中。1934 年 2 月 20 日，鲁迅先生在给友人的一封信中说道：“歌、诗、词、曲，我以为原是民间物，文人取为己有，越做越难懂。弄得变成僵石，他们就又去取一样，又来慢慢地绞死它。譬如《楚辞》罢，《离骚》虽有方言，倒不难懂，到了扬雄，就特地‘古奥’……这就离断气不远矣。词、曲之始，也都文从字顺，并不艰难，到后来，可就实在难读了。”③ 确如胡适、鲁迅所言，随着词体日渐雅化，南宋文人词与民间歌场日渐疏离，词体的生命也开始走向衰微，虽后来的论家或因南宋词多有比兴寄托而作出较高的评价，但就其与大众的关系，就其生命力、传播面而言，其创作成就确实不如北宋。

---

① 施议对：《词与音乐关系研究》，中国社会科学出版社 1985 年版，第 89 页。

② 胡适选注，刘石导读：《词选》之序，中华书局 2007 年版。

③ 《致姚克》，《鲁迅书信集》，人民文学出版社 1976 年版，第 492 页。

第三节　休闲文化视野下的词史分野

考察自唐五代以来的曲子词，不同角度会得出不同的结论，不同角度会有不同的风景，不同的风景下面聚集着不同的作家群。如果我们将词体还原到它的原生文化环境，将词的发生、发展放在休闲文化视野下考察，综合考虑影响词体发展的几大要素，我们起码可以从以下三个角度思考词史的分野问题：一是由词体与音乐关系而形成的词体演进视野；二是由艳情、闲情、性情而形成的抒情视野；三是由代言体创作主体而形成的唐宋词创作主体视野。同时，这三种现象相互渗透、相互作用，难分彼此，形成复杂、丰富、生动的词体发展历史。下面结合文人创作心态和词作内容，将宋词放在休闲娱乐的视野下，作一简单梳理。

首先，对词体形成与发展影响最大的莫过于音乐。词体与音乐互相依存，相克相生，构成唐宋词作为音乐文学的发展历史。作为音乐文学，唐宋词从音乐的附庸成长发展为独立的新诗体——词，期间始终伴随着词、乐关系之发展变化，这个过程既影响了词体本身的性质特征，也决定了词体的演化和蜕变。从宏观角度看，词与音乐历经由“应歌合乐，乐主词从”到“变旧声作新声”再到“歌曲性萎缩，文学性加强”三个发展阶段。唐宋词从敦煌民间词到唐五代文人的“代言”词再到北宋词的多元化发展直至南宋文人词诗化和雅化的过程，都关乎词与乐的分分合合。

在中国文学发展过程中，韵文是特别繁盛而多样的文学形式，它们大都和古代某一时代的音乐保持着密切关系。从《诗经》、《九歌》、汉魏乐府歌辞、南北朝民歌直至唐人声诗，它们都是先有了歌辞再配以音乐的，遵从的是“以乐从词”的规律。而自唐代兴起的新兴音乐文学——曲子词始，则开启了音乐与文学的新模式，即先有乐曲再谱以歌辞“乐主词从”。20 世纪初，梁启超先生就教导其女梁令娴说：

凡诗歌之文学，以能入乐为贵，在吾国古代有然，在泰西诸国也靡不然。以入乐论，则长短句为便，故吾国韵文，由四言而五言，由五七言而长短句，实进化之轨辙使然也。[1]

在梁先生看来，长短句的诗体是诗歌进化的必然，也是中国诗歌配合音乐的最高形式。当代学者刘尧民先生在他的《词与音乐》中，也表达了同样的观点：

词完全是受音乐的陶铸而成功的一种诗歌，所以能够称得上“音乐的文学”。但它所受音乐的影响极为复杂，它的内容形式，各方面无一不是受音乐所赐。过去虽然有很多诗歌和音乐有关系，但没有哪一种诗歌会如词与音乐关系之密切、之复杂。[2]

夏承焘先生也曾经在《唐宋词论丛·四库全书词籍指要校议》中说过，“词之初体，出于民间”。因此要考察词与乐关系的发展变化，就必须考察初始状态的唐五代民间词。

每一种文学样式的出现，都要经过漫长的认识过程，理论总是滞后于创作，词体文学也是如此。初始的唐五代民间词并非以文学形象出现的，而是一种为配合乐曲而创制的歌辞，是配合当时流行的燕乐而制作的，所以称为曲子，或叫曲子词。所谓燕乐又称为宴乐，是一种广泛流行于唐代社会各阶层的音乐娱乐和消费方式之一，是唐代最盛行的一种娱乐和社交活动，也是一种社会时尚。据曾美月先生考证，“宴乐”含义不仅是指人们在宴飨时所用的音乐，而且也包括宴飨活动中展开的音乐活动。这种宴飨作乐的活动方式或宴飨中的音乐在相当长的一段时间里被人们惯于用“燕乐”一词来指称。[3] 而且据曾美月先生考证，唐代的宴乐活动非常丰富，音乐也非常成熟，有区分皇帝、皇后、太子、王公大臣身份的《太和》、《正和》、《承和》、《舒和》，又有艺术性非常强的《霓裳》、《仙韶乐》等歌舞曲，整个社会弥漫着浓厚的乐教氛围。宴乐可分为“宫廷礼仪性宴乐活动”、“教化性宴乐活动”和“娱乐性宴乐活动”。“宫廷礼仪性

---

① 梁令娴：《艺蘅馆词选·序》，广东人民出版社 1981 年版，第 2 页。
② 刘尧民：《词与音乐·导言》，云南人民出版社 1982 年版，第 277 页。
③ 曾美月：《唐代宴乐类型考》，《中国音乐》2009 年第 2 期，第 92—94 页。

宴乐活动”主要用于“皇帝宴飨蕃国主”和“皇帝元正冬至受群臣朝贺并会”。这种音乐与人们的礼节性活动相伴随，音乐的演奏严格遵循一定的程式和规定，乐的起始与终止，伴随着人的某种行为动作的起始与终止，主要强调君与臣之间的等级尊卑，同时规定了他们的仪容，使他们的举止合乎礼节，不致放浪。在这里，音乐的娱乐性功能居于次要的地位。这也是宫廷礼仪性宴乐和一般娱乐性宴乐最大的不同之处。“教化性宴乐活动”主要是上至皇帝，下至州县刺史、县令为表达对至贤、至德、年长者的尊敬而设的一种宴乐活动。它在宫廷中表现为皇帝养老于太学，在地方上表现为乡饮酒。乡饮酒中的音乐形态已注重一定的审美功能，所奏曲目皆为先秦以来的流传古老的“燕乐嘉宾”的曲目，追求与贤德者的审美趣味一致。而“娱乐性宴乐活动”是唐代宴乐的主要构成部分，分布广、形式多，可是说是不受时间、地点、对象的限制，广泛渗透于朝野。

娱乐性宴乐活动可分为：节日广场庆典宴乐，望夜赏灯宴乐，宫廷殿庭宴乐，皇室内宴乐，赏赐性宴乐，官府宴乐，贵族家庭宴乐，文人家乐与文人雅集中的宴乐，游乐性宴乐，青楼、酒楼宴乐，平民宴乐，商贾宴乐，可见宴乐风气之盛。在这类宴乐活动中，一般先由乐伎表演歌舞，气氛逐渐兴奋起来以后，宴乐者开始互相以歌酬答，以歌送酒。一般是一人饮酒前把酒、另一人唱歌以劝酒。把酒者饮完酒后，有时会作歌起舞，有时把酒者也会“衔杯作歌”即自己把酒唱歌。其间穿插有即兴作诗，并有属和。也有众人环席递酌，命题联句作诗，一人作一句，中途有乐伎唱歌，宴乐者自己也唱歌。文人宴乐活动中，常有文人与乐伎相互唱歌以送酒，文人之间也常会“索曲送酒”，或文人观乐后，以歌赠伎。《旧唐书·卷十六·穆宗本纪》：“国家自天宝以后，风俗奢靡，宴席以喧哗沉湎为乐……公私相效，渐以成俗。”因宴乐流行太盛，且宴乐时常见“男女长幼杂坐”、“秉大权者，优杂倨肆于公吏之间”。值得我们关注的是宴乐在唐代盛行时，就流露出娱乐性、艳情性的端倪。这样的宴乐配以歌辞时，必然带上原生的香艳色彩。

隋唐宴乐，它们在相当长的时期内是以有声无辞的舞曲或器乐曲的形式流行的，在不断传唱的过程中，人们依据曲调的旋律、节奏配之以歌辞，并且在不断社会化的过程中，这种宴乐歌辞慢慢被白居易等著名诗人所接受，诗人们进而也尝试着用这种新的文学样式进行创作并产生广泛影响，曲子词就在这样的音乐土壤和休闲狂欢语境中产生了。1900年敦煌发现的近两百首盛唐至五代的曲子词可证实，早期的曲子词长短句的形式是以唐代燕乐曲标为名的。敦煌发现的歌辞还保留着词体草创时期的“原生态”面貌，在体制、格调以及风格等各方面都尚未定型，词与乐的结合也相对松散。唐圭璋先生《敦煌唐词校释》曾将敦煌歌辞所表现的词体初期状态的特点归纳为七条，曰：“有衬字，有和声，有双调，字数不定，平仄不拘，叶韵不定，咏题名。”其中，“咏题名”是指词的内容与其词调名称大致相符，如《临江仙》言仙事，《女冠子》述道情，《河渎神》咏祠庙等，“大概不失本题之意”[①]。这也在一定程度上说明了原始形态下的词体在体制方面的不稳定性，以及词与乐结合的随意性和自由性。对民间词人而言，敦煌歌辞只是他们传达对生活最直接、最深切、最强烈、最原初的感受的一种工具，其“抒情的作品，缠绵坦率，幽思洋溢；一般的作品，信口信手，出语自然，所表现的所含蕴的是何等的真实，又是何等的丰富”[②]，呈现出拙朴自然的面貌，表现出一种清新质朴、率真淳厚的天籁之美。然而不可忽视的是，由于敦煌歌辞以应歌为主要目的，大多数作品“不在文字上求工”，而是“务合于管色”[③]，难免表现出民间文学的粗糙和稚嫩。

就词与乐的关系而言，敦煌曲子词经历了一个由混沌松散到不断琢磨整合的漫长过程，在这个过程中，词的体制逐渐完善，各种特性也渐趋明显，但词体的最终定型，却是在唐五代文人手中完成的。当听词唱曲逐渐成为上流社会休闲享乐生活的时尚时，不少士大夫文人也开始沉迷于歌辞创作，慢慢地他们便以本阶层的审美标准来改造合乐歌辞。于是，词与乐的配合越臻严格和精密，词体特性日益明显，唐宋词就进入了唐五代文人代言词的发展阶段。

唐宋词由“男子作闺音”代言而直抒胸臆的抒情主体的嬗变，构成唐宋词叙述主体的演变历史。如前所述，早期的唐五代词多应歌之作，以文人为歌女代言为主，词作少见创作主体真性情。唐宋词史上第一部文人词

---

① 黄昇：《花庵词选》，中华书局1958年版，第32页。

② 王重民校辑：《敦煌曲子词集》之阴法鲁《敦煌曲子词集·序》，商务印书馆1950年版，第2页。

③ 赵尊岳：《云谣集杂曲子·跋》，《同声》月刊一卷十号。

集《花间集》所收词作500多首，410首以女性为主人公，其中花间词人代表温庭筠66首作品中，61首是以女性口吻创作的代言。“代言体”词作多是以乐主词从的方式创作的“歌者之词”，由于音乐对词作的限制和曲子词传唱环境、传播中介的制约，这类词作特别适宜表现类型化和普泛化的儿女情感，故抒写男女情爱和种种感伤意绪成为“代言”词的主要内容，这种情感表现一方面容易引发接受者的兴趣，引起大多数歌者的心理共鸣；另一方面，词体也因此而走上了艳情化的道路，导致了词体创作虚泛化、媚俗化、狭窄化和缺乏个性等弊病。

进入北宋，词体迎来了“新调竞繁，声辞并胜”的鼎盛阶段，唐宋词抒情主体也在新声竞繁中发生嬗变。

北宋是一个科技昌明、文化发达的时代，音乐作为宋代的主流文化不仅受到士大夫文人的喜爱，更得到最高统治者的支持与追捧。《宋史·乐志》载太宗、仁宗都擅长制曲，“太宗洞晓音律，前后亲制大、小曲及因旧曲创新声者，总三百九十”。又载：“仁宗洞晓音律，每禁中度曲，以赐教坊；或命教坊使撰进，凡五十四曲，朝廷多用之。”徽宗时期还专门成立创制审定音乐的宫廷音乐官署“大晟府”，担任大晟府提举职务的都是通晓音律又善作诗词的文人，如周邦彦、万俟咏、晁端礼等，史称“大晟词人”，他们创制的词称为“大晟新声”。音乐文化的繁荣，大大促进了词体的发展。北宋词的创作出现了两种明显的倾向：一种是沿袭唐五代的“花间”套路，内容多抒写男女恋慕、伤离念远之情。在词乐关系的处理上，宋初小令词人谨守唐五代“声声而自合鸾歌”、“字字而偏谐凤律”的填词规范，词调的选取仍以沿用五代旧音为主。以晏殊为例，其词集《珠玉词》存词137首，反复使用《浣溪沙》（59首）、《木兰花》（11首）、《破阵子》（5首）、《喜迁莺》（5首）、《清平乐》（5首）等旧调填写的词达85首之多。欧阳修对《玉楼春》、《浣溪沙》、《采桑子》、《蝶恋花》等唐五代旧调也情有独钟，其词采用旧调填词133首，占全部词作的半数以上；另一种倾向是开始以格律入词，逐渐对歌辞的字声格律提出要求。所谓“凡律其辞则谓之诗，声其辞则谓之歌”①。夏承焘先生总结唐宋词声律的演变轨迹，说：“大抵自民间词入士大夫手中之后，（温）飞卿已分平

① 郑樵：《通志》卷四十九《乐略》，上海古籍出版社1990年版，第346页。

仄，晏（殊）、柳（永）渐辨上去。”词体创作音律的高低清浊变化一方面说明了词与乐的关系越发地密切，对词的音乐性要求更高；另一方面又为唐宋词的格律化和词脱离音乐成为独立文学体裁提供了条件，为词与乐的最终分离埋下了伏笔。宋代学者沈括对唐以来音乐与词体的关系看得非常清楚，他在《梦溪笔谈》卷五中说：

（宴乐）隋柱国郑译始条具之，均展转相生为八十四调，清浊混淆，纷乱无统，竞为新声……外国之声前世自别为四夷乐，自唐天宝十三载，始诏法曲与胡部合奏。自此乐奏全失古法，以先王之乐为雅乐，前世新声为清乐，合胡部者为宴乐……今声词相从，唯里巷间歌谣及《阳关》、《捣练》之类稍旧俗，然唐人填词多咏其曲名，所以哀乐与声尚相谐会，今人则不复知有声矣。

沈括认为来自西域的“胡部”对宴乐的渗透已经改变了中国古代音乐的特质，并且认为唐五代的歌辞内容与音乐的表情情感基调是一致的。沈括对唐以来音乐与词的关系体认概括可谓准确。到宋代，词与乐的感情基调开始发生转变，歌辞与音乐的表情发生分离，宋人填词已不再顾及词调本身了。

词与音乐的关系在变，词人的情感也在变。随着宋代“诗人之旨”对词体创作的影响，苏轼、辛弃疾等“一洗绮罗香泽之态，摆脱绸缪宛转之度”①，开始了词体革新；柳永虽与苏辛异路，但他对慢词长调的拓展与开创，使得词体能突破晚唐五代和宋初的文人小令词的局限，将体制短小、“花间”、“樽前”艺术视野较为狭窄的小令，变为反映生活的容量大、题材丰富的慢词长调。无论是苏辛还是周柳，都由表现爱情的悲欢离合或惜时悯生等普泛化的情感，变为词人抒发表现自身的性情，抒情取向由单一到多元，抒情主人由“佳人”转而“自我”，变原来的“代言”为“实说”，拓宽了词境，丰富了词的题材内容，反映生活的范围得到大大的拓展和深化。艳情作为贯穿整个词体创作的主线，宋代虽然绵绵不绝，但不

---

① 施蛰存：《词籍序跋萃编》之宋胡寅《酒边集序》，中国社会科学出版社 1994 年版，第 169 页。

再是没有具体对象的普泛化艳情，而是发自肺腑的恋情，这就比花间词人的香艳显得真切深沉得多。比如晏几道与秦观的词作在艳情的表现中就流露出真性情。他们词中有不少表现昔日情怀之伤逝的作品，“其中之欢会与失恋、惨别与相思的情事，常是因身世遭遇而造成的，而这惨别与失恋也就更增身世之悲感，故身世之与艳情，遂交相纠缠相将而出，你中有我，我中有你了。又此种悲欢多是其一生中镂心刻骨、难以忘怀的悲欢，……故而他们抒写昔日的悲欢，就常于其中引发出对人生意义、人生价值的究诘。从人生哲理的高度写艳情，故多短暂与永恒之慨叹，更多如烟如霭似的迷惘，更多花落春尽、凤去台空之哀感。因而，词之写闺情，也就多有深厚之思与高远之意，作者的主体情性和身世经历，也隐然而在其中，故这种词也就可作论人之资”①。这类作品也成为唐宋词中最能打动人心的一部分。

“词为艳科”是唐宋词史所呈现的一个基本格局，但是唐宋词并非“艳情词”的一统天下。和前朝相比，宋人的情感要复杂得多。“他们常常在内心里调节感情的平衡，寻找美的享受和悲哀的解脱，在内心世界里蕴藏一切喜怒哀乐，细细地琢磨着有关宇宙与社会的哲理。因此，宋人比唐人要细腻、敏感、脆弱得多。”② 唐宋词人在以“男子而作闺音”的同时和稍后，也逐渐融入了他们作为士大夫文人的角色和身份而拥有的一些情感与心绪。这样，他们不仅为唐宋词这个拥有香艳绮丽形貌的“美人体”填充了灵敏善感、幽微细腻、丰富鲜活的心灵和灵魂，而且也因为转变了唐宋词的抒情主体——从代言体的女性到主体化的男性，开拓了唐宋词的抒情领域——从绮思艳情到闲情逸趣，提升了唐宋词的抒情品格。再从闲思闲愁进入自我性情的抒写，从香艳婉媚到闲雅清逸，从抒一己之思到发人生之感，从而具有了重要的词史意义。

性情有两种表现形态。一是将自身的真实及自身所感觉的真实全部呈现，嬉笑怒骂、饮食男女均在性情之列。如李煜亡国之哀叹、晏殊恋情之悲感、王安石兴亡之感叹、柳永羁旅之闲愁、李清照失爱之寂寞、张先之性情具体化为日常生活等，艳情、闲情都在性情这个大框架下，融汇在词

① 张惠民：《宋代词学审美理想》，人民文学出版社 1995 年版。

② 葛兆光：《禅宗与中国文化》，上海人民出版社 1986 年版，第 54 页。

人亲历的点点滴滴中。二是通过拉开此身、此生乃至此世的审美距离，对人生世事作静穆的观照后，将生命融入宇宙，在相对中体验永恒，将理性融于抒情，在伤春怨别的情绪中透露出对人生哲理的反思。如“无可奈何花落去，似曾相识燕归来”所表现的对宇宙循环规律和人生哲理的思考，“明月几时有，把酒问青天”的宇宙拷问，“问君能有几多愁，恰似一江春水向东流”所表现的旷达。这种融理性思考于写景抒情的性情表现更为深沉隐秘，更具有时空穿透力。这看似“无情”的性情将宋词抒情提升到一个新的境界，充分说明了宋代士大夫文人由主体模糊而主体觉醒高扬的心路历程。

抒情性的嬗变堪称唐宋词史演进的一条重要线索，它和词体与音乐的关系，一明一暗地影响着词体外在的形制格局和内在的审美风格，决定着词作为文学载体的进程与特质。从绮思艳情的抒写到闲情逸趣的吟咏，从乐主词从到词体成为独立的文学体裁，每一个阶段和过程，都是词体发展中不可或缺的一环，都应进入词史的视野。但是，词体的这一演进过程，都是在唐宋文人生命意识、自我意识不断强化，超脱俗务束缚，追求闲适人生的休闲大视野下完成的，是休闲实践下的文化成果。

第五章

唐宋词人的休闲创作实践

有宋一代，词体的发展达到顶峰，这不仅表现在词的艺术风格的成熟上，更表现在群体词作家的出现以及作品数量上。据统计，“宋代有姓氏可考的作者为1 421人，其作品量共计19 181首”[①]，加上无名氏作品，宋词实际传存的作品总数有21 055首。由于唐宋词前后时间跨度大，内容庞杂，涉及的题材广阔，难以用一个简单的标准将其概括，更难以用一种简单的风格来描述，为了叙述的便利，笔者根据唐宋词休闲娱乐精神贯穿始终的特点，将浩瀚的唐宋词大致分为纵情欢娱的享乐词、诗意消遣的闲情词、结社赏花的咏梅词、隐逸闲旷的山水词四大类。内容涉及“季节”词、“节序”词、“宴饮”词、“送别”词、“感旧”词、“人物”词、“技艺”词、“寿庆”词、“咏梦”词、“咏史怀古”词、“边塞爱国”词、“田园农村”词、“江湖山水”词、“楼台亭阁”词、“星月风雨”词、“禽鸟虫鱼”词、“相思离别”词、“羁旅行役”词、“伤逝悼亡”词、“思归隐居”词、“花木”词等。宋人可谓无处无时不在休闲，无物不能引发他们的休闲情思。透过这一幅幅唐宋士大夫文人休闲生活的写照和民情风俗的历史画卷，通过这些尽情抒写宋人享受人生、消遣生活、充满诗意的休闲词作，我们不仅可以透视和领略宋代词人休闲的生活情趣，而且可以获得对于人生和生活的“诗意”的审美享受。

第一节　纵情欢娱的享乐词

所谓“享乐词”是指以表现唐宋士大夫文人休闲享乐生活为主要内容的词。之所以把“享乐词”列在“闲情词”、“山水词”之前，是基于对唐宋时代奢靡享乐的时代特点的认识，基于对宋代士大夫文人享乐生活基调的认识。

宋孟元老《东京梦华录》和周密《武林旧事》中，有两段著名的描述：

① 王兆鹏：《唐宋词史的还原与建构》，湖北人民出版社2005年版，第77页。

太平日久，人物繁阜。垂髫之童，但习鼓舞；斑白之老，不识干戈。时节相次，各有观赏。灯宵月夕，雪际花时，乞巧登高，教池游苑。举目则青楼画阁，绣户珠帘，雕车竞驻于天街，宝马争驰于御路，金翠耀目，罗绮飘香。新声巧笑于柳陌花街，按管调弦于茶坊酒肆。八荒争凑，万国咸通。集四海之珍奇，皆归市易；会寰区之异味，悉在庖厨。花光满路，何限春游；箫鼓喧空，几家夜宴。伎巧则惊人耳目，侈奢则长人精神……①

西湖天下景，朝昏晴雨，四序总宜。杭人亦无时而不游，而春游特盛焉。承平时，头船如大绿、间绿、十样锦、百花、宝胜、明玉之类，何翅百余。其次则不计其数，皆华丽雅靓，夸奇竞好。而都人凡缔姻、赛社、会亲、送葬、经会、献神、仕宦、恩赏之经营，禁省台府之嘱托，贵珰要地，大贾豪民，买笑千金，呼卢百万，以至痴儿呆子，密约幽期，无不在焉。日糜金钱，靡有纪极，故杭谚有"销金锅儿"之号。②

从这两段记叙中，我们至少可以看到三点：一是当时的经济已经高度发达，不仅"集四海之珍奇，皆归市易"，而且城市高度发达，市容富丽繁华；二是整个社会追逐感官享受，穷奢极欲的风气浓厚；三是茶坊酒肆等歌伎娱乐业非常繁荣发达。在这种歌舞升平的社会环境和恣意享受的氛围中，文人士子也发出"太平也，且欢娱，不惜金尊频倒"（蔡挺《喜迁莺》）的感叹，"故中外士大夫，无不乐尽其力"。宴饮娱乐也成为文人士子的主要生活，成为词人词作的主要内容。

纵情欢娱的享乐词大致包括三方面的内容：一是反映城市风光的都市词；二是四时游赏的节序词；三是酒色歌舞的宴会词。下面分别叙述。

一、富贵华美的都市词

所谓"都市词"是指以都市繁华胜景、游乐生活为题材的词。词是都市繁荣的衍生物，从唐五代词体初兴到两宋词的昌盛，都与当时都市的发

① 孟元老：《东京梦华录》之《梦华录序》，中华书局1982年版，第4页。
② 周密：《武林旧事》卷三，中华书局2007年版，第71页。

展有着密切联系。都市是政治、经济、文化的中心，也是士大夫文人主要的生活空间和娱乐场所，都市风情也就必然成为词体情感抒发的背景。当出入于歌楼伎馆、酒肆茶店的时候，受词这种音乐文学的感染和熏陶，于是他们也加入到词的创作队伍中来。

宋代最繁盛的城市莫过于汴京和临安。以汴京为例，作为北宋都城，不仅人口稠密，商业繁荣，更让北宋人骄傲的是汴京的皇都气派和富丽景象。据《东京梦华录》记载，汴京城的外城总长达四十余里，东西南北共有十二个城门。巍峨的皇宫“大内正门宣德楼列五门，门皆金钉朱漆，壁皆砖石间甃，镌镂龙凤飞云之状，莫非雕甍画栋，峻桷层榱，覆以琉璃瓦，曲尺朵楼，朱栏彩槛”，确是壮观。自宣德街南去，是阔约二百余步的御街，御街旁是载满荷莲的御沟，御沟两岸，种以桃李梨杏，“春夏之间，望之如绣”。身处这样的繁华都市，士大夫文人表现出集体性的“恋京情节”：贪恋都市的奢华享乐生活与和乐温馨的都市生活气息，害怕离开京城外放偏远地方任职。据王明清《挥麈余话》卷一记载，宋神宗主政时，派文臣蔡挺出守平凉（今甘肃省境内）。但蔡挺到任后，终日闷闷不乐，郁郁寡欢，作词《喜迁莺》曰：“岁华向晚愁思，谁念玉关人老?”抒发对皇帝外派的不满和怨气。都市需要士大夫文人来歌颂装点，文人更需要都市来施展他们的抱负。都市的繁华演绎着经济的强盛，也滋生繁衍着纵情欢娱的享乐思想和文艺休闲的社会需求，孕育了许多反映太平盛世的都市词。

词作为配合燕乐歌唱的歌词，流行于歌舞酒宴之间，适宜在花前月下浅斟低唱，所以歌词创作从诞生之日起，就和都市有关联。最早的都市词，要算白居易的《忆江南》：“忆江南，最忆是杭州。山寺月中寻桂子，郡亭枕上看潮头。何日更重游?”这首小令虽然篇幅短小，没有太多的文学描写空间，没有铺陈，没有渲染，但简单的几笔就勾勒出了杭州迥异的风光。受当时政治、经济、城市发展的制约，当时这类以描写都市风情风貌为主的词还比较少，直到北宋，随着经济的蓬勃发展，这类描写都市繁盛的词才日渐增多，渐成气候。宋初比较有影响的描写都市风光的词要算潘阆十首一组的《酒泉子》。兹录四首如下：

长忆钱塘，不是人寰是天上。万家掩映翠微间，处处水潺潺。　异花四季当窗放，出入分明在屏障。别来隋柳几经秋，何日得重游？

长忆钱塘，临水傍山三百寺。僧房携杖遍曾游，闲话觉忘忧。　栴檀楼阁云霞畔，钟梵清宵彻天汉。别来遥礼祗焚香，便恐是西方。

长忆西湖，湖上春来无限景。吴姬个个是神仙，竞泛木兰船。　楼台簇簇疑蓬岛。野人只合其中老，别来已是二十年。东望眼将穿。

长忆观潮，满郭人争江上望。来疑沧海尽成空，万面鼓声中。　弄潮儿向涛头立，手把红旗旗不湿。别来几向梦中看，梦觉尚心寒。

——潘阆《酒泉子》

潘阆是以隐逸闻名的词人，但是在这一组描写杭州山水的词作中，也掺杂着对都市风光的描绘，流露出对城市生活的向往。当然，随着宋代商业社会的发展，词作中的商业气息也日渐浓厚，审美视觉带有明显的富贵、豪华气象。如：

四堂互映，双门并丽，龙阁开府。郡美东南第一，望故苑、楼台霏雾。垂柳池塘，流泉巷陌，吴哥处处。近黄昏，渐更宜良夜，簇簇繁星灯烛，长街如昼，暝色韶光，几许粉面，飞甍朱户。　和煦。雁齿桥红，裙腰草绿，云际寺、林下路。酒熟梨花宾客醉，但觉满山箫鼓。尽朋游，同民乐，芳菲有主。自此归从泥诏，去指沙堤。南屏水石，西湖风月，好作千骑行春，画图写取。

——张先《破阵乐》

都市的繁华催生了都市词，更培养了以表现城市生活的富贵繁盛见长的平民词人柳永。因为仕途不顺，科举不中，柳永常年生活在繁华都市，流连在伎馆酒坊，所以对都市的生活非常熟悉，体会也很深刻。于是，一幅幅繁华的都市风光在他的笔下完整、丰富、细腻地展开了。请看：

禁漏花深，绣工日永，熏风布暖。变韶景、都门十二，元宵三五，银蟾光满。连云复道凌飞观。耸皇居丽，佳色瑞烟葱倩。翠华宵幸，是处层城阆苑。　龙凤烛，交光星汉，对咫尺鳌山开羽扇。会乐府两籍神仙，梨园四部弦管。向晓色、都人未散。盈万井、山呼鳌卞。愿岁岁，天仗里，常瞻凤辇。

——柳永《倾杯乐》

东南形胜，三吴都会，钱塘自古繁华。烟柳画桥，风帘翠幕，参差十万人家。云树绕堤沙。怒涛卷霜雪，天堑无涯。市列珠玑，户盈罗绮、竞豪奢。　　重湖叠巘清佳。有三秋桂子，十里荷花。羌管弄晴，菱歌泛夜，嘻嘻钓叟莲娃。千骑拥高牙，乘醉听箫鼓，吟赏烟霞。异日图将好景，归去凤池夸。

——柳永《望海潮》

这两首词，第一首浓墨重彩地描绘了汴京元宵之夜的繁华盛景和“君民同乐”的享乐场面。元宵佳节，月色和灯光交相辉映，华丽的街市上人们争相瞻仰皇帝的御容，皇帝则悠然地欣赏着神仙般美妙的歌舞。第二首描写的重点在都市的繁华上。词人笔下的钱塘，不仅有山水花树，更有“烟柳画桥，风帘翠幕，参差十万人家”，“市列珠玑，户盈罗绮、竞豪奢”。这样的城市人文景观描写，真正表现了城市生活。类似这样描写盛世都市繁盛的还散见于柳永的其他词作。如：

风暖繁弦脆管，万家竞奏新声。

——《木兰花慢》

地胜异，锦里风流，蚕市繁华。簇簇歌台舞榭。

——《一寸金》

万井千闾富庶，雄压十三州。

——《瑞鹧鸪》

宋徽宗崇宁四年（1105 年）九月，朝廷成立专门掌管礼教诗乐的大晟府，“朝廷旧以礼乐掌于太常，至是专置大晟府……礼乐始分为二”[①]。在

① 脱脱：《宋史》卷 129《乐志》四，中华书局 1985 年版，第 3002 页。

大晟府中网罗了一批懂音乐、善填词的文人，史称“大晟词人”。大晟府和大晟词人的任务就是“作为辞章，歌咏盛德，铺张宏休，以传无穷”[①]，“政和初招试补官，置大晟府制撰之职。新广八十四调，患谱弗传，雅言请以盛德大业及祥瑞事迹制词实谱。有旨依月用律，月进一曲。”[②] 大晟府成立后，创作了大量反映都市风情、贵族生活，歌颂汴京繁华太平的都市词。如：

望五云多处，春深开阆苑，别就蓬岛。正梅雪韵清，桂月光皎。凤帐龙帘萦嫩风，御座深翠金间绕。半天中、香泛千花，灯挂百宝。　圣时观风重腊，有箫鼓沸空，锦绣匝道。竞呼卢，气贯调欢笑。暗里金钱掷下，来侍燕、歌太平睿藻。愿年年此际，迎春不老。

——万俟咏《雪明鳷鹊夜慢》

鹤降诏飞，龙擎烛戏，端门万枝灯火。满城车马，对明月、有谁闲坐？任狂游，更许傍禁街，不扃金锁。

——晁冲之《上林春慢》

车流水，马游龙，万家行乐醉醒中。何须更待元宵到，夜夜莲灯十里红。

——晁端礼《鹧鸪天》

万国梯航贺太平，天人协赞甚分明。两阶羽舞三苗格，九鼎神金一铸成。仙鹤唳，玉芝生，色茅三脊已充庭。翠华脉脉东封事，日观云深万仞青。

——晁端礼《鹧鸪天》

虽然这些词都是大晟词人的谀颂之作，没有什么思想意义可言，正如宋人周辉在《清波杂志》卷十所言：“自政、宣以后，第形容太平盛世，

① 李昭玘：《晁次膺墓志铭》。

② 王灼：《碧鸡漫志》卷二，唐圭璋《词话丛编》，中华书局1986年版，第87页。

语言工丽以相夸。”但它在传统艳情题材之外接触到更为广阔的社会面，加深了人们对北宋末年历史的认识。所表现的多重社会侧面，从不同角度反映了北宋末年社会追求享乐的风气和朝廷上下奢侈任纵的生活。特别值得一提的是晁端礼的《鹧鸪天》，第一次将大宋王朝与周边国家的频繁交往纳入词体创作视野，“万国梯航贺太平，天人协赞甚分明”，开拓了词的新题材，也为这段历史增加了一个佐证。

都市词产生于享乐富贵的社会土壤，但都市的变迁、社会的更替同样会在词作中有所体现，会在词人心中投下涟漪。最有代表性的要数李清照的《永遇乐》：

落日熔金，暮云合璧，人在何处？染柳烟浓，吹梅笛怨，春意知几许。元宵佳节，融和天气，次第岂无风雨。来相召，香车宝马，谢他酒朋诗侣。　　中州盛日，闺门多暇，记得偏重三五。铺翠冠儿，捻金雪柳，簇带争济楚。如今憔悴，风鬟雾鬓，怕见夜间出去。不如向，帘儿底下，听人笑语。

这首词表现的依然是都市盛大节日，依然是“香车宝马”、“铺翠冠儿”，但词人的心绪却愁闷孤寂。词中，都市风情的描写被一笔带过，感染读者的是字里行间流露的悲苦情绪和个人身世沉浮带来的消沉与苦闷。

从擅长描绘文人隐逸志趣的潘阆到以描写都市风光见长的柳永再到朝廷御用歌功颂德的大晟词人，综观他们的词作，都离不开两方面的内容：一是城市的富庶繁华和热闹；二是民众的享乐和游赏。值得关注的是作者的创作心态和都市词特有的审美特点。歌儿舞女，狂欢竟夕，君民同乐，君民同游，这一幅幅鲜活的“行乐图”不仅是城市奢靡休闲生活的缩影，更是文人自我生活的写照。文人追求富贵的生活理想，是在商业文化气氛笼罩下的城市风貌的体现，也是士大夫文人对超脱物质依赖后的闲适精神生活的向往。当然，商业文化熏陶下笙歌不断、繁华享乐的生活内容，也给词带来迥异于诗歌的审美风格，那就是以富贵为美的特征。在宋词充满声色刺激的世界里，我们看到的是对富贵的向往和唯恐失去的忧虑，商业文化追求享乐、闲适的文学观从更深层次上影响了宋词的创作，宋词因此形成了和诗歌迥异的以富贵为美的特征。但是，南宋的都市词就渐渐偏离了都市风貌、风俗的描写，更多寄寓了词人对时代和社会的感叹，对故国深沉的怀恋。这就为都市词注入了更多主观情感与民族危亡带来的忧患之思。由都市外在风貌的表现到词人内心世界的展示，就词体发展来说，这是一个进步。

二、四季皆歌的节序词

节序词是镶嵌在时间链条上的艺术，是指以表现岁时节日的民俗生活为主要内容的词。人禀天地之英气，生活在时序的链条上，时令节序的变化必然会引起词人内心情感的波澜，一定会在词作中有所流露。所以中国古代文学的传统历来重视文学与自然的关系，关注自然节序变化在诗人内心引发的情感、思绪，并成为历代文学作品表现的主题。对此，我们的先人早有论述。《礼记·乐记》说："凡音之起，由人心生也。人心之动，物使之然也。"钟嵘《诗品》也说："气之动物，物之感人，故摇荡性情，行诸舞咏。"《文心雕龙·物色》说："春秋代序，阴阳惨舒，物色之动，心亦摇焉。"《礼记》逆向推导得出艺术的本源在于世间万物的结论，《诗品》从正面强调万物的灵气能促发人们歌舞吟咏的兴致，《文心雕龙》则用充满哲理的方式说明时令节气的变化与人内心的关系。这些都说明自然中的四季景物犹如钟表上的刻度，向人们提示着时间的流动，引发人们的种种感慨，并行之于词作。

（一）镶嵌在农耕文明中的节令

德国著名哲学家约瑟夫·皮珀有过一个著名论断："节日的庆祝活动可以说正是闲暇的起源，也是闲暇最内在且是最核心的根源。"[①] 将节日的庆祝活动当作全民的歇息休闲活动，不仅西方节日如此，根植于农耕文明的中国古代节令时序更是如此。在中国农耕文明的序列中，闲暇歇息是懒惰的表现，只有建立在各种农时节令基础上的庆祝消闲，才是得到社会道德承认的合法的休闲。不仅二十四节气是为农事活动设立的节点，古代大

---

① 约瑟夫·皮珀著，刘森尧译：《闲暇：文化的基础》，新星出版社2005年版，第44页。

多数节日也是依傍着这些农时活动产生的。根植于农耕文明土壤的节序时令概念，一方面代表着人们对自然界的认识，另一方面也代表着人类自我生命意识的萌芽，是人类对自我与自然关系的认识。如前所述，宋代是历朝历代中节庆假日最多的朝代，“一岁共七十六日”。宋末著名词论家张炎在其《词源》一书中，特列“节序”词一节，可见节序词在整个宋词中地位之重要。程自信、许宗元先生主编的《宋词精华分类品汇》一书也将“季节”、“节序”列在24类词之首，可见节序词在唐宋词创作中的分量。据王兆鹏先生主编的《唐宋词分类选讲》统计，仅《全宋词》中节序题材的作品就多达1 310首之多，占《全宋词》21 082首的6.2%，在36种题材中位列第七。[①] 节序词的大量涌现，与当时宋人的享乐生活和享乐心理密切相关。我们透过这些应时、应节所作的休闲节序词篇，不但可以看到宋代大众休闲娱乐作为一种全民性娱乐的文化氛围，更能窥见宋人在各种节日里如何寻觅到身心的愉悦，从而体悟到宋人浓重的生命意识、自我意识并感知宋人休闲的生活态度。

（二）时节往复，四季皆歌的节序词

春秋代序，冬夏轮回，这本是时间循环的自然流程。但在崇尚生命、追求自我的宋人眼里，二十四节气除了其自然属性以外，还赋予了他们丰富的享乐意义。无论是新年伊始的元宵还是秋风萧瑟的中秋节、重阳节，抑或阴风惨淡的清明，宋人都能以自己的审美眼光发现美，寻找到快乐，并展现在词中。正是在这样的休闲狂欢节日氛围中，才孕育产生了蔚为壮观的节令词。节令词就像表现自然和社会生活在时间序列的关节点上的一个个横截面，在特定的时刻里，在特定的环境中，交替更换着不同的欢乐场景。

节令词中最吸引人的要数元宵词。在中国传统的节日文化序列中，春节、除夕以其除旧迎新的特殊意义而成为一年中最为隆重、重要的节日。但历数两宋词作，却极少有咏唱者。相比而言，元宵节却以其特有的娱乐性和人情味，成为两宋词人关注的焦点，吟咏不止、传唱不衰，元宵词也成为宋代节序词中数量最多、最为耀眼、最具浪漫狂欢色彩的一类作品。沈松勤先生就说：“元宵节是宋代官定的、最热闹的节日之一，元宵词也

---

① 王兆鹏：《唐宋词分类选讲》，高等教育出版社2007年版，第187页。

是节序词中较多的一类。……据《全宋词》与《全宋词补辑》统计，共四百九十三首。”[①] 这些作品不仅淋漓尽致地再现了宋人节日狂欢的盛况，更透过作品传递出宋代君臣及时行乐的群体文化心理。正月十五元宵节又称上元或元夕。赵宋王朝规定，自正月十四日起，或张灯三夜[②]，或张灯五夜[③]。《国朝会要》载：“乾德五年（967 年）诏：朝廷无事，区域咸宁，况年谷屡丰，宜市民之纵乐，上元可更增十七、十八两夜。”[④] 史书对元宵节诸多的记载，足见其重视。宋代的元宵节主要以观灯夜游为主题，灯是元宵节最具代表性的节日物象，也是宋词着力展示的焦点，但不同的灯却带上了词人不同的情绪。先看下面两首词所展示的不同情景：

风销焰蜡，露浥烘炉，花市光相射。桂华流瓦。纤云散，耿耿素娥欲下。衣裳淡雅。看楚女、纤腰一把。箫鼓喧，人影参差，满路飘香麝。
因念都城放夜。望千门如昼，嬉笑游冶。钿车罗帕。相逢处，自有暗尘随马。年光是也。唯只见、旧情衰谢。清漏移，飞盖归来，从舞休歌罢。

——周邦彦《解语花·元夕》

东风夜放花千树。更吹落，星如雨。宝马雕车香满路。凤箫声动，玉壶光转，一夜鱼龙舞。　　蛾儿雪柳黄金缕。笑语盈盈暗香去。众里寻他千百度。蓦然回首，那人却在，灯火阑珊处。

——辛弃疾《青玉案·元夕》

两首词都是写元宵夜游的盛况，但风格、情绪、关注点各有不同。前者上片极力描写地方上过元宵节的盛景，下片回顾汴京上元节的盛况，最后归结落笔抒发个人的身世之感。虽然张炎在《词源》卷下赞赏周邦彦《解语花·元夕》不独措辞精粹，又见时序风物之盛，但笔者读来，却不见节日之欢快，反倒觉得愁绪满怀，神情抑郁，读来印象平平。而后一首风格明丽，意境深远，简单几句话，既写出了元宵灯市的华丽热闹，又关

---

① 沈松勤：《唐宋词社会文化学研究》，浙江大学出版社 2000 年版，第 241 页。
② 蔡绦：《铁围山丛谈》卷一，中华书局 1997 年版，第 17 页。
③ 永亨：《搜采异闻录》卷四“上元张灯”条，丛书集成初编本。
④ 高承：《事物纪原》卷八“夜放”条，丛书集成初编本。

注到灯下盈盈可爱的有情人。再看下面这首：

小桃枝上春来早，初试薄罗衣。年年此夜，华灯盛照，人月圆时。禁街箫鼓，寒轻夜永，纤手同携。更阑人静，千门笑语，声在帘帏。

——王诜《人月圆·元夜》

上片的重心写“春来”和“月圆”，良辰美景，人生难逢，渲染出一片融融的节日气氛。下片的重心在“同携”和“笑语”，描绘出一幅团圆和快乐的景象。寥寥数语，反映了北宋富庶的城市生活和安乐的市民心态。毫无疑问，以市井观灯、百戏巡游、帝王同乐、全民参与为特点的宋代元宵节，具有狂欢的色彩。正如钟敬文先生所说：“从历史上看，不同民族、不同国家都存在着不同形式的狂欢活动。他们通过社会成员的群体聚会和传统的表演场面体现出来，洋溢着心灵的欢乐和生命的情绪。”[①] 元宵节之所以成为全民性的狂欢节日，便在于它使所有人追求人性自由平等的欲望得到片刻的实现，因为此休闲的昙花一现，人们便尤其珍之贵之。元宵之所以独得文人的宠爱，原因大致有二：一是有天上的圆月和人间的灯火做背景，特别能激发人的欢乐情绪，所以写元宵的词多以欢快情绪为主；二是因为元宵节人们可以打破一切禁忌，上至帝王大臣，下至平民百姓、歌伎士卒，无所禁忌、同乐同欢。妇女也走出家门大大方方地享受爱情。可以说，节序词作为特殊的都市风情，每一首都浸染着两宋享乐的社会心理和文人士子极乐的人生态度，都反映着那个时代发达的商业经济和市民阶层寻欢作乐的人生价值追求，不仅漫带欢乐色彩的元宵、中秋节如此，甚至愁云密布的清明节也是如此。我们先看一组清明词：

清明时节千山绿。轻盈士女腰如束。九陌正花芳。少年骑马郎。罗衫香袖薄。佯醉抛鞭落。何用更回头。谩添春夜愁。

——敦煌曲子词《菩萨蛮》

拆桐花烂漫，乍疏雨、洗清明。正艳杏烧林，缃桃绣野，芳景如屏。

---

① 钟敬文：《文学狂欢化思想与狂欢》，《光明日报》1999 年 1 月 28 日。

倾城，尽寻胜去，骤雕鞍绀幰出郊坰。风暖繁弦脆管，万家竞奏新声。

盈盈，斗草踏青，人艳冶、递逢迎。向路旁往往，遗簪堕珥，珠翠纵横。欢情，对佳丽地，信金罍罄竭玉山倾。拚却明朝永日，画堂一枕春酲。

——柳永《木兰花慢》

朝阳淡淡宿云轻，风入管弦声。十里碧芜幽步，一枝丹杏柔情。
佳人何处？酒红沁眼，秋水盈盈。诗曲羡君三绝，湖山增我双明。

—— 王之道《朝中措·和张文伯清明日开霁》

听风听雨过清明，愁草瘗花铭。楼前绿暗分携路，一丝柳，一寸柔情。料峭春寒中酒，交加晓梦啼莺。　西园日日扫林亭，依旧赏新晴。黄蜂频扑秋千索，有当时纤手香凝。惆怅双鸳不到，幽阶一夜苔生。

——吴文英《风入松》

清明本是祭奠亡人的日子，诗歌里的清明意象多是“南北山头多坟田，清明祭扫各纷然”（高翥《清明日对酒》）、“风吹旷野纸钱飞，古墓累累春草绿”（白居易《寒食野望吟》）、“清明时节雨纷纷，路上行人欲断魂”（杜牧《清明》）之类的惨淡诗句。可善于享乐的宋人借机踏青探胜、游赏娱乐，却使它变成了休闲的好时节。《东京梦华录》“清明节”条下云：清明节到来时，“都城人出郊”，“四野如市，往往就芳树之下，或园囿之间，罗列杯盘，互相劝酬。都城之歌儿舞女，遍满园亭，抵暮而归”，“宴于郊者，则就名园芳圃，奇花异木之处”，“倾城，尽寻胜去”。[1]在宋人的节序词里，也很少见到描写坟墓、亡灵等意象者，相反，正如柳永的《木兰花慢》一样，大多热情讴歌人们在春天里的游赏活动，关注的是世人的尽情游赏，关注的是出游的佳人，关注的是妇人纵情游乐遗落的金簪玉佩。清明词中也有很多因见风雨而生伤花惜春心绪的词，但追求身心自由、愉悦的休闲生活是宋人生活的主旋律，亦是两宋清明词的突出主题。可见，由自然节气和风俗习惯形成的各种节日，原本富有特定意义的

① 孟元老：《东京梦华录》卷七，中华书局1982年版，第178页。

节庆，到享乐成风的宋人这里，都变成了一个个天赐的欢乐节日，变成了闲暇里的享乐。苏轼的《雨中花》就是其中的佳作。

今岁花时深院，尽日东风，荡飏茶烟。但有绿苔芳草，柳絮榆钱。闻道城西，长廊古寺，甲第名园。有国艳带酒，天香染袂，为我留连。
清明过了，残红无处，对此泪洒尊前。秋向晚，一枝何事，向我依然。高会聊追短景，清商不暇馀妍。不如留取，十分春态，付与明年。

清明时节，阳春正好，词人尽管沉醉其中。然而阳春盛极而衰，眼前落红难免引起词人的惆怅与不舍。节日本是因着自然节气和风俗习惯所形成或设定的，但到了享乐风气盛行的宋代，却变成了一个个天赐的良机——对于富贵人家（如张镃等人）来说，一年十二月中，几乎月月都有节过；而对一般市民来讲，过节也成为他们生活的调味品和润滑剂，从而使其享乐的生涯过得更加有滋有味。因而，四时游赏和频繁过节也就成为宋人享乐生活中的一道“靓丽风景”①。节令胜日是时光隧道里的驿站，人们可以在这里稍事休息，尽情放飞自由的心灵，进而获得精神的歇息与超脱，这也是休闲的最终目的与旨归。因此，循着曲子词动人的歌声，我们看到，无论年轮走到哪里，都可以听到词人们热情的歌唱和对爱情、生命的咏叹，对生命意义的追索。这就是节令词的灵魂所在。

三、酒色相伴的宴饮词

所谓宴饮词是指友人相聚送别时在酒宴上或借酒兴抒发宴席间的感慨，或共同唱和的词作。人们常说“诗酒相伴”，宴饮是历代文人日常生活化的特殊嗜好，也是文学作品中经久不衰的题材。远在《诗经》中，就有不少关于宴饮生活的描写，到魏晋时期酒宴题材更是得到极大发展。阮籍借酒对抗政治的黑暗；陶渊明作《饮酒》诗二十首以咏其志，表明他不为世俗所累的决心和躬耕乡野的怡然自得；刘伶更作《酒德颂》，宣扬纵酒放诞的生活。与魏晋时期相比，唐诗中的宴饮描写则更趋于日常化，大

---

① 杨海明：《唐宋词与人生》，河北人民出版社 2002 年版，第 214 页。

都表现朋友间的真情厚意，如王维《渭城曲》、孟浩然的《过故人庄》、白居易的《问刘十九》等。酒仙诗人李白更是将酒和诗人的浪漫完美结合在一起，创作了《将进酒》、《襄阳歌》、《答王十二寒夜独酌有怀》等名篇，塑造了一个痛饮狂歌的诗人形象。但如果说这些宴饮在诗中仅仅是作为题材加以表现，那么词与宴饮的关系则要紧密得多。正如陈世修《阳春集序》所描述的："金陵盛时，内外无事，朋僚亲旧，或当宴集，多运藻思，为乐府新词，俾歌者倚丝竹而歌之，所以娱宾而遣兴也。"由此可见，词最初正是文人学士在歌舞宴前"娱宾而遣兴"、"助娇饶之态"的手段，宴饮是词所表现的主要内容。唐五代到宋代的词集以《尊前集》、《家宴集》、《酒边集》、《花间集》命名即是佐证。

北宋是封建社会的鼎盛时期，商业经济的迅猛发展和唐宋词人的宴饮生活为宴饮词的兴盛提供了丰饶的土壤和广阔的空间。据《蜀梼杌》卷下记载，唐五代"俗尚嬉游，家多宴乐"，"村落闾巷之间，弦管歌声，合筵社会，昼夜相接"。而词体创作活动在宴饮生活中扮演了重要角色，筵间樽前的淫靡生活往往有美人歌辞相伴。如前蜀主王衍："（乾德）五年三月上巳，宴怡神亭，妇女杂坐，夜分而罢。衍自执板，唱《霓裳羽衣》及《后庭花》、《思越人曲》。……重阳，宴群臣于宣华苑，夜分未罢。衍自唱韩琮《杨柳词》……"宋代的宴饮生活承晚唐五代而来并在时代风气的影响下有了新的发展。"杯酒释兵权"的国策导向影响了终宋之世宴饮享乐之风的大肆兴盛。不仅晏殊这样的文臣"惟喜宾客，未尝一日不燕饮"，即使寇准这样的"黑面包公"也喜欢夜宴剧饮，"与知制诰杨亿痛饮，讴歌谐谑，喧哗达旦"。沈括《梦溪笔谈》载宋"天下无事，许臣僚择胜燕饮，当时侍从文馆士大夫为燕集，以至市楼酒肆，往往皆供帐为游息之地"。不仅大臣们如此，市井民众也"或开广榭，玳筵罗列，琴瑟铿锵，酌酒高歌，以卜竟夕之欢。至如铺席之家，亦登小小月台，安排家宴，团圆子女，以酬佳节。虽陋巷贫窭之人，解衣市酒，勉强迎欢，不肯虚度"[①]。在这样的社会氛围的熏陶下，宴饮词不仅艺术上臻于成熟、完美，思想内容上也呈现出"多元化"的创作倾向。宋代的宴饮词最突出的特点是把宴饮和歌女紧密地联系在一起，表现出一种樽前月下、偎红依翠的情

① 吴自牧：《梦粱录》卷四《中秋》，浙江人民出版社1980年版，第26页。

调，在一定程度上折射出宋代灯红酒绿、纵情享乐的时代风尚。这种社会现象贯穿在整个南北宋词中，其中尤以宋初晏殊、欧阳修、柳永、晏几道的词作表现得最为突出。此处仅举几首为例：

芳年妙妓，淡拂铅华翠。轻笑自然生百媚，争那尊前人意？　酒倾琥珀杯时，更堪能唱新词。赚得王孙狂处，断肠一搦腰肢。

——尹鹗《清平乐》

乐秋天，晚荷花缀露珠园。风日好，数行新雁贴寒烟。银簧调脆管，琼柱拨清弦。捧觥船，一声声、齐唱太平年。　人生百岁，离别易、会逢难。无事日，剩呼宾友启芳筵。星霜催绿鬓，风露损朱颜。惜清欢。又何妨，沉醉玉尊前。

——晏殊《拂霓裳》

西湖南北烟波阔，风里丝簧声韵咽。舞余裙带绿双垂，酒入香腮红一抹。　杯深不觉琉璃滑，贪看六么花十八。明朝车马各西东，惆怅画桥风与月。

——欧阳修《玉楼春》

想人生，美景良辰堪惜。问其间、赏心乐事，就中难是并得。况东城凤台沙苑，泛晴波、浅照金碧。露洗华桐，烟霏丝柳，绿阴摇曳，荡春一色。画堂迥，玉簪琼佩，高会尽词客。清欢久、重燃绛烛，别就瑶席。　有翩若轻鸿体态，暮为行雨标格。逞朱唇、缓歌妖丽，似听流莺乱花隔。慢舞萦回，娇鬟低徊，腰肢纤细困无力。忍分散，彩云归后，何处更寻觅？休辞醉，明月好花，莫谩轻掷。

——聂冠卿《多丽》

这些词都是描写比较纯粹的酒宴场景。在这些词的画面中心，都有一位位芳年妙妓在轻歌曼舞，旁边的主人则一边饮酒品茶，一边听歌赏舞。这些词不仅生动再现了当时宴饮的场面，同时，也细微刻画了文人及时行乐的心理。词人感慨良辰美景、赏心乐事四美难以兼得，便是酒宴间放纵自己，及时寻欢作乐的心理背景。那么，在“荡春一色”的大好春天里，“词客高会”，尽情享受，便是理所当然的了。酒宴间最引人注目的当然是陪酒的歌女，她们的体态、歌声、舞姿处处令人着迷。词人因此要抓紧眼前时光享乐，以免分手后无处寻觅。这些词真实地写出了宋人歌舞酒宴的世俗场景，也是宋人生活的一种常态。类似这样的画面，在宋代笔记里有大量的记载。如史载韩熙载“慷慨有才学，……元宗受其词章后房蓄声妓，皆天下妙绝，弹丝吹竹，清歌艳舞之观，所以娱侑宾客者皆曲臻其极”[①]，遇“朝廷御宴，是歌板色承应。如府第富户，多于邪街等处，择其能讴妓女，顾倩祗应。或官府公筵及三学斋会、缙绅同年会、乡会，皆官差诸库角妓祗直”，甚至“诸酒库设法卖酒，官妓及私名妓女数内，拣择上中甲者，委有娉婷秀媚，桃脸樱唇，玉指纤纤，秋波滴滴，歌喉婉转，道得字真韵正，令人侧耳听之不厌”[②]。

唐宋词是一门集视、听、赏为一体的综合性文艺活动，丰厚的俸禄为宋代士大夫们日日宴饮、夜夜欢歌提供了物质保障，但词人们并不单纯沉浸在物欲的享受中，而是努力寻求诗意的、高品位的享受。他们富贵闲暇时欢歌饮酒，把自己的人生感悟溶于宴饮词中；他们穷困飘零时亦想欢歌饮酒，将苦闷悲伤发泄于宴饮词中。宴席之上，听歌与饮酒并举，共同满足听者物质和精神的双重需求。宴饮生活中歌伎以歌舞侑酒的场面氛围和文人士大夫之间侑觞行乐的生活态度，形成了娱乐性的词体观念，强化了词体的娱乐化写作。因此，词人们皆得酒中之趣，在精神领域皆获得自由愉悦的休闲境界。宴饮词通过精细的人物内心世界刻画来体现这种休闲境界的获得。当然，随着北宋的沦亡，辛弃疾、张孝祥等爱国词人借宴饮词抒发沉郁悲壮的心情，此类作品则又另当别论了。而即使宣称创作以脱离现实为宗旨的朱敦儒、陈与义，在他们清疏闲雅的宴饮词中，也融入了一种深沉的故国之思、国家之望，涂抹了一层苍凉的时代色彩。

---

① 史虚白：《钓矶立谈》附录，中华书局 1985 年版，第 27 页。

② 吴自牧：《梦粱录》卷二十，浙江人民出版社 1980 年版，第 192 页。

第二节　诗意消遣的闲情词

所谓“闲情词”是相对于“艳情词”而言的。根据心理学的原理，人的情感包括喜、怒、哀、乐在内的诸种心理表现。相对于恋情、欢情、艳情、豪情等色彩鲜明、内涵明确的情感类型而言，“闲情”的情绪特征相对含混和陌生，它既和时间的空闲有关，更和主体闲适淡定的心理有关。所以我们对“闲情”的定位，就是指人们脱离必要劳动之后在清闲安逸的生活中呈现出来的从容、淡泊、安闲的精神状态和尚雅好逸的审美需求。这也是宋代这样一个君臣逸乐、享乐成风的社会里，由大多文人位高而责轻、禄厚而身闲滋养出来的带有些许富贵气的精神特质和生活方式。唐宋文人士子更加注重人生的享受，也更善于人生的享受，因此我们将唐宋词中主要抒写和表现官宦文人“闲情逸趣”和宴集、赏花、品茶、填词的休闲生活的作品称为“闲情词”。如果说前文的节序词、宴饮词中亦有相当一部分属于游乐词，它们体现的是传统节日风俗以及日常生活的欢乐与热闹，偏重物质层次的声色歌舞之感官享受，这里述及的闲情词则主要偏重于精神层次的情感领域之心灵慰藉。

从宏观角度看，每个朝代的文人都有自己独特的精神风貌和生活情趣。南宋张端义在其《贵耳集》卷下就曾说过：“汉人尚气好博，晋人尚旷好醉，唐人尚文好狎，本朝尚名好贪。”张端义的评价是否准确，我们姑且不论，我们不妨先考察一下宋代文人的休闲生活。前文引述的南宋张镃自撰的“游赏备忘录”，一年365天中，竟有一百三十余种娱乐休闲活动，而在这一百多项活动中，大多是与赏月、观菊等富含精神享乐的闲情活动有关的。其生活之清闲、趣味之高雅、生活之富裕可见一斑。再看周密《齐东野语》卷二十记载的张镃在家中举办的“牡丹会”：

王简斋侍郎尝赴其牡丹会云：众宾既集，坐一虚堂，寂无所有。俄问左右云：“香已发未?”答云：“已发。”命卷帘，则异香自内出，郁然漫坐。群妓以酒肴丝竹，次第而至。别有名姬十辈皆白衣，凡首饰衣领皆牡丹，首带“照殿红”一枝，执板奏歌侑觞，歌罢乐作乃退。复垂帘谈论自如。良久，香起，卷帘如前。别十姬，易服与花而出。大抵簪白花则衣紫，紫花则衣鹅黄，黄花则衣红。如是十环，花与衣凡十易。所讴者皆前辈牡丹名词。酒竟，歌者、乐者，无虑数百十人，列行送客。烛光香雾，歌吹杂作，客皆恍然如仙游也。[①]

闲贵如张镃这样的人物，所追求的是尽情的享受，以能享受、会享受、喜交友、善待友闻名；而无所不求其极、其尽，则又是“好贪”的最好注脚。烛光、异香、名姬、雅词，不仅再现了当时文人欢娱的场面，传递出文人追闲逐雅的文化情趣，传递着文人高雅的休闲品位和精神享受，更说明“词”已经成为文人休闲娱乐的一个基本元素，出现在各种休闲娱乐场合，说明“词”具有和传统文化观念相悖的异类特征。下面就以宋人的“雅”玩生活为核心，将他们诗意消遣的闲情词分为休闲游乐词和别有洞天乡村词加以叙述。

一、休闲游乐词

宋人的游乐方式比较丰富，主要有郊游踏青、游山玩水、登临游览、泛舟垂钓等。下文且以山水词、垂钓词为例来探析休闲游乐词的内容及艺术特色。如前所述，宋代的休沐节假是历朝中最多的，文人们每到闲暇假日，喜好郊游活动，或踏青寻芳，或登高赏秋。宋代笔记中此类记述可谓比比皆是。如王仁裕就说：“都人士女，每至正月半后，各乘车跨马，供帐于园圃或郊野中，为探春之宴”（王仁裕《开元天宝遗事》）。

《东京梦华录》和《梦粱录》则有如下记载：

收灯毕，都人争先出城探春，……大抵都城左近，皆是园圃，百里之内，并无闲地。次第春容满野，暖律暄晴，万花争出，粉墙细柳，斜笼绮陌，香轮暖辗，芳草如茵……红妆按乐于宝榭层楼，白面行歌近画桥流水，举目则秋千巧笑，触处则蹴踘踈狂，寻芳选胜，花絮时坠，金尊折翠

---

① 周密：《齐东野语》卷二十，中华书局1983年版，第374页。

簪红，蜂蝶暗随归骑，于是相继清明节矣。[①]

……车马往来繁盛，填塞都门。宴于郊者，则就名园芳圃，奇花异目之处；宴于湖者，则彩舟画舫，款款撑驾，随处行乐。此日又有龙舟可观，都人不论贫富，倾城而出。[②]

宋代的郊游活动虽然不外乎游山玩水，登临远眺，但细分起来，郊游词大致还可以分为几类：第一类是将郊游当艳游的词。例如：

三春向暮，万卉成阴，有嘉艳方坼。娇姿嫩质冠群品，共赏倾城倾国。上苑晴昼喧，千素万红犹奇特。绮筵开，会咏歌才子，压倒元白。别有芳幽苞小，步帐华丝，绮轩油壁……

——刘伯寿《红发状元红慢》

携伎郊游赏花，在自然风光和歌伎女色中流连，是唐五代到北宋这一时期文人的主要休闲生活，也是这类郊游词表现的主要内容。但这类游乐词关注的不是水光山色，而多把笔力集中在妇女的服饰和情态的描绘上。第二类郊游词则是词人在失意、落魄之时，寄情山水，登临远眺所作。如苏轼的《西江月》、辛弃疾的《沁园春·灵山齐庵赋　时筑偃湖未成》、张元幹的《水调歌头·同徐师川泛太湖舟中作》、张孝祥的《念奴娇·过洞庭》等都是这类登临远眺的名篇佳作。这些作品通过江山景物写国家命运和身世之感，少了几分闲适、香艳、轻松、纯雅，多了几分忧思沉郁，在看似闲散的郊游休闲中，抒发家国之慨。第三类是在休闲归隐之后，纵情山水的雅玩词。古人常说“仁者乐山，智者乐水”。也许是出于山性偏刚、水性偏柔的差异对人的感召也不同，宋人大凡登山之作多写家国身世之感，抒思古之幽情，而泛舟游水之作多写个人的情趣爱好。宋人在私人的休闲时间里，更好泛舟江湖，也留下了许多词作。在这些词中，我们首先要注意的是欧阳修描写颍州西湖的十首组词《西湖念语》，写得清新淡雅，

---

① 孟元老：《东京梦华录》卷六，中华书局 1982 年版，第 176 页。
② 吴自牧：《梦粱录》卷二，浙江人民出版社 1980 年版，第 12 页。

充满对自然山水的热爱和退居后的闲适自得。

轻舟短棹西湖好，绿水逶迤，芳草长堤，隐隐笙歌处处随。 无风水面玻璃滑，不觉船移，微动涟漪，惊起沙禽掠岸飞。（其一）

群芳过后西湖好，狼藉残红，飞絮濛濛，垂柳阑干尽日风。 笙歌散尽游人去，始觉春空。垂下帘栊，双燕归来细雨中。（其二）

荷花开后西湖好，载酒来时，不用旌旗，前后红幢绿盖随。 画船撑入花深处，香泛金卮，烟雨微微，一片笙歌醉里归。（其三）

其一写的是初春的西湖。词人春日泛舟湖面，水上波平如镜，岸边笙歌袅袅，词人忘情在湖光山色之间；其二写暮春的西湖。群芳过后，西湖笙歌散尽游人去，词人凭栏远眺，“始觉”西湖的空旷、寂静之美，才领略到热闹过后的沉静；其三写的是初夏的西湖。六月的西湖，香荷如盖，田田的荷叶如昔日词人出行的伞盖，艳丽的荷花如开道的旌旗，词人泛舟其间，缕缕清香随风飘拂，绵远纤柔，词人宴饮其间，不觉沉醉其中。

这组词从不同角度反映了西湖之美，更反映了词人解仕归来后内心深处的宁静与闲适，旷达与超然，特别是词人将诗意消遣娱乐的爱悦之情融于山水中，使词读来更别具动人心灵的魅力。在表现休闲归隐后的闲适心情的词中，还有一类值得关注的词，就是乡村休闲生活中产生的乡村休闲词。

二、别有洞天乡村词

我们知道，宋人可谓无处不可休闲，他们休闲的足迹不仅遍布城市，还拓展到乡村。当词家们以闲适、淡定的心境接触乡村生活时，一首首充满田园风光的休闲词就从他们手中流泻出来。通过这些乡村词我们领略到宋人的另一片休闲天地，从而在美的享受中体味着宋人另类的休闲生活。苏轼、辛弃疾、范成大、张炎都留下不少名篇佳作。我们先看辛弃疾赋闲后描写农村风光山水的词。

茅檐低小。溪上青青草。醉里蛮音相媚好。白发谁家翁媪。 大儿锄豆溪东。中儿正织鸡笼。最喜小儿无赖，溪头卧剥莲蓬。

——《清平乐》

陌上柔条初破芽。东邻蚕种已生些。平冈细草鸣黄犊，斜日寒林点暮鸦。山远近，路横斜。青旗沽酒有人家。城中桃李愁风雨，春在溪头野荠花。

——《鹧鸪天·代人赋》

辛弃疾以白描的手法，为我们描绘了一幅充满悠闲、安详、质朴、美好的生活情趣的乡村生活休闲图。这种休闲的生活态度，正暗合了休闲不在于形式，而在于获得自由的精神享受的宗旨。此外，南宋词人洪适一组12首反映渔家生活的《渔家傲》也值得我们关注：

正月东风初解冻，渔人撒网波纹动。不识雕梁并绮栋。扁舟重，眠鸥浴雁相迎送。溪北画桥弯蝃蝀，溪南古岸添青葑。长把鱼钱寻酒瓮。春一梦，起来拈笛成三弄。

二月垂杨花糁地，荻芽迸绿春无际。细雨斜风浑不避。青笠底，三三两两鸣榔起。新妇矶边云接袂，女儿浦口山堆髻。一拥河豚千百尾。摇食指，城中虚却鱼虾市。

三月愁霖多急雨，桃江绿浪迷洲渚。西塞山边飞白鹭。烟横素，一声欸乃山深处。红雨缤纷因水去，行行寻得神仙侣。楼阁五云心不住。分凤侣，重来翻恨花相误。

四月圆荷钱学铸，鳞鳞波暖鸳鸯语。无数燕雏来又去。鱼未取，钓丝直上蜻蜓聚。风弄碧漪摇岛屿，奇云蘸影千峰舞。骑马官人江上驻。天且暮，借舟送过沧波渡。

五月河中菱荇遍，丝纶欲下相萦绊。却掉船来芳草岸。呼侣伴，蓑衣不把金章换。碧落云高星烂烂，波心举网星光乱。跃出鲤鱼长尺半。回首看，孤灯一点风吹散。

六月长江无暑气，怒涛漱壑侵沙觜。飐飐轻舟随浪起。何不畏，从来惯作风波计。别溆藕花舒锦绮，采莲三五谁家子。问我买鱼相调戏。飘芰制，笑声咭咭花香里。

七月凛秋飞叶响，长吟杳杳澄江上。秃尾槎头添一网。丝自纺，新炊菰饭更相饷。渡口青烟藏叠嶂，岸旁红蓼翻轻浪。鸂鶒沉浮双漾漾。闻鸣桨，高飞拍拍穿林莽。

八月紫莼浮绿水，细鳞巨口鲈鱼美。画舫问渔篙暂舣。欣然喜，金玉斎顷刻尝珍味。涌雾驱云天似洗，静看星斗迎蟾桂。枕棹眠蓑清不睡。无名利，谁人分得逍遥意。

九月芦香霜旦旦，丹枫落尽吴江岸。长濑黄昏张蟹断。灯火乱，圆沙惊起行行雁。半夜系船桥北岸，三杯睡著无人唤。睡觉只疑桥不见。风已变，缆绳吹断船头转。

十月橘洲长鼓枻，潇湘一片尘缨洗。斩得钓竿斑染泪。中夜里，时闻鼓瑟湘妃至。白发垂纶孙又子，得钱沽酒长长醉。小艇短篷真活计。家云水，更无王役并田税。

子月水寒风又烈，巨鱼漏网成虚设。圄圄从它归丙穴。谋自拙，空归不管旁人说。昨夜醉眠西浦月，今宵独钓南溪雪。妻子一船衣百结。长欢悦，不知人世多离别。

腊月行舟冰凿罅，潜鳞透暖而堪射。岁岁年年篷作舍。三冬夜，牛衣自暖何须借。滕六晚来方命驾，千山绝影飞禽怕。江上雪如花片下。宜入画，一蓑披著归来也。

洪适（1117—1184 年）为江西鄱阳人，南宋高宗朝曾官至宰相，罢相后上书请求退归故里，家居 16 年。这组词即是他解甲归家后所作。12 首词从正月写到腊月，完整地描写和反映了一年四季里的水乡风物和渔家生活情趣。作品中随处流露的超越物质生活的逍遥自得和对世事的洞悉，为词作增添了几分空灵的洒脱。同时，透过“无名利，谁人分得逍遥意”、“空归不管旁人说”等词句，作者特立独行的人格个性也隐约可见。

沉迷于花间樽前的词人将目光转向乡村，将满带着脂粉气、富贵气的词投向乡野田间，不仅拓展了词的题材，而且开阔了词的视野，乡村百姓的淳朴真诚、乡村景物的清新幽美、乡村环境的祥和宁静强烈地吸引着词人们，使追求悠闲、安详、质朴、美好生活情趣的词人们对乡村自然产生了归依感。特别是词作中流露的对农民深切的关怀和同情，如王炎的《南柯子》“蓑笠朝朝出，沟塍处处通。人间辛苦是三农。要得一犁水足、望年丰”，范成大的《蝶恋花》“江国多寒农事晚。村北村南，谷雨才耕遍”，苏轼的《好事近·黄州送君猷》“看取雪堂坡下，老农夫凄切”，丰富了词的内容，亦深化了乡村词的主题，为温软的唐宋词添上了沉重的一笔。

第三节　结社赏花的咏梅词

所谓“结社”是指士大夫文人通过交游唱和等活动，在特定环境空间和特定时间内组成的群体，他们在创作、思想、人格等方面相互影响，形成文坛特有的文化现象。两宋时期，文人结社等群体化现象日趋普遍，尤其是宋室南渡以后，吴越文化区域内发达的文化基础，苏杭得天独厚的优美地理条件，文人汇聚，彼此交游，交相唱和的结社群体活动更趋活跃，并创作了大量作品。清人周济所谓“北宋有无谓之词以应歌，南宋有无谓之词以应社”（周济《介存斋论词杂著》），指的就是这类诞生于结社唱酬活动中思想性、艺术性都比较弱的“无谓之词”。

结社唱酬，是宋人喜好的一项“雅玩”。据张宏生先生《江湖诗派研究》一文介绍：“大约在《诗经》时代，唱和的形式便出现了。但真正以诗歌形式进行唱和的作品，则是东晋才产生的。其后，经过宋、齐、梁、陈，至唐代逐渐走向繁荣，到宋代达到了鼎盛。”另据《梦粱录》、《武林旧事》卷三的记载，当时比较有名的各类专业性社团就有二十多个之多，可见，结社聚会，已成为当时的时尚。据厦门大学中文系钱建状先生《宋室南渡与词坛唱和之风的兴盛》一文统计，在徽宗、高宗二朝约 60 年间，先后出现过 19 个诗社，而从宋初至哲宗朝的约 140 年间，诗社仅 19 个。可见，文坛结社之风曾盛行于两宋之交。又从诗社主要成员来看，19 个诗社的 61 位成员中，两宋之际的词人（指有词存世者）有 24 人，有些成员如向子諲、张元幹、叶梦得、赵鼎、李光等则是两宋之交词坛的重要词人，苏庠、史浩还曾两次入社。可见，在两宋之际，入社的词人不仅数量多，其入社的热情也比较高涨。词人唱和之作，其动机不外有三：一是交流友情、沟通思想；二是切磋文艺；三是游戏娱乐。另据《梦粱录》介绍，在南宋诗社中，最有影响的要数西湖诗社了。“文士有西湖诗社，此乃行都缙绅之士及四方流寓儒士，寄兴适情赋咏，脍炙人口，流传四方，非其他社集可比。”[①] 诗社虽然有一定组织性，但一般都是自发的，一些志趣相投的诗人词人，定期或不定期聚集在一起，互相唱酬，切磋诗意，品第高下，成为当时文人重要的休闲生活形式。我们以南宋著名的“吟台词社”为例，看看当时的活动情况。“吟台词社”以张枢、杨缵、周密为骨干，对词社的活动情况，周密在他的《瑞鹤仙》序中有过生动的描绘：

寄闲结吟台出花柳半空间，远迎双塔，下瞰六桥，标之曰“湖山绘幅”。霞翁领客落成之。初筵，翁俾余赋词，主宾皆赏音。酒方行，寄闲出家姬侑尊，所歌则余所赋也，调闲婉而辞甚习，若素能之者。坐客惊诧敏妙，为之尽醉。越日过之，则已大书刻之危栋间矣。

这是何等诗意的休闲生活。从历史角度看，文人这类结社唱和的群体性活动，凝聚了一些志同道合的文人，使南渡后漂泊的文人在心灵上有所慰藉，客观上对当时词体的创作与传播起到一定的推动作用。

在词人结社游戏活动中，有一项活动倍受词人偏爱，那就是赏花。一则四季鲜花各有姿态，既娱人耳目，又启迪诗情；二则宋人悠闲好雅，花下饮酒也算是士大夫休闲生活的乐事之一了，自然形成了宋人赏花成风的习俗。在各色诗社中，标榜自己爱花成痴的人不在少数。有自诩“老子年来，颇自许、心肠铁石。尚一点、消磨未尽，爱花成癖”（《满江红·二月廿四夜海棠花下作》）的南宋爱国词人刘克庄，也有“只恐夜深花睡去，故烧高烛照红妆”（《咏海棠诗》）的苏轼，还有深情告诫“毕竟花开谁为主？记取，大都花属惜花人”（《定风波》）的豪放词人辛弃疾。最典型的恐怕要算以梅为妻、以鹤为子的林逋了。在爱花赏花成风的宋代，文人士子最推崇的还是梅花。花虽无语却能解语，花与一代人集体性的生活情趣

---

① 吴自牧：《梦粱录》卷十九，浙江人民出版社 1980 年版，第 181 页。

和审美情趣是紧密相连的。宋代文人爱梅成癖、咏梅成风，乃是一种具有时代特色的历史现象，在这种现象背后，是宋人追“雅”逐“娴”的审美情趣。

在分析宋人追求清雅脱俗的咏梅词之前，我们不妨回过头来看看宋人赏花的普泛化热情。孟元老《东京梦华录》和吴自牧的《梦粱录》等宋代笔记中，多处记载和描述北宋人的赏花活动。如孟元老《东京梦华录·卷六》“收灯都人出城探春”载：

收灯毕，都人争先出城探春，……次第春容满野，暖律暄晴，万花争出，粉墙细柳，斜笼绮陌，香轮暖辗，芳草如茵，骏骑骄嘶，杏花如绣，莺啼芳树，燕舞晴空，红妆按乐于宝榭层楼，白面行歌近画桥流水，举目则秋千巧笑，触处则蹴踘踈狂，寻芳选胜，花絮时坠，金樽折翠簪红，蜂蝶暗随归骑……①

《梦粱录》卷一“二月望”条载：

仲春十五日为花朝节，浙间风俗，以为春序正中，百花竞放之时，最堪游赏，都人皆往钱塘门外玉壶、古柳林、扬府、云洞，钱湖门外庆乐、小湖等园……玩臣奇花异木。②

这是多么富有想象力的描述。“香轮暖辗”、“蜂蝶暗随归骑”，我们透过先人的描述，似乎都能闻到花香了。可见宋人休闲赏花已经成为常态化的生活，令今人望尘莫及。

宋词就在这样的文化氛围中广泛咏写花事：赏花、种花、卖花、买花、送花、嗅花、惜花、佩花、题花、折花，花神、花朝、花市、花客、花会、花信，花前饮酒、花前学唱、花下赏月等，无所不有，体现了宋人爱花至上的审美心理。下面，拟以梅词为例，探析宋人赏花惜花的情羡情

---

① 孟元老：《东京梦华录》卷六，中华书局 1982 年版，第 176 页。
② 吴自牧：《梦粱录》卷一，浙江人民出版社 1980 年版，第 8 页。

殇中所蕴涵的休闲生命情怀。

据方回《瀛奎律髓》云："梅以花贵自战国始。"但梅花的意象大量进入文学作品，在宋之前，却不多见。所以《四库全书总目提要》卷167《梅花字字香》（郭豫亨撰）的提要说："《离骚》遍撷香草，独不及梅。六代及唐，渐有赋咏，而偶然寄意，视之亦与诸花等。"又在《梅苑》的提要中写道："昔屈、宋遍陈香草，独不及梅。六代及唐，篇什亦寥寥可数。自宋人始重此花，人人吟咏"（黄大舆辑）。宋人独爱梅花甚至到了痴迷的地步。吴熊和先生就说："宋人特重梅花，各家几乎都有吟咏，诗词中咏梅成了一个热门的题目。《梅苑》之辑，就反映了这种风尚。"① 这确实是一个具有时代特色的历史现象，在其背后，正隐藏着这一代人特别浓厚的"雅趣"或"雅致"。梅花之贵在于品格高尚。一是在冰清霜洁时迎寒开放，"梅独先天下而春"（徐常吉《事词类奇》）；二是瘦硬挺拔的梅影富有潇洒超脱的神韵；三是梅花大多生长在幽僻之处，幽香独具，象征人孤芳高洁之志，潇洒淡泊之品行。所以，宋代许多文人以梅自喻。林逋隐居西湖孤山，植梅蓄鹤，有"梅妻鹤子"之称；苏轼筑梅堂；张功甫植梅三百株，筑堂名玉照堂，作《梅品》；王十朋、史达祖均自号"梅溪"；范成大筑梅圃，作《梅谱》；黄大舆编《梅苑》；李龚撰《梅花衲》诗集序等，均说明当时盛况。

宋人审美观喜好高雅疏淡，借咏梅表达自己情趣的作品也很多，如林逋《霜天晓角》咏红梅，欧阳修《阮郎归》咏早梅，李之仪《早梅芳》咏绿萼梅，仲殊《腊踏枝》咏红梅，谢逸《采桑子》咏早梅，毛滂《浣溪沙》咏红梅，不管是哪类词，他们的共同特点都是以梅写人，以梅喻己，散发出浓浓的清雅娴静之气。请看晁补之的《盐角儿·亳社观梅》：

开时似雪，谢时似雪，花中奇绝。香非在蕊，香非在萼，骨中香彻。占溪风，留溪月，堪羞损、山桃如血。直饶更疏疏淡淡，终有一般情别。

词从梅洁白似雪说起，开也罢、谢也罢，不改本色。即使在山桃如血

① 吴熊和：《唐宋词通论》，浙江古籍出版社1995年版，第337页。

的艳丽中，依然是从容、淡定，骨中飘香，傲立花丛。作者显然是托物言志，赞扬独立、高洁的人格精神，追求闲雅、宁静的审美品位。可见，宋人爱梅，与梅花本身所具有的审美特点有关，更和当时文人尚雅号名的文化背景有关，和文人追求高雅娴静的人生境界有关。咏梅词中，最有代表性、影响最深远的还要数姜夔的《暗香》、《疏影》，被张炎称为“词之赋梅，惟姜白石《暗香》、《疏影》二曲，前无古人，后无来者，自立新意，真为绝唱”（张炎《词源》）。我们不妨通过这两首词来感受并体会宋人爱梅的清雅超逸的休闲意味。词曰：

旧时月色。算几番照我，梅边吹笛。唤起玉人，不管清寒与攀摘。何逊而今渐老，都忘却、春风词笔。但怪得、竹外疏花，香冷入瑶席。
江国。正寂寂。叹寄与路遥，夜雪初积。翠尊易泣。红萼无言耿相忆。长记曾携手处，千树压、西湖寒碧。又片片、吹尽也，几时见得。

——《暗香》

苔枝缀玉。有翠禽小小，枝上同宿。客里相逢，篱角黄昏，无言自倚修竹。昭君不惯胡沙远，但暗忆、江南江北。想佩环、月夜归来，化作此花幽独。　犹记深宫旧事，那人正睡里，飞近蛾绿。莫似春风，不管盈盈，早与安排金屋。还教一片随波去，又却怨、玉龙哀曲。等恁时、重觅幽香，已入小窗横幅。

——《疏影》

《暗香》、《疏影》是两个词调名，为姜夔自创。取林逋《山园小梅》诗中的“疏影横斜水清浅，暗香浮动月黄昏”两句中的首二字作调名，故词亦为咏梅所作。《暗香》开篇即追忆往昔月下梅旁吹笛之往事。在“月色”、“笛声”的召唤下，玉人寻梅而来。但此时词人话锋一转，由追忆转而感叹自己精力才气的不足。词人不由得嗔怪道：而今我老了，梅花何苦送香来，让我心生惆怅？下片言路遥、雪积寄梅而不得，只好对着酒杯梅花无言泪下，诉说相思之苦。姜夔以娴熟之笔调，将咏梅与思人交融，句句不说梅却又字字不离梅花。用梅寄托怀人情思，梅开则人好、情好，梅落则人去、情空。随着梅与玉人的分离与结合，词中感情也随之有悲欢变化，因而缠绵不尽，低回反复，及梅花尽而情亦感伤至极，憾恨无穷。

《疏影》是一首赞颂梅花的词。作者为了表现这首词的主题，先以赞美的笔调，写梅的冰清玉洁，写梅的幽独清高，写梅的不俗神致。在赞颂之后，以寿阳公主的典故，写梅之受人爱惜，写对“春风”的责怪，写该怎么爱护，写梅落的惆怅，写对《梅花落》之怨，末以沉痛作结。如果说《暗香》是借咏梅写相思抒发今昔盛衰之感，那《疏影》则完全超越了一己之情，抒发的是家国身世飘零的普世情怀。姜夔自己也颇为这两首词得意。根据词前小序，“辛亥”即宋光宗绍熙二年（1191 年），姜夔由杨万里介绍，冒雪到苏州石湖见范成大，他在范成大处逗留一个月，应范的要求而创作了这两首新词，受到范的赞赏，“把玩不已”。作者也颇以“音节谐婉”而自得。据《砚北杂志》载，事后范以侍婢小红赠姜。姜携带小红归吴兴，过垂虹时，在大雪中赋诗：“自琢新词韵最娇，小红低唱我吹箫。曲终过尽松陵路，回首烟波十四桥。”可见其洋洋自得之情。

通过以上词作我们不难看到，宋代咏梅词多将梅花人格化，词境清空、词意雅正、词情也多骚怨。词人们在爱梅、赏梅、惜梅、咏梅的一系列快乐、苦痛的休闲活动过程中，体悟了愉悦情性的休闲情怀和清雅超逸的休闲意趣，获得了审美的精神享受，亦获得了自适、旷达和乐观的休闲观。正如学者李立所言：“当人们以消遣娱情为目的而进行精神和情感活动时，人们对‘快慰’的追求则是永恒的和根本的。这样，作‘哀音’者以‘哀音’的慰藉而使‘哀情’得到缓释，而欣赏‘哀音’者则因‘哀音’而受到了更强烈的情感冲击和精神震荡，并得到精神上的‘愉悦’。有时，诗人与欣赏者这样两种情感活动又可以融合一体，借惜花时因花残而情殇的情感活动模式表现出来，从而形成一种独具特色的精神慰藉和愉悦方式。”①

---

① 李立：《看似逍遥的生命情怀——诗词与休闲》，云南人民出版社 2004 年版，第 55 页。

第四节　隐逸闲旷的山水词

所谓“隐逸”，即是隐居避世，是特指士大夫文人在理想与现实发生冲突时所选择的一种处世方式，也是中国古代文人保持人格独立、追求人生自由的一种选择。隐逸在中国古代文化中，可谓源远流长，影响深远。孔子早就提倡“天下有道则见，无道则隐”（《论语·泰伯》），孟子也主张“穷则独善其身，达则兼济天下”（《孟子·尽心上》），庄子更主张“就薮泽，处闲旷，钓鱼闲处，无为而已矣。此江海之士，避世之人，闲暇者之所好也”（《庄子·刻意》）。可以说隐逸是综合了儒家思想的忧患意识和道家思想的超脱意识而形成的处世方式，是古代知识分子在“兼济”与“独善”之间取得的平衡心理结构。士子文人作为服务于统治者的附属群体，由于自身独立性的缺乏，自古摆在中国古代文人士子面前的，大抵只有“隐”或“仕”两条路供其选择，分别代表栖身江湖山林之远与身居朝廷庙堂之高两种生存状态。所以早在先秦时期就出现了许由、伯夷、叔齐这样一批隐士高人，以后隐逸之风长盛不衰。到唐宋时代，宽阔通达的科举取士制度和较前朝更为宽松的思想文化环境使士子文人热心仕途、渴望建功立业，但同时，严酷的政治斗争与理学对个人思想的禁锢又使他们惧畏宦海风险。这种矛盾的心态促使唐宋之交的文人纷纷选择隐逸。继魏晋“小隐隐陵薮，大隐隐朝市”，唐宋代文人提出了“中隐”、“吏隐”的概念。白居易在《中隐》一诗中就提出：“大隐住朝市，小隐入丘樊；丘樊太冷落，朝市太嚣喧，不如作中隐，隐在留司官。似出复似处，非忙亦非闲。不劳心与力，又免饥与寒，终岁无公事，随月有俸钱。君若好登临，城南有秋山。君若爱游荡，城东有春园……人生处一世，其道难两全：贱即苦冻馁，贵则多忧患。唯此中隐士，致身吉且安；穷通与丰约，正在四者间。”① 显然，白居易所谓“中隐”是以仕为隐，是指做品位既高而又无甚事务的闲官，既无衣食之忧，又能享受生活的闲情逸致，

① 白居易：《白居易集》卷二二，中华书局1979年版，第490页。

反映了当时文人既企慕隐逸的清高洒脱，又不能忘情于世俗社会的享受的矛盾心理状态，是文人当时将出处变通方式与专制制度妥协以实行的自我保护。“中隐”追求的是一种闲旷的文化心态，至此，隐逸逐渐消失了它的本义而成为清高的象征，演变为文人士子精神解脱的一种方式，而仕隐皆得成了这个时期士大夫文人精神追求的终极目标，白居易就是其中的典型代表。

唐宋隐逸山水词就是在这种特定的文化背景下带着特定的时代精神产生并发展的。它是多个文学母题的交叉与复合，包含着丰富的情感与意识，从一定的侧面展示出宋代文人的心灵世界和当时的社会生活。这里有羁旅仕途倾慕山林的思归情结，也有寄情山水退隐后访胜探幽的幽居情结，但不论何种题材，都是通过人生价值取向的调整以求得心理上的自我平衡。正如徐清泉先生在《论隐逸文化在中国传统文学艺术发展中的意义》中所说“隐逸文化带给归隐、羡隐诗人及士子最大的精神价值，就是人格的解放及自由的获得，而这实际上就是隐逸文化独备的艺术审美潜力。归隐之后，士大夫或多或少摆脱了正统思想的限制，他们可以以一种艺术化的人生，审美化的态度来弥补人生实践维度的缺失，来实现操作欲求的满足，于是，游山玩水、渔猎躬耕、品茗饮酒、谈玄务虚、吟诗赋文、肆性放情，便成为隐士最外在的行为表现。”① 在这样的人生态度下，文学的休闲功能便充分体现出来了。

唐宋士大夫文人的隐逸志向主要是通过托志于渔父形象或寄情于山水来实现的。所以隐逸山水词可以大致划分为渔父词和山水词两大类。下面就分别叙述。

一、托志渔父词

“渔父词”是指以渔父生活为描写对象、寄托士大夫隐逸之志的一种词类。在中国古代文学发展历史中，“渔父”是一个古老而又空灵的意象，他代表了古代士大夫文人对身心自由、人格独立的向往与追求。早在屈原

---

① 徐清泉：《论隐逸文化在中国传统文学艺术发展中的意义》，《文学评论》2000 年第 4 期。

《楚辞》中就出现了渔父形象，虽然渔父面貌形象不甚清晰，但通过屈原与渔父的对话，我们依然可以看到代表了古代贤德者的隐士的化身。这种借渔父托志的文学传统广泛存在于后来的诗、文创作中，如乐府、唐诗中就有一些借渔父抒发隐逸情怀的作品。渔父形象得到全面展现，是在宋代。宋代的渔父已经世俗化，广泛出现在诗、词、绘画等各类艺术作品中。渔父词也在这一时期得到全面发展。据不完全统计，《全宋词》中直接以“渔父”为题者就有一百多首，包括南宋高宗赵构御制的“渔父词”15首、蒲寿晟15首、张纶10首、朱敦儒10首、惠洪8首、薛师石7首、王谌7首、苏轼6首、周紫芝6首。此外，还有许多以“渔歌子”和“归去来辞”、“咏山居”为题所作的词，这些作品勾画出宋代士大夫文人集体的精神向往，即向往自然，追求人格的独立和自由。这是伴随着宋代士大夫文人主体意识觉醒的主体的回归。

唐宋词中最早的渔父形象应该出现在唐五代敦煌曲子词《渔父》18首中。我们先看其中两首，如下：

浪打轻船雨打蓬。遥看蓬下有渔翁。蓑笠不收舡不系，任西东。即问渔翁何所有？一壶清酒一竿风。山月与鸥长作伴，五湖中。

——《浣溪沙·渔翁》

倦却诗书上钓船。身披蓑笠执渔竿。棹向碧波深处去，几重滩。不是从前为钓者，盖缘时世厌良贤。所以将身岩薮下，不朝天。

——《浣溪沙·钓隐》

这两首《浣溪沙》的主人公都是身披蓑衣、手执鱼竿的渔翁、钓者，但这里的渔翁并非一般的渔父，而是遁入江湖的读书人。我们看词中的渔父，“一壶清酒一竿风”，“山月与鸥长作伴”，都是“盖缘时世厌良贤”，可见唐五代隐逸渔父词一开始就表现出对物质生活、现实世界的放弃与疏离，体现了一种与世事不合作“不朝天”的叛逆精神，这种追求精神超越的抒情基调与对世事的不满怨愤的价值判断是早期渔父作品的基本情绪。正如恩格斯在《布鲁诺·鲍威尔和早期基督教》中所指出的那样：“在各阶级中必然有一些人，他们既然对物质上的解放感到绝望，就去追寻精神上的解放来代替，就去追求思想上的安慰，以摆脱完全绝望处境。”一般来说，选择闲逸人生道路，多起因于外部世界，尤其是社会与政治方面的某种压力。范晔在《后汉书·逸民传》中就谈到产生隐逸之民的多种原由：“或隐居以求其志，或曲避以全其道，或静己以镇其躁，或去危以图其安，或垢俗以动其概，或疵物以激其清。”“曲避”、“去危”、“垢俗”、“疵物”，不是愤于世俗社会之脏污，就是惧于现实政局之险恶，故闲逸人生多为文人被弃后的首选，属于被迫后的自愿。其总的趋向是逃避尘世烦恼，脱离政治漩涡，以“边缘人物”自居，以“清静无为”自命，寻找人生的避风港，营造安顿生命的家园。

此后的渔父词就一直延续着这样孤寂落寞而又自由洒脱的形象，频繁出现在各个时期的宋词中。值得注意的是宋代的隐逸、渔父少了一些以隐逸抗争、不与俗世合流以及卓尔不群的自我人格期许，更多流露出的是享受安闲、保全性命，甚至是冷漠逃避的思想。宋代山水隐逸词中的“渔父”虽然头戴青箬笠、身披绿蓑衣，但这些“渔父”既不同于生活中的打鱼人，也不同于“举世皆浊我独清，众人皆醉我独醒”的“渔父”原型——屈原形象，而是代表一种看穿世事、与世无争的态度，表达词人的骚雅情趣和对闲适生活的向往和追求。如以“浮家泛宅”闻名的隐士张志和五首《渔父》中“青箬笠、绿蓑衣，斜风细雨不须归”的形象；庐山隐士苏庠《点绛唇》里“云涛里，醉眠蓬底，不属人间世”的形象；朱敦儒《好事近》里“拨转钓鱼船，江海尽为吾宅”，“眼里数闲人，只有钓翁潇洒”，一叶渔舟，四海为家，享尽娴静与风雅的钓翁形象；陆游《鹊桥仙》“渔父”组词中“一竿风月，一蓑烟雨”的形象，都说明这些渔父在很大程度上已减削了以隐逸方式与世抗争的愤世嫉俗的思想锋芒，在思想倾向上更多的是对隐逸生活高雅情怀和闲静自由的生活的向往，对闲适自在的自由的追求。请看下面三首小令：

西塞山前白鹭飞，散花洲外片帆微。桃花流水鳜鱼肥。　自庇一身青箬笠，相随到处绿蓑衣。斜风细雨不须归。

——苏轼《浣溪沙·渔父》

三山三下闲居士，巾履萧然，小醉休眠，风引飞花落钓船。

——陆游《采桑子》

摇首出红尘，醒醉更无时节。活计绿蓑青笠，惯披霜冲雪。　晚来风定钓丝闲，上下是新月。千里水天一色，看孤鸿明灭。

——朱敦儒《好事近》

这三首词中的渔父全无非世、抗世的态度和忧愤之情，有的只是弃脱尘世获得自由的向往和欢喜，是生命与自然融为一体后的宁静、恬淡、闲逸与超然。这是怎样的人生境界？远离尘世，与清风明月相伴，与飞花鸣凤为友，“潮生理棹，潮平系缆，潮落浩歌归去”。和那些寄身歌舞美色的声色享乐生活相比，陆游等人“寄其趣于烟波洲岛苍茫杳霭之间”的人生理想，让生命与自然融为一体，在和自然的悠然共舞中，体会人生自由、悠闲之美妙，享受大自然更能代表宋人追求自由闲适的精神。可见，在宋人这里，隐逸是对生活的一种逃避，也是一种对闲适生活的主动选择，更是对闲逸生活的审美追求。从唐五代敦煌曲子词到南宋文人词，渔父词由抒写忧愤之情的时代特点而迈入追求潇洒旷逸、物我两忘的自由精神境界，是抒情主体人生境界的一种变化和超越，也是看透红尘世事后的一种解脱。这种变化代表了宋人宁静淡泊的深沉心态，表现出对人生的体会，是一种成熟而智慧的心态。这也是宋代士人审美的艺术与审美的人生相结合的结果。这种思想对后人影响深远。

二、寄情山水词

所谓“山水词”是指士大夫文人隐逸江湖、寄情山水、咏叹自然的词。如果说“渔父词”关注的重点在于与世事保持疏离的渔父，那么山水词关注的则是词人与自然的关系，我们探寻的是山水被词家人格化的意义。

山水自然历来与思归隐逸有着不解之缘。居山泛水作为宋代士大夫文人普泛化的人生理想与选择，必然产生超然物外的处世心态，导向远离社会群体、亲近自然山水，个人的生命意识得以凸现。词人宦游则跋山涉水访胜探幽，退则渔猎躬耕，所以水光山色、春花秋月作为人格化的自然，在思归隐居词中有不可替代的地位。正如庄子所言："山林与，皋壤与，使我欣欣然而乐与"（《庄子·知北游》）。词人们放情丘壑，寄心松竹，取乐鱼鸟，与自然诗意地共存，和谐地相处，于是在山林皋壤中获得了审美的快乐。

唐宋隐逸山水词的文化意蕴首先体现在词人以山水自况、以山水自喻的人格化过程上。歌德说过："自然造人，人造自然。人从广阔的世界里给自己划出一个小天地，这个小天地就贴满了自己的形象。"[①] 当自然山水不仅作为人类的生存环境而存在，而且作为审美对象而进入人类社会生活以后，自然山水就被赋予了人格的力量和特征。如辛弃疾的《山鬼谣》：

问何年、此山来此？西风落日无语。看眉似是羲皇上，直作太虚名汝。溪上路，算只有、红尘不到今犹古。一杯谁举？笑我醉呼君，崔嵬未起，山鸟覆杯去。　须记取：昨夜龙湫风雨，门前石浪掀舞。四更山鬼吹灯啸，惊倒世间儿女。依约处，还问我、清游杖履公良苦。神交心许。待万里携君，鞭笞鸾凤，诵我远游赋。

辛弃疾在此词的小序中交代，他看到雨岩洞前一块怪石，引起了他一番冥思遐想，于是写了这首《山鬼谣》。与前代山水诗人不同的是，辛弃疾的山水词不仅是单纯地模拟自然，更重要的是他富于想象，赋予大自然以人格，同时又兼有磅礴的气势。首句以设问开篇，"问何年、此山来此"可谓语出不凡、气势磅礴。接着则对山石展开奇特的想象与对话，说"西风落日无语"。"看眉似是羲皇上"两句是对石头形态的假想与命名。"溪上路。算只有、红尘不到今犹古"，"红尘"泛指俗世及热闹繁华之地。大意说，在这溪边山野，离开繁华的尘世，古今并没有区别。表示在这环境荒僻、几乎与尘世隔绝的地方，词人心旷神怡、欣喜无限，于是便开怀畅饮。"一杯谁举"以下描写词人醉态朦胧中的神态与举动。"君"指巨石。词人带着酒意，笑着去喊那巨石与他同饮，自然不会有什么反应，因此说"崔嵬未起"，最终的结果便是"山鸟覆杯去"。这里写词人面对巨石独酌，

---

① 王兆鹏：《唐宋词分类选讲》，高等教育出版社 2007 年版，第 259 页。

醉后与那形似“山鬼”的巨石对话，巨石不应，山间的飞鸟却撞翻了酒杯，形象生动，栩栩传神。下片用“须记取”领起，叙写风雨中雨岩一带壮观的景象。场面奇特宏伟，令人惊魂。“昨夜龙湫风雨，门前石浪掀舞”，“龙湫”是浙江温州雁荡山有名的大瀑布，岩即在其附近。龙湫一带风雨大作，“石浪掀舞”形象地描绘出山石与洪水掺杂，波涛汹涌澎湃的壮观场面。“四更山鬼吹灯啸”两句，写“山鬼”呼啸，声音凄厉，吹灭了灯火，乃至“惊倒世间儿女”。本来，吹灭灯火的是风，发出呼啸声音的也是风。风与山石相搏击，再加上暴雨肆虐，声如鬼哭狼嚎，词人说，那声音由“山鬼”发出，这样就把静止的巨石写活了，而且“依约处，还问我，清游杖履公良苦”这三句直接用拟人手法，写“山鬼”与词人对话，向他道辛苦。因为上文已赋予“山鬼”生命，这样写读者丝毫也不会感到突兀。结尾四句，更进一层。作者说，他与“山鬼”已是“神交心许”，并且准备携带它驾着“鸾凤”，挥鞭登上“万里”旅程，那“山鬼”还要“诵我远游赋”。分明是一块巨石，只是它“状甚怪”，在词人的笔下，竟成了有血有肉、通情达理、善解人意的丰满形象，稼轩想象力之丰富，艺术再造力之强，由此约略可见。辛弃疾这首词以山石的奇崛来象征自己孤傲高洁的精神境界。山石远离世俗，不媚俗、不欺世、亘古不变，却孕育着无穷的力量，足以抗衡尘俗，这正是词人自我人格的写照。

如果说山的奇崛象征着人格的独立和傲岸，那水的澄澈就象征着高洁和脱俗。唐宋词人特别偏爱澄净空旷的水光月色，追求旷达豪迈的人格与胸襟，开阔的江河湖泊既是渔父隐士的活动空间，也是词人磨砺高洁人格、寄托人生理想的最佳环境与媒介。于是，洞庭月色、长江秋月等都成为词人反复吟咏的题材。这些词作构筑的开阔水面与明净的月色交相辉映，形成了空灵的意境，折射出词人的人格追求。例如张孝祥的《念奴娇》：

洞庭青草，近中秋、更无一点风色。玉鉴琼田三万顷，著我扁舟一叶。素月分辉，明河共影，表里俱澄澈。悠然心会，妙处难与君说。

应念岭海经年，孤光自照，肝胆皆冰雪。短发萧骚襟袖冷，稳泛沧溟空阔。尽挹西江，细斟北斗，万象为宾客。扣舷独啸，不知今夕何夕。

这首词的上阕主要是写景，景中寓情。第一、二句是说，已经临近中秋了，这浩瀚的湖面竟是碧空万里，水波不兴，一派秋高气爽、玉宇澄清的景色。这里的“青草”指的是与洞庭湖连成一片的青草湖，又名巴邱河。青草在南，洞庭在北，自来并称。第三、四句的“玉鉴琼田”形容湖水的明净光洁，“三万顷”是指湖面的广阔，点出了在这美玉一般的偌大湖面上，扁舟一叶真似仙境。第五到第七句进一步描述在月光下的湖面，上下辉映一片晶莹，天上人间如同共处在一个玲珑剔透的琉璃世界中。“表里俱澄澈”，既是写景，也寄寓了作者高超的精神境界。最后两句点明这种极妙境界是只可意会难于言传的。这里大概不是指景，主要是指心物相融的美妙体验。词的下阕着重抒情，意转激昂。开头三句是他的内心独白。“岭海经年”的“岭海”一作“岭表”，指五岭以外的地区。这里是指作者被贬担任广南西路经略安抚使，在岭南过了一年。“孤光自照”，就是不管别人是否理解，自省无愧于心，表明了作者的孤高心态。“肝胆皆冰雪”与上阕的“表里俱澄澈”可以互为呼应，意思是他襟怀坦荡，如同冰雪一样晶莹。第四、五句略带几分萧瑟，但他不无骄傲地说：虽然现在头发少了，衣衫单薄，但在这冰凉的夜晚，他仍然稳稳地泛舟在这碧波浩渺的湖面上。接下来三句更是气魄雄伟，他要汲取长江的水以为酒，把北斗星当作酒杯，再请天上的星辰万象作为宾客来和他一起细斟慢酌，可谓豪情万丈。整首词的景色描写均从大处着手，突出表现的是“澄澈”之境，并与词人“孤光自照，肝胆皆冰雪”的人格交相呼应，实乃自然之境与理想人格的相互融合。再看这首小令：

吴淞江影漾清辉。山远翠光微。杨柳风轻日永，桃花浪暖鱼肥。东来西往，随情任性，本自无机。何事沙边鸥鹭，一声钦乃惊飞。

——张纶《朝中措》

这首词着重描写的是渔父生存空间的湖光山色，本该是词作表现主体的渔父却被淡化了。江水清澈，倒映出远山、垂柳、桃花。山色欲滴，风轻日暖，桃花灼灼，扁舟、渔父宛在其中。原本为实的渔父，此时虚化为背景，原本为背景的湖光山色，此时却由虚转实，面向观众。这样的艺术处理，像是有“无我之境”的特色，实际上却强化了渔父心灵纯净、精神自由的特质。渔父并非退出了这个背景，而是一种沉醉之后的淡化。此类境界作品在宋词中还有很多，如“雯天空阔，云淡楚江清。独棹孤篷小艇，悠悠过，烟诸沙汀”（秦观《满庭芳》），“秋水无痕清见底。蓼花江上西风起。一叶小舟烟雾里”（谢逸《渔家傲》），“清昼永，幽致夏来多。远案参差风飏柳，平湖清浅露翻荷。移掉钓烟波”（李纲《望江南》），“一碧太湖三万顷，屹然相对洞庭山”（向子諲《浣溪沙》），“琉璃为地水精天，一叶渔舟浪满颠”（蒲寿晟《渔父词》）。这些作品虽然对渔父作墨不多，但是渔父的精神却清晰可见，渔父的身影也依稀可辨。这类寄情山水词对湖光山色的描绘，多以清丽疏隽见长。这是因为湖光山色本身展现的就是一个自由的所在，而渔父词以闲适的心理、愉悦的精神在这个纯然无暇的清空境界里，寻找自由，享受自由，热爱自然。扁舟、渔父活动的这个空间，正是自由精神的故乡，是渔父身心寄托的自由空间。

总的来说，寄情山水词在作品的整体风貌上，呈现出一些有别于享乐词甚至不同于渔父词的哲学意蕴和艺术特征，主要表现在：一是将自然人格化。在这类作品中，作者常常将自己的感情投射到外在的自然世界，赋予自然山水以人的感情和个性，将自然转化为作者内心世界的自然，将自然当作自我精神的复归之所，注重表现自然景物与审美主体物我两忘的超然境界，外在世界与自我世界互相交错、合二为一，从而实现内心的宁静与平和。这也是词体艺术的最高境界。一如王国维先生在《人间词话》中所言：“有我之境，以我观物，故物皆著我之色彩；无我之境，以物观物，故不知何者为我，何者为物。”我们只要比较一下下面两首词即可明白二者的差别：

枕簟溪堂冷欲秋。断云依水晚来收。红莲相倚浑如醉，白鸟无言定自愁。　书咄咄，且休休，一丘一壑也风流。不知筋力衰多少，但觉新来懒上楼。

——辛弃疾《鹧鸪天·鹅湖归病起作》

林断山明竹隐墙。乱蝉衰草小池塘。翻空白鸟时时见，照水红蕖细细香。　村舍外，古城旁。杖藜徐步转斜阳。殷勤昨夜三更雨，又得浮生一日凉。

——苏轼《鹧鸪天》

这两首词词牌相同，词作也都以“红莲”、“白鸟”为意象，但二者体现的情绪、意蕴却截然不同。在辛弃疾眼中，红莲带醉、白鸟含愁，这完全是词人退隐归乡后无力报国的强烈的主观情感投射的结果。而苏轼词中全然不见丝毫愁苦，有的只是词人悠然的身影、悠然的心态，以及与大自然和谐相处的自得与珍惜。一种景致两种风格意蕴，体现的是词人不同的精神，是词人内心自然的不同所决定的。二是主体抒情性突出。词人往往在词中直接展现其内心情愫，表现外物与自我、入世与出世的矛盾冲突，并用达观之语自我消解。词人的主体意识十分强烈，有时就按捺不住地要议论说理。他们常能突破对生命感受的经验性层次，而进入自觉观照、体悟生命意义的境界，使闲逸词具有理趣色彩。闲逸词人多抱幕天席地、友月交风之情怀，故其在悦目赏心之时，视自然为大美、真美、全美，注意心与物的交融，从自然中体悟其活泼的神韵，将其本样的美感加以表现。在闲逸词中，自然山水总是显得那么富于生气，那么亲切动人，使人悠然会心。三是风格以平淡空灵为主。在自然山水中徜徉吟咏，处处所见的是清疏高远的物象景观，与词人淡泊宁静的襟怀相遇合，经过艺术转换，便形成了闲逸词那种平淡空灵的主导风格。它不同于豪放词的雄杰，不同于婉约词的柔丽，也有别于风雅词的典雅，往往显得飘逸高妙，出语平淡。但是，平淡却非寡味，恰恰是最醇厚的人格，才具有举重若轻的魅力，最纯粹的技巧，才能造景于无痕。清代郭麐《词品》就将此类词放入《高超》一品，他说：“行云在空，明月在中。潇潇秋雨，泠泠好风。即之愈远，寻之无踪。孤鹤独唳，其声清雄。”可见，闲旷山水词呈现出来的简淡、空灵风貌，是词人对生命的超越，对现实深悟后的超越，也是对传统艳情词创作的突破。

休闲，往往是触发灵感，创造杰作的温床。词体的创作，往往就是文人处在闲暇之时，灵魂静静开放的结晶，所谓情由休闲起，文自遐思生。词的休闲作用与价值，就在于在精神层面上实现了文人的宣泄与放松。另类于传统诗文的词体的产生与存在，使处于儒家正统思想禁锢下的文人，拥有了放置另一个分裂的自我的空间，拥有了一个摆脱传统道德约束、释放被压抑的自我的机会，或“男子作闺音”，借女性传递心迹；或携红唤绿，以词与红粉佳人传情，不仅晚唐词人白居易、温庭筠、李璟、李煜如此，即使是宋代王安石、欧阳修、苏轼这样的大儒重臣，辛弃疾、张元幹这样的铮铮铁骨，也毫无顾忌地在词作中展示自己细腻微妙的情感世界和男欢女爱的恋情。此时，词作为一种特殊的休闲文化形态，在被创造、欣赏、建构的过程中，让词人感受精神自由的快乐，使他们的心灵有所安顿、有所归依，进而保持精神的平和、宁静。

第六章

休闲文化与唐宋词的传播

从传播学角度看，任何文学作品价值的最终实现，都必须经过创作—传播—接受三个阶段。这是文学传播的最基本过程，也是所有文化信息的传播过程。词作为一种抒情性、娱乐性极强的文学形式，其创作的根本目的就在于给人们带来快乐，在于交际中传递情意，所以传播是其创作的初始目的也是最后归属，而非藏之于名山、束之于高阁。而这一切又是在唐宋休闲文化大背景下演绎发展的。所以从休闲文化角度看，词体的创作与传播，都是在宋代商业化大背景下，在休闲文化的氛围中实现的。词本是配乐歌唱的“音乐文学”，是融歌、舞、乐于一体的综合艺术。从创作上讲，它是倚声填词，应歌而作；从传播上讲，词多由歌伎舞女传唱表演，佐酒侑觞，以娱众人。歌伎唱词侑觞与文人遣兴填词更是共同构成了词体文学的原生状态。这些都决定了词的创作与传播离不开宋代商业化的社会土壤，离不开休闲娱乐的社会需要。下面就分三个部分对此进行论述。

第一节　商业化与唐宋词传播方式的演进

根据传播学的原理，有效传播的发生，必须具备传播对象、传播媒介、传播主体等基本条件，或者说词作为一种信息传播，必须具备信息的接受者、信息的发出者和信息传播的有效渠道。唐末宋初，商业经济的迅速发展，社会整体享乐意识的抬头，词体宜雅宜俗、宜歌宜舞的特点，为词体的传播创造了条件。首先，市民阶层的出现，市民娱乐休闲文化的需求，为唐宋词的传播提供了庞大的受众群体；其次，商业化的城市公共文化空间为词体的传播提供了必要的场地与空间；再次，词体的商业化特性为唐宋词的传播提供了内在的必要条件。词体的传播可谓占尽天时地利，是由宋代政治、经济、文化条件共同催生的。

一、商业化的城市为唐宋词的传播提供了庞大的受众群体

唐宋词的兴盛与传播，离不开宋代特定的商业社会环境。首先，词的兴盛与传播与城市经济的迅猛发展密切相关。宋代是我国封建社会的鼎盛

时期之一，也是我国古代城市经济十分繁盛的时期。据《东京梦华录》记载，汴京城方圆二十里许，外城方圆四十余里，护城河宽十余丈，规模宏大。城中住有皇室、贵族、臣僚、禁兵、各色商人、手工业者和歌伎、奴仆，人口稠密、商业发达。① 特别是宋太祖诏令开封府三鼓以后的夜市不禁，商贸活动不再像唐时犹有时间的限制后，其经济更是空前地活跃起来，其人烟之稠密和物事之阜盛，正如孟元老在《东京梦华录》中所载：

其阔略大量，天下无之也。以其人烟浩穰，添十数万众不加多，减之不觉少。所谓花阵酒地，香山药海。别有幽坊小巷，燕馆歌楼，举之万数，不欲繁碎。②

据此我们不难得出两个结论：一是城镇的兴起导致了市民队伍的扩大并形成一个足以左右时尚风气的阶层。据统计，北宋10万户以上的大城市有40多个，到了宋徽宗崇宁年间更上升到50多个。③ 另据鲁亦冬先生考证，北宋时期的城镇户口有数百万户，人口超过一千万，约占当时总人口的10%，而在南方经济较发达的地区，城镇人口所占的比重更高，有的地方超过20%。④ 这样的城镇人口比例在当时是十分惊人的；二是富裕繁华的社会必然孕育出享受的种子。这种子不仅植入士大夫文人心里，同样也对庞大的市民阶层产生了巨大的感召力。这支勃兴的市民队伍，他们的嗜好左右着都市的文化生活，成为当时文化消费活动的新生力量。正如日本学者加藤繁在《中国经济史考证》中所说：

当时（宋代）都市制度上的种种限制已经除掉，居民的生活已经颇为自由、放纵，过着享乐的日子。不用说，这种变化是由于都市人口的增加，交通商业的繁盛，财富的增大，居民的种种欲望强烈起来的缘故。⑤

---

① 孟元老：《东京梦华录·序》，中华书局1982年版，第1页。
② 孟元老：《东京梦华录》卷五，中华书局1982年版，第131页。
③ 朱瑞熙：《宋代社会研究》，中州书画社1983年版，第14页。
④ 鲁亦冬：《中国宋辽金夏经济史》，人民出版社1994年版，第49页。
⑤ 加藤繁：《中国经济史考证》，台湾华世出版社1981年版，第159页。

市民阶层“颇为自由、放纵”的生活和种种强烈的欲望，主要表现在他们对于文化娱乐活动的沉醉和迷狂。以消费为主导的市民文化需要令人耳目一新的文艺载体，时髦新奇的曲子词于是成为当时文化消费市场的“宁馨儿”。

词曲消费活动是宋人社会生活的一部分，从消费主体来看，宋代社会无论尊卑、老幼、男女，都对听词赏曲表现出一种由衷的喜爱。“新声巧笑于柳陌花衢，按管调弦于茶坊酒肆”①，“五陵年少，满路行歌，万户千门，笙簧未彻”②，即描绘了当时社会传唱曲子词的热闹场面。不过，这种“全民消费”的状况又因参与者消费水平的不同而有所差异：市井民众的词曲消费往往在公共娱乐场所进行，消费行为与接受行为同时发生，属于较为纯粹意义上的商业活动；而士大夫文人的词曲消费状况虽然与普通市民有所不同，他们喜欢在较为私人化的空间内听官伎或家伎唱词，并经常亲自参与词曲创作，商业色彩较为淡薄，但统治阶级的喜好无疑会对曲子词的进一步流行起到推波助澜的作用。大众对词曲消费客观上的大量需求，加速了唐宋词商品化的进程，为它持续稳定的发展提供了消费市场的保证。

二、都市公共文化空间为唐宋词的传播提供了场地

文娱场所是文化娱乐活动的物质载体，是文娱活动得以实现的基本条件。自古以来，文化娱乐活动大都为特权阶层所垄断，是权贵阶层的专属，其发展受到极大限制。但宋代的大众文化十分发达，随着宋代坊市制的解体，市民娱乐休闲需求的不断增长，宋代的文化娱乐活动逐渐走向商业化、平民化，从而促使勾栏、瓦舍、酒楼、茶肆等各类城市文娱场所建立起来，市民的游乐中心突破了原来的节令时期的寺观局限，转向了经常性的商业性的勾栏瓦舍，文艺休闲活动也由偶然性的行为发展为日常行为。城市的繁荣，商品经济的发展，使新兴的市民阶层对休闲娱乐产生出前所未有的兴趣和热情，进一步推动了城市各种文娱场所的兴盛。词本源

① 孟元老：《东京梦华录·序》，中华书局 1982 年版，第 4 页。
② 孟元老：《东京梦华录·序》，中华书局 1982 年版，第 173 页。

于民间，但唐宋词的商品化过程促使词体深入走向平民大众，成为士庶雅俗、上层社会与下层社会共享的娱乐品。

北宋时期，不管是节日还是非节日，在城市的各个角落，每天都有各式各样的文艺表演活动，“教坊内勾集弟子小儿，习队舞作乐，杂剧节次”[①]。其中文学性方面的活动有小唱、诸宫调、杂剧、说话等，而其中最为引人注目的文艺活动就是唱词。唐宋词作为新兴的通俗文学，以其新鲜的刺激性、鲜明的娱乐性和丰富的情感性，受到各阶层格外的喜爱与追捧。王灼《碧鸡漫志·卷一》曰：“盖隋以来，今之所谓曲子者渐兴，至唐稍盛，今则繁声淫奏，殆不可数。”现代学者王易对宋代歌词演唱业的发展也有一段精练的描述：

宋承周祚，结五季纷扰之局，制礼作乐，自属固然。其时区宇甫靖，文事渐兴。内则教坊云韶，皆备宴飨；外则公私酬酢，动有声歌。故旧曲绵传，新腔竞出。名臣硕彦，抒忠爱之忱；才士文雄，逞敷张之技。或当筵命赋，立被歌喉；或载酒行吟，遂相传写。引商刻羽，妃白抽黄，慢犯日增，情致斯畅。于是两宋词曲之盛，几夺五七言之席，而立文坛一大帜焉。[②]

“繁声淫奏，殆不可数”与“旧曲绵传，新腔竞出”形象地反映了宋代歌词演唱业的繁盛局面，这种广泛的民间的文化娱乐生活，也随着都市的繁荣而更加活跃。另据孟元老《东京梦华录·朱雀门外街巷》记载，北宋京城开封的许多街巷，都设有伎馆以及勾栏、瓦舍等大众休闲娱乐场所，专供广大市民娱乐活动之用。[③] 此类瓦舍等场所，不论风雨寒暑，每天都聚满了观看的人。这些都为词的创作与传播创造了有利的环境，提供了方便的条件。

宋代都市公共文化空间的典型代表首先是酒楼。宋代的酒楼不仅数量多、规模大、装饰华丽，“酒肆百物具备，宾至如归”，而且宋代酒楼茶馆

---

① 孟元老：《东京梦华录》卷五，中华书局1982年版，第133页。

② 王易：《词曲史》，江苏教育出版社2005年版，第67页。

③ 孟元老：《东京梦华录》卷二，中华书局1982年版，第59页。

的功能完全突破了它作为餐饮业自身的内容，成为重要的文化娱乐场所，成为社会各阶层人员的聚散地。酒楼的客人也包罗了整个社会所有的人群，酒楼的顾客中，上至皇帝、朝臣，下至普通文人、平民百姓等，社会阶层特别广泛。沈括《梦溪笔谈》就说宋代“时天下无事，许臣僚择胜燕饮。当时侍从文馆士人大夫为燕集，以至市楼酒馆，往往皆为游息之地”，而且“歌管欢笑之声，每夕达旦，往往与朝天车马相接，虽风雨暑雪，不少减也”。南宋词人刘子翚亦有诗文云“梁园歌舞足风流，美酒如刀解断愁。忆得少年多乐事，夜深灯火上樊楼”，形象地再现了酒楼中歌伎表演热闹喧嚣的场景，并对韶华乐事念念不忘。吴礼之的《柳梢青·席上》生动再现了歌筵酒席间带着些许酒气的快乐与豪爽，流露出时不待我、及时行乐、莫负年华的情绪。请看：

板约红牙，歌翻白雪，杯泛流霞。苏小情多，潘郎年少，欢计生涯。轩窗临水人家，更门掩、青春杏花。百万呼卢，十千沽酒，不负韶华。

唐宋词不仅其传播多在歌筵酒席之间完成，创作也常常在推杯换盏之间实现。酒宴樊楼既是公共文化流转传承之地，也是宋词演唱传播的主要空间，更是许多名篇佳作诞生之所，词人们在互相唱和应答中，既联络了感情，又切磋了技艺，可谓人间快事。且看苏轼的《满江红》：

忧喜相寻，风雨过、一江春绿。巫峡梦、至今空有，乱山屏簇。何似伯鸾携德耀，箪瓢未足清欢足。渐粲然、光彩照阶庭，生兰玉。　　幽梦里，传心曲。肠断处，凭他续。文君婿知否，笑君卑辱。君不见，《周南》歌《汉广》，天教夫子休乔木。便相将、左手抱琴书，云间宿。

其序云：

董毅夫名钺，自梓漕得罪，罢官东川，归鄱阳，过东坡于齐安。因怪其丰暇自得，苏轼于席间问之。董钺曰：“吾再娶柳氏，三日而去官。吾固不戚戚，而忧柳氏不能忘怀于进退也。已而欣然，同忧患若处富贵，吾是以益安焉。”乃令家僮歌其所作《满江红》。东坡嗟叹之，乃次其韵。

这首《满江红》就是苏轼感念董钺夫妻“忧喜相寻”于席间而作。这样的例子在宋词中可谓多不胜举。如韩元吉《霜天晓角·几声残角》就是“夜饮武将家，有歌《霜天晓角》者，声调凄婉，戏为赋之”。可见，酒楼作为开放的公共文化空间在唐宋词传播中发挥着重要的功能与作用。

三、词体的商业化特征为唐宋词的传播消费提供了内在条件

词作为一种文学体裁，其作品必然要经过商业化的过程才能进入消费传播环节，词只有具备了商品的特点才能进入流通领域。还原唐宋词的早期历史，可以说商业化的特质已经渗透到唐宋词创作的各个环节。创作、传播和接受是词作实现其社会功能的三个必要环节，因而，唐宋词的商业性功能也就主要表现在作词、唱词和听词的过程中。

首先是词的创作呈现出商品化趋势。所谓商品化趋势，包含两层意思：一是从词的生产环节来看，有了社会需求就会有大量生产。唐宋时代从上到下、无所不在的享乐风气，造就了一支庞大的由官伎、家伎、市井伎组成的艺伎队伍，她们活跃在城市的各个角落，参与着文人、朝士、商人、市民的日常娱乐生活，陪酒佐欢、唱词跳舞是她们的日常工作。“其中诸妓，多能文词，善谈吐，亦评品人物，应对有度。”[①] 为了在竞争中获胜，她们争相取悦词人以获得新词，于是，为歌伎写词，就成为许多文人创作的动力。对此，史书多有记载：唐代颜令宾“事笔砚，并词句。见举人，尽礼抵奉，多乞歌诗，以为留赠，五彩笺多满箱箧”[②]。北宋时“张子野老于杭，多为官妓作词”[③]，“东坡在黄冈，每用官奴佑觞。群姬持纸乞歌词，不违其意而予之”[④]。有的词人甚至专为歌伎或教坊写词，如唐代李益“每作一篇，为教坊乐人以赂求取之，被声歌，唱为供奉之词”[⑤]，柳永

---

① 罗烨：《醉翁谈录》，古典文学出版社 1957 年版，第 35 页。

② 孙荣：《北里志》，《唐五代笔记小说大观》，上海古籍出版社 2000 年版，第 1408 页。

③ 陈师道：《后山诗话》，《历代诗话》，中华书局 1981 年版，第 314 页。

④ 周辉：《清波杂志》卷五，《宋元笔记小说大观》，上海古籍出版社 2001 年版，第 5063 页。

⑤ 刘煦等：《旧唐书·李益传》，中华书局 1979 年版，第 3771 页。

为歌伎作词以换取生活费用等。二是从词的消费环节看，词的创作在一定程度上遵循商品生产的法则，消费者的好恶已经成为决定作品内容的重要力量。流行于勾栏瓦舍、茶坊酒楼的各种技艺表演都与商业行为有关，艺伎们凭借自己的才艺，收取报酬、维持生计，不仅歌伎将唱词活动直接作为文化产品出售，以获取生活之资，商家也以唱词为商业手段，通过唱词来扩大商业影响，从而间接获利。这种现象在曲子词的初起阶段，表现得更加突出明显。我们依然可以通过各种文献记载略见一斑。如崔令钦《教坊记》记载：

苏五奴妻张四娘善歌舞，有邀迓者。五奴辄随之前。人欲得其速醉，多劝酒。五奴曰：但多与我钱，吃槌子亦醉，不须酒也。[①]

这便是艺人应邀到私人宅院唱词卖艺的实录。唐代诗人王建《观蛮妓》诗云："欲说昭君敛翠蛾，清声委曲怨于歌。谁家年少春风里，抛与金钱唱好多。"记述了女艺人以卖唱来博取钱物的情形。到宋代，艺人以唱词为生的情况已经十分普遍，从业者遍布都市的大街小巷、茶坊酒楼和勾栏瓦舍，酒楼卖唱者"有小鬟，不呼自至，歌吟强聒，以求分支"[②]。又如明冯梦龙《警世通言》第二十卷《金鳗记》就说歌伎庆奴"出去诸处酒店内卖唱，趁百十文把来使用"，更详细地描述了大雪、小雪在南京御勾栏演唱场面：

大雪先唱一曲名《浪淘沙》……小雪继唱一曲名《蝶恋花》……小雪持过红盘子，下台遍问众人索缠头钱。豪客、官家各争赏赐。[③]

另据叶梦得《避暑录话》记载：柳永"为举子时，多游狭邪，善为歌

① 崔令钦：《教坊记》，《唐五代笔记小说大观》，上海古籍出版社 2000 年版，第 125 页。

② 周密：《武林旧事》卷六，中华书局 2007 年版，第 160 页。

③ 侯忠义：《明代小说辑刊》第 2 辑，巴蜀书社 1995 年版，第 785 页。

辞。教坊乐工，每得新腔，必求永为辞，始行于世，于是声传一时”[①]。类似的记载还见于罗烨的《醉翁谈录》：“耆卿居京华，暇日遍游妓馆。所至，妓者爱其有词名，能移宫换羽，一经品题，声价十倍。妓者多以金物资给之。”由此可见唱词行为与货币直接交换的商品化过程。如果说歌伎靠唱词换取生活所需还是在其职业范围之内，而词人出售词作则从更深的层面说明了词的商业性特点。

因此，庞大的词作欣赏消费群体、专业开放的公共文化传播空间、唱词承欢侑酒的享乐风气和词人去道德化的创作态度，为唐宋词的传播营造了一个顺畅的氛围。

第二节　歌伎与唐宋词传播

所谓“歌伎”，是指古代以歌舞为业的女子，是为客人提供娱乐服务的特殊人群。歌伎作为一种古老的职业，是伴随男权社会、商业经济发展起来的特殊阶层，从业者一般都是经过挑选训练的，不仅要容貌姣好，还要集歌、舞、乐等技能于一身。歌伎作为专门以歌艺服务于社会各阶层的职业始见于唐代。唐代王仁裕《开元天宝遗事·隔障歌》云：“宁王宫有乐妓宠姐者，美姿色，善讴歌。”到宋代，歌伎已经发展成为一个庞大的社会群体，宋代也建立了完善的歌伎制度，成为广泛活跃于社会生活各个领域的特殊人群，对宋代社会的文化创作与传播作用产生过深远影响。

一、唐宋歌伎制度

两宋时代，歌伎盛行。宋代的歌伎大体可分为官伎、家伎、私伎三种。她们分布在社会的不同角落，为不同的人们服务。

官伎：宋代的官伎是指由官府直接控制的歌伎，包括北宋时期的朝廷

① 叶梦得：《避暑录话》卷三，《宋元笔记小说大观》，上海古籍出版社2001年版，第2629页。

教坊伎和各州县官府管理的营伎。宋代设立官伎，是出于对官吏任职时未携带眷属这类情况的考虑。官伎是有身价的，也有服务期限。官员离任若要带走官伎，需要付钱给官府。官伎以歌舞技能服役于州府县衙，每当官员宴饮或迎来送往之时，总要找她们来唱词佐酒，这在宋代已成为一种约定俗成的社交仪式。在军营中服务的歌伎称为“营伎”，这在汉代的军营中就开始有了。营伎主要供军事长官及士兵们享乐，一般由勾栏乐伎轮流担任。宋初也有以敌方眷属为伎的。勾栏乐伎服务于武臣、军士，为期一个月。若不愿去的，可以交钱给官府，官府可另以犯罪之人的女性眷属充当营伎。对此，北京大学教授邓之诚在《骨董琐记》中有详细记载：“宋太宗灭北汉，夺其妇女随营。是为‘营妓’之始。后复设‘官妓’，以给事州郡官幕不携眷者。‘官妓’有身价五千，五年期满，妇原寮，本官携去者，再给二千，盖亦取之勾栏也。‘营妓’以勾栏妓轮值一月，许以资替，遂及罪人之孥，及良家系狱候理者。甚或掠夺，诬为盗属以充之，最为秕政。南宋建国，始革其制。”可见，官伎的主要来源也以勾栏中的乐伎为主，一般称之为歌伎。同时，还有大宗歌伎是由于买卖而来的，比如北宋时代的杭州，买卖良家妇女为娼非常盛行，到南宋则出现了专门经营买卖娼妓的“娼侩”，将卖良为娼的事合法化，而官府也是默许的。可见，官伎的来源、成分也比较复杂。

家伎：宋代士大夫在官府有官伎歌舞侑觞，在家则蓄养家伎，每逢私人聚会或自娱自乐之时，便由这些精心调教的家伎来唱词助兴。这也是宋代士大夫阶层私人生活中最为流行的一种娱乐方式。家伎不仅是宴饮的重要参与者，并且也是主人家的“门面”，宴饮中的“色彩”。士大夫们蓄养家伎，一般数量上都不只一二人，有时多达十几人或几十人，甚至数百人。这些家伎，不仅在宴饮中要起到佐酒娱乐的作用，她们往往也是主人的侍妾。据载，宋朝开国之初，宋太祖为笼络士大夫曾公开鼓励大臣“多置歌儿舞女，日饮酒相欢”[①]。一时间，朝野上下皆溺于伎乐，上至宫筵豪门，下到勾栏瓦舍，宴乐成风，声乐歌舞相伴，在声色歌舞的享乐中安度太平盛世。此时，宋代士人蓄养家伎渐成气候，不仅一般的文人如此，据吕本中《轩渠录》记载：“东坡有歌舞妓数人，每留宾客饮酒，必云有数

---

① 司马光：《涑水纪闻》卷一，中华书局1989年版，第12页。

个擦粉虞候，欲来祗应也。”就连“先天下之忧而忧，后天下之乐而乐”的范仲淹也蓄养歌伎。他在鄱阳做官时看中了一位雏伎，因年幼不便买回，改官离去后始终不能忘怀，于是写信给朋友魏介。后来魏介出钱把这位歌伎买下来送给他，才算释然。这段故事在吴曾的《能改斋漫录》中有记载。虽然家伎的活动空间和服务对象跟官伎不尽相同，但她们有一项重要职能是与官伎一样的，就是在文人士大夫的娱乐、社交活动中以歌舞佐酒、以曲词娱宾。

商伎：是指官伎、家伎以外的市井歌伎。宋代歌伎阶层中人数最多的当属商伎。宋时狎妓之风盛行，上至官吏军士，下至平民百姓，凡是宴饮或是娱乐性社交场合，必有歌舞伎表演助兴。饮酒行令、歌舞作乐中，总少不了歌伎乐伎相陪伴，酒与色在这里原是不分家的。所以除了官伎、家伎外，宋代还有专供人玩乐的市井伎，这些市井伎也是姿色出众，且擅长歌舞的。宋代的大部分名伎不是出自官伎或士大夫阶层蓄养的家伎，而是出自勾栏瓦舍的市井伎。

官伎、家伎、商伎在宋代男性社会中，组成了一个“美人王国”。这里没有父权的制约，没有法令的阻拦，也没有道义的羁绊，因此成为包括帝王、官宦、士大夫文人、商人在内的男性的浪漫天堂。宋代城市中的歌伎活动范围非常广，城中的妓馆、酒库、瓦舍、茶坊、酒楼、歌馆中，都有歌伎的活动，或陪客侑酒，或吟诗作对，歌伎成为休闲、娱乐的基本要素出现在所有的城市娱乐活动中。据《东京梦华录》记载：“凡京师酒店门首，皆缚彩楼欢门。……南北天井两廊皆小阁子，向晚灯烛荧煌，上下相照，浓妆妓女数百，聚于主廊屋上，以待酒客呼唤，望之宛若神仙。”① 妓女歌唱侑觞成为一种具有时代特点的娱乐方式和社交行为。可以说，是唐宋发达的城市经济和耽于逸乐的民风催生了歌伎行业，推动了歌伎制度的完善，也触发了歌伎与词人、词作的密切关系。

二、歌伎是唐宋词的第一传播者

唐宋歌伎与词人关系密切，对唐宋词的创作、传播、发展影响深远，

---

① 孟元老：《东京梦华录》卷二，中华书局1982年版，第71页。

这是一个不争的事实。胡适先生就说："词起于民间，流传于娼女歌伶之口，后来才渐渐被文人学士采用，体裁渐渐加多，内容渐渐变丰富。"[①] 现代著名历史学家万绳楠先生也说：词"由唐诗一变而为宋词，宋词一变而为元曲，最大的功臣应该说不是文人而是妓女"[②]。可见歌伎在唐宋词发展中的重要作用。

歌伎对唐宋词的重要影响首先表现在唐宋词的传播过程中。作为唐宋词创作与接受之间的中介，歌伎是唐宋词的第一传播者。众所周知，不同体裁的文学作品，其传播方式也不尽相同。一般来说，诗文传播主要是通过文本作书面文字的传播，即凭借抄本、刻本等文本的流传而实现其传播的目的。而唐宋词作为一种富有节奏的音乐性、抒情性、娱乐性的文学体裁，往往在秦楼楚馆、花间樽前的特殊环境中诞生，词的传播与词的创作往往是即时进行的，所以相对于书面传播而言，词的传播具有即时性、时效性和互动性的特点，所以最适宜的传播方式还是披之管弦，传之歌喉。用词人自己的话来说，就是"自作清歌传皓齿"和"小词流入管弦声"，在这样的特定条件下，歌伎往往是词作的第一传播者。我们可以从歌伎与词家的关系、词作的创作与传播实践等方面来考察歌伎作为唐宋词的第一传播者的地位与作用。

歌伎作为唐宋词的第一传播者首先是缘于歌伎与词家密切的关系。如前所述，宋代是歌伎发展的鼎盛时期，士大夫文人蓄养歌伎是当时社会流行的普泛化行为，无论是词人的日常生活还是公务活动，歌伎经常陪伴在词人左右，而歌伎存在的一个重要职能就是陪伴文人士大夫在各种娱乐、社交活动中以歌舞佐酒、以曲词娱宾。所以一般情况下，文人作词后多由家伎的演唱来检验其音乐性。在借歌伎的要眇之音展示自己的才情的同时，词人也需要通过歌伎的演唱来进一步审视和观照自己的作品，从而使之在文辞和韵律的结合方面更趋谐和。刘克庄就说"词当叶律，使雪儿春莺辈可歌"，张炎《词源》记载他父亲张枢依家伎的演唱效果而三改其词的故事，这就是一个非常典型的例子。

歌伎的传播多出于歌筵酒席之间。有宋一代民风耽逸，词作为一种倚

---

① 胡适：《词选·序》，中华书局2007年版，第2页。

② 万绳楠：《中国娼妓漫话》，黄山书社1996年版。

声而唱的文学，词人常在酒席间随意写付歌儿舞女浅斟低唱。欧阳炯即公开宣称，编辑《花间集》就是为宴会上的演唱提供一个新唱本。《醉翁琴趣外篇》是宋代流传下来的一个通俗唱本，据说它也是欧阳修为供歌伎演唱而编造的。应该说这类演唱无论是经由官伎、家伎还是私伎都有利于词的传播。就官伎而言，在官府举办的宴会上，歌伎常常向在座的名士乞新词，得到了新词不但可以当筵演唱，也可以提高身价。词人自然乐意为绝色的歌伎填词，因为这也是显示才情和张扬名声的机会，很多词人就是因为在这种场合下写作了传唱一时的作品而随之名扬天下。就家伎而言，宋代达官贵人、士大夫多以声伎自娱。尤其是在宴会上，更是少不了歌伎唱词助兴。欧阳修《玉楼春》“青春才子有新词，红粉佳人重劝酒”，苏轼《减字木兰花》“妙词佳曲。啭出新声能断续，重客多情。满劝金卮玉手擎”等词句就是明证。其他词人的词作中也有不少歌伎即时歌唱新词的描述。张先的《碧牡丹·晏同叔出姬》词就曾写道：“步帐摇红绮。晓月堕，沉烟砌。缓板香檀，唱彻伊家新制。”词中所写即是歌伎在晏殊招待张先的宴会上歌唱晏殊新词的情景。辛弃疾亦云“每宴，必命侍妓歌其所作”。南宋初的蒋璨，每逢“客至命酒，即席赋长短句，畀歌者持杯劝侑，巧丽清新，不袭蹈前人一言一句”。苏轼知徐州时，黄河决堤。苏轼率军民筑堤防洪成功后，在上巳日开宴庆贺，东坡即席赋《满江红》（东武城南），“俾妓歌之。座客欢甚”。歌伎的当场演唱，使词不依赖于抄本、刻本等词集媒介，而直接传唱给现场的听众，时效性强。如晏几道《小山词自序》中的“每得一词，即草授诸儿”，也表明这些词是在宴会上随声随写的即时之作，歌伎的传唱与词人的创作是同步进行的。

以歌伎的声音为第一传播的特殊传播方式，还引发了歌伎之间争抢新词的局面。因为从艺活动具有颇为浓厚的商业化倾向，歌伎之间也存在着竞争。谁要是能够率先得到名家的词作，尤其是一些专为应歌而作的词，她们就可以身价倍增。柳永就是被众多歌伎追逐的对象之一，歌伎们“每得新腔，必求永为词”。因为她们“爱其词名，能移宫换羽，一经品题，声价十倍”。如柳永的《满朝欢》词云：“因念秦楼彩凤，楚观朝云，往昔曾迷歌笑。”歌伎的当场演唱，自然使这些新创作的词以最快的速度流传。当然，由于传播环境的不同，词的接受者也有所不同。在贵族的家宴或聚会等一些规模较小的场合，词的接受者，大都是一些文化水准较高的士大夫，包括词作者本人在内。而在另一种环境中，如勾栏瓦舍及酒楼茶馆，不仅规模较大，而且对象也以市民为主，“歌管欢笑之声，每夕达旦，往往与朝天车马相接。虽风雨暑雪，不少减也”。歌伎在这种场合的唱词，从传播的角度来说，其意义更大。

歌伎作为词作的第一传播者，对词作和词人的意义重大。歌伎唱词，实际承担的是词家代言人的角色。所以歌伎在唱词过程中不仅要将词作的音律传递表达出来，更要融入自己对词作的理解、融入自己的情感，使词中所表达的感情深入接受者的心灵。柳永的《雨霖铃》就借助歌伎的演唱，通过乐音运动和繁复变化的节奏旋律而广泛传播，作者心中所蕴涵的那种“剪不断，理还乱”的愁思，那种欲说还休、黯然销魂的痛楚，便从歌伎如泣如诉的演唱中表现出来。可以说，歌伎此时成了词人柳永的代言人，唱出了词人词中所蕴涵的感情，引起了接受者的共鸣，使他们更深刻地理解到作者哀怨忧伤的离别之情。《古今词话》中刘浚为京师官伎杨素娥所作《期夜月》词就细致生动地描绘出了歌伎声情并茂唱词的情景：

金钩花绶系双月。腰肢软低折。揎皓腕，萦绣结。轻盈宛转，妙若凤鸾飞越。无别。香檀急扣转清切。翻纤手飘瞥。催画鼓，追脆管，锵洋雅奏，尚与众音为节。　　当时妙选舞袖，慧性雅质，名为殊绝。满座倾心注目，不甚窥回雪。纤怯。逡巡一曲霓裳彻。汗透鲛绡湿。教人与，傅香粉，媚容秀发，宛降蕊珠宫阙。

从词人角度审视词体的创作过程，词人也常常成为歌伎的代言人。我们常说“词为艳科”。艳情、爱情、恋情是贯穿唐宋词史的一条主线，唐宋词人的创作大都围绕爱情这一永恒的主题。所以歌者往往喜欢唱那些与她们情趣相投、才貌互赏并尊重她们、怜惜她们的男子的词作。所以既有词人“平生愿，愿作乐中筝。得近玉人纤纤手，研罗裙上放娇声，便死也为荣”（崔怀宝《忆江南》）的欲望和恋情，也有歌伎“便好相携，同楼深处吹箫”（欧阳修《减字木兰花》）的追求和期盼。很多宋代文士与歌伎之间有情恋交往。他们在仕途失意时，以为“倚红偎翠”，就可以胜过“白衣卿相”，陶醉在那些仪态万方、风情绰约的歌伎之中，歌与舞的艺术感染与情感的释放将他们与歌伎的心理距离拉近了，出于一种“同是天涯沦落人”之感，他们把歌伎作为感情寄托的对象。从这个意义看，歌伎跨越了传播者与作者情感上的隔膜，抒自己的情，说自身的事，更多了几分真挚与情感，这种将作者、传播者合而为一的传播将大大增加词作的感染力，增加传播的有效性。正如宗白华先生所说：“艺术意境不是一个单层的平面的自然再现，而是一个境界层深的创构。从直观感相的模写，活跃生命的传达，到最高灵境的启示，可以有三层次。”[①] 歌伎对唐宋词的传播过程，从本质上看，也是一个由浅入深、由演唱到艺术再创造的过程。

三、歌伎是唐宋词创作与传播的中介

词的演唱，历来推重女声，这是历代词学家的共识。刘克庄在《题刘澜乐府》和《翁应量乐府序》中就分别说过“词当叶律，使雪儿春莺辈可歌，不可以气为色”，又说“长短句当使雪儿、啭春莺辈可歌，方是本色”。因为“长短句宜歌不宜诵，非朱唇皓齿，无以发要眇之音”（王炎《双溪诗余自序》），以致“古人善歌得名，不择男女。……今人独重女音，不复问能否。而士大夫所作歌词，亦尚婉媚古意尽矣”[②]。另有号称“苏门六君子”之一的李廌见一善讴老翁，便以戏谑口吻戏作《品令》曰：“唱歌须是，玉人檀口，皓齿冰肤。意传心事，语娇声颤，字如贯珠。老翁虽是解歌，无奈雪鬓霜须。大家且道，是伊模样，怎如念奴。”此话虽为戏语，但也从另一个侧面印证了当时人们“重女音”、“尚婉媚”的审美时尚，说明了时人将唱女性、女性唱视为词体“正宗”的社会基础。这种审美嗜好和传播方式，必然将词和歌伎的关系推到一个相互依存的层面，有词必有歌伎，有歌伎必诵词曲，一时，文人大臣畜妓纳妾成风，职业的歌伎也应运而生。“文章宗师”欧阳修曾这样描述自己听歌时的心理体验：

> 歌檀敛袂，缭绕雕梁尘暗起。柔润清圆，百绯明珠一线穿。　　樱唇玉齿，天上仙音心下事。留住行云，满坐迷魂酒半醺。
>
> ——《减字木兰花》

---

① 宗白华：《中国艺术意境的诞生》，《宗白华全集》，安徽教育出版社 1994 年版，第 365 页。

② 王灼：《碧鸡漫志》卷一，唐圭璋《词话丛编》，中华书局 1986 年版，第 79 页。

在唐宋词传播的过程中，歌伎作为唱词及乐舞艺术的主要表演者，靠口传身授，将词作者与听众联系起来，成为传播者与受众之间的中介。对于合乐而歌的词来说，歌伎不仅是歌舞的载体，同时也是词作内容的载体。众多词人的词作通过重要的传播中介——歌伎的演唱流传开来，不仅扩大了词的娱乐功能，使受众群大大增加，而且也扩大了词人的影响，使词人及词作流传后世，经久不息。

两宋时代词的接受者，大多是在公私宴集、茶楼酒馆等娱乐场所中，群体共同视听，通过歌伎的唱词及歌舞表演，词人与演唱者之间、演唱者与听众之间、听众与词之间，会产生一种相互感染激发的情绪氛围，具有特别强烈的"现场感"。这种三维互动，是通过歌伎这一传播中介形成的。如张先《泛青苕》词唱道："吴娃劝饮韩娥唱。竞艳容，左右皆春。"欧阳修《减字木兰花》词也写道："歌檀敛袂，缭绕雕梁尘暗起。柔润清圆。百琲明珠一线穿。樱唇玉齿，天上仙音心下事。留往行云，满坐迷魂酒半醺。"向子諲《浣溪沙》也写过他听歌时的感受："歌罢碧天零影乱，舞时红袖雪花飘。几回相见为魂销。""左右皆春"、"满坐迷魂"和"几回魂销"，从不同的角度表现了当时现场受众的艺术感受：这里既包含受众对词作的欣赏，也包含对歌者演唱技艺的认同，还包含与词作者产生的情感共鸣。这其中歌伎所发挥的作用不可小觑。以下两个故事也可体现歌伎在传播者与受众之间所起的中介作用。

苏子瞻守杭州时，毛泽民为法曹，公以常人遇之。而泽民与妓琼芳者善。及（毛）秩满辞去，作《惜分飞》词以赠妓。子瞻一日宴客，闻妓歌此词，问谁作，妓以泽民对。子瞻叹曰："郡有词人而不知，某之罪也"。翌日，折简邀请回，欢洽数月。

——田汝成《西湖游览志》

柳三变与孙相何为布衣交。孙知杭，门禁甚严。三变欲见之不得，作《望海潮》词，往诣名妓楚楚曰："欲见孙相，恨无门路。若因府会，愿朱唇歌之。若问谁为此词，但说柳七。"值中秋夜会，楚楚宛转歌之，孙即席约耆卿预坐。

——徐纨《词宛丛谈》

从上面两则材料看，琼芳在毛泽民与苏东坡之间，楚楚在柳永和孙何之间所起的中介作用是不言自明的。其区别就在于，琼芳在苏东坡面前唱《惜分飞》是无意而为之，而柳永请楚楚在孙何面前唱《望海潮》，显然是认识到了歌伎的职业优势，有意利用歌伎这一中介达到自己的目的。

词作为一种音乐文学，通过演唱得以广泛传播，是其重要特征之一。宋词由于歌伎的高超演唱而迎合了宋人的审美情趣，并进而成为宋人生活中一个颇为重要的组成部分，也使得它比同时期的说唱、杂剧、影戏等技艺更受欢迎。可以说，词与歌伎形成了相互依存的亲缘关系，没有词，歌伎们就失去了作为特殊职业的演唱技艺；没有歌伎，词便不能充分为民众所欣赏也不能广泛传播，无法实现宫廷与民间、文人与市民之间的文化交流，所以歌伎客观上起到了传播推广词体的作用。同时，在日积月累的传播中，歌伎的文化修养、作词能力也得到培养，“故能词者十之八九”，仅载于《词苑丛谈》等辞书的妓女词就不计其数。青史留名的严蕊、赵真真、李师师等，都是色艺俱佳、善词曲的才女，据统计，这类由妓女创作的词在宋词中有几百首之多。兹录三则如下：

蜀娼类能文，盖薛涛之遗风也。陆放翁客自蜀挟一妓归，蓄之别室，率数日一往。偶以病稍疏，妓颇疑之，客作词自解，妓即韵答之云：说盟说誓，说情说意，动便春情满纸。多应念得脱空经，是那个先生教底。不茶不饭，不言不语，一味供他憔悴。相思已是不曾闲，又那得工夫咒你。①

营妓马琼之归朱端朝。朱官南昌尉，琼之以雪梅扇面，写《减字木兰花》寄之，词云：雪梅妒色，雪作梅花相抑勒。梅性温柔，雪厌梅花怎起头。芳心欲诉，全杖东君来作主。传语东君，早与梅花作主人。②

杭妓乐苑与施酒监善，施尝贻以《卜算子》词，乐苑答之云：“相思似海深，旧事如天远，泪滴千千万万行，更使人愁肠断。要见无因见，了拼终难拼。若是前生未有缘，待重结、来生愿。”③

虽然这些词还谈不上有很高的艺术成就，但写得情真意切，富有感染

① 周密：《齐东野语》卷十一，中华书局1983年版，第195页。

② 瞿佑：《寄梅记》。

③ 徐釚著，唐圭璋校注：《词苑丛谈·纪事》，上海古籍出版社1981年版，第174页。

力。宋代歌伎大多富有才情，作词能对客挥毫，倚马可待；唱词能触景生情，熟悉词的意义和曲拍，演绎得悱恻动人，在推广、普及词方面，起到很大作用。可以说，在传播过程中，唐宋词人、词作与歌伎舞女之间，建立了密切的关系，形成相互依存的共存关系，共同完成了词的创作过程。从这一意义看，青楼歌伎是词体得以繁衍、传播、兴盛的温床，是文人词家才思艳情得以引发抒写的艺术渊薮。正如郑振铎先生所说：

> 词在这时——北宋——已达黄金时代了。作家一作好了词，他便可以授之歌伎，当筵歌唱，十七八女郎执红牙檀板，歌杨柳岸晓风残月，这个情景，岂不是每个文人学士所最羡喜的？凡能作词的无论文士武夫，小官大臣，便无不喜作词。像秦七，像柳三变，像周清真诸人，且以词为专习。柳三变更沉醉于妓寮歌院之中，以作词给她们唱为喜乐。所以我们可以说一句，在词的黄金时代中，词乃是文人学士的最喜用之文体，词乃是与文人学士相依傍的歌伎舞女的最爱唱的歌曲。[①]

可以说，促成宋词的黄金时代的不仅有词人，还有歌伎舞女，她们的功劳是不可忽略的。

---

① 郑振铎：《插图本中国文学史》第三册，人民文学出版社 1982 年版，第 475 页。

第七章

唐宋词闲雅冲淡的审美特征

宋词能够成为与唐诗并列的一代文学流芳百世，历经千载而传颂不衰，其中重要原因就是它独特的审美特征和价值取向。作为一种起源于音乐的抒情文学，宋词以委婉之笔，抒内心之思，以娴静、幽美的意境区别于其他艺术门类，以“闲雅”的审美特质独立于艺术之林。透过以抒写美人、游赏、宴饮为主要题材的作品，穿过宋词纯净雅致、婉约妩媚的意境，我们不难领略宋代词人休闲、富贵、唯美的生活情趣，感受宋词与传统诗文道统迥异的审美价值。这是宋人对文学功能的一种开掘，也是宋人关于享乐意识下人性的深度觉醒。如果把中国封建社会视为一个有机生命体，那么，宋代文化已是人到中年，明显呈现出生命成熟期的诸多特征。理性、内敛、深沉，这种文化特征影响到附着其上的文学思想，也表现出人到中年之后的圆熟、厚重、内倾、尚理等各种成熟型智慧特色。宋人的智慧类型可归纳为内省型智慧，如果说唐代文人豪放不羁、激越浪漫，大多于自然山水界的山水草木和现实时代的火热生活中润泽文心，那么宋代文人则从人文资源中吸取养分以陶冶自己的文思。其艺术思维方式也表现为内倾观照的倾向。与此相对应，从整体上看，宋人审美趣味的主流追求也呈现出一种中年之后闲旷、淡朴、圆润的成熟色调。简要来说，有老成之理性美，平淡之闲旷美，纤细之幽微美。三者互有联系，又可独立存在。

第一节　宋代文人理性沉潜审美心态的文化背景

一、宋词与理学互存互动的哲学背景

当代著名学者朱光潜先生曾经说过：“诗虽然不是讨论哲学和宣扬宗教的工具，但它的后面如果没有哲学和宗教，就不易达到深广的境界。”①纵观中国文学史，哲学和宗教对文学的深层影响，体现在任何朝代的任何作品中，不仅影响并决定了作家的艺术思维模式和审美意识，同时也赋予

① 朱光潜：《朱光潜全集》之《诗论》，安徽教育出版社 1987 年版，第 78—79 页。

了艺术独特的审美内涵和美学风格，形成特定时代独特的文学景观和独特的风格面貌。宋词也难出其右。正是在这个意义上，王国维先生说“一代有一代之文学”。所以要追寻宋代士大夫文人精神世界的内在机制，透过唐宋艺术迥异的风格面貌，探究“唐音宋调”中潜藏着的审美文化心理机制转化的问题，我们就有必要进入中国哲学思想发展史上重要的一环——宋代理学思潮。

我们知道，宋代是个尚理求雅的时代。现代学者徐复观先生就用“理性反省”来概括宋代的文化精神，并将宋代“理性反省”的人文精神视为宋代文化区别于唐代文化的基本精神。理学肇始于北宋初年，至南宋大昌，明代又掀起一个发展高峰，故通常称之为宋明理学。宋代统治者在建国之初，为了稳固政权，力图重振封建伦理纲常，因此致力于弘儒尊统。上至君主官臣，下至庶民寒士，读经诵典蔚然成风。以讲求伦理规范和道德修养为核心的理学正是在这样的时代背景下发展起来的。理学是一个深奥复杂的哲学世界，它有一套完整的体系，我们很难在一个小篇幅里讲解清楚。但理学以“理”命名，实际上已经昭示了理学的基本精神内核——求理精神。在理学家的思想观念中，“理”是统摄万物的最高存在，是万物“所以然”和“所当然”的依据。天下之物，无论自然的或是人为的，都是有理可循的，且理在物之先。朱熹就认为在超现实、超社会之上存在一种标准，它是人们一切行为的标准，即“天理”。只有“格物致知”、“格物穷理”，发现天理和遵循天理，才是真、善、美。而破坏这种真、善、美的是“人欲”，必须革除。所谓“存天理，灭人欲”就是要强化内在修养以符合顺应这个“理”。艺术思想上，也强调美是形式美和道德善的统一。基于美是外在形式的美和内在道德的善相统一的观点，朱熹和他的弟子对早期的艳词表现出明显的批评和排斥态度，认为文与质、文与道和谐统一才是完美的。[①] 这种思想对词体发展影响深远。

宋词与理学，一个是一代之文学，一个是一代之学术，一言情，一主理，二者似乎格格不入，我们甚至从未想过将它们联系起来放在同一层面考察。究其原因，恐怕还在于我们习惯于用板块思维的方式来考察包括文学、文化在内的社会现象，将活生生的原生文化现象看作简单的文化组合

---

① 朱熹：《四书章句集注》，上海古籍出版社 2006 年版，第 67 页。

体，而忽视了漂浮在表层的诸种板块之下原生形态的统一性、整体性，忽略了生成诸种文化现象的原动力。我们只要深入分析宋代士人心理文化机制生成的深层社会土壤，就不难看到宋词与理学两大板块之间有着深层的统一，甚至宋代所有的文化现象都有着深层的统一。这种统一来自于创造这种文学与文化现象的主体，来自于宋词与理学的创造者和实践者，来自于有宋一代士大夫文人自身固有的“庶民性”色彩和士大夫群体精神尚雅求德、追求道德超越的士本性特征，来自于集儒、文、官于一体的宋代文人主体心理结构的二重性特征。

宋代士人是一个具有“近世精神”的文化集群。和以往的士人集群相比，他们大多既是通过科考入仕的朝廷命官，又是名震一方的文学大家，还是理学的倡导者和实践者，如白居易、晏殊、王安石、欧阳修、苏轼、辛弃疾等。多种身份的集合不仅使他们具有了更多的话语权，在文化、宗教、文学等方面起着引领示范作用，更令他们以自身的创作实践引导着时代精神的方向。在他们的身上，一方面拥有伴随赵宋王朝庶民政治力量崛起而衍生的包容精神，他们接受包括俗世享乐、俗世情怀、俗世物态在内的一切现世享乐与现世精神；另一方面，他们对现实生活又有着强烈的怀疑精神、批判精神、忧世精神、尚理深思的内敛精神。这是植根于赵宋“文人政治”，由宋代物质生活优越化、政治生活开放化、精神生活自由化的社会土壤培育滋生出来的一种主体意识高昂和个体精神舒放的综合文化心态的表征。宋人这种群体精神使得宋人以前所未有的诗人的自信与哲人的豁达超逸审视世间的一切。大至“格物致知”，以思辨禅悦完善自我以实现修身、治国，小至肉体层面的存思内敛、超越生命的有形束缚，以追求个体永恒。这就形成了宋代士人精神的种种矛盾：养生与惧死、超越与自卑、大我的忧世与小我的官本位、立德立言的永恒价值与及时行乐的浅俗观念、厚德载物的复古方正与嗜狎恋艳的享乐情怀……一方面是立德立功立言之儒家三不朽的努力，承担为人子为人臣之世间责任，这是他们对先儒“外王”努力的继承与弘扬。另一方面则是努力于个人“后花园”的建构和开拓，借生命智慧开拓出一片绿茵缤纷、花朵烂漫的精神后花园以润泽生命、颐养情性，进行生命失意时的自我救赎，如范仲淹以儿女柔情平衡道德律令对自我的严苛要求，以之救赎政治领域无可避免的挫折、失意、倾轧带来的精神伤痕；以“人生自古谁无死，留取丹心照汗青”彪炳青史的文天祥，日常生活中也是“性豪华，平生自奉甚厚，声伎满前”[①]；苏轼也以风花雪月来抚慰宦海沉浮和仕途的颠沛。可见，具有近世色彩的文化价值观念促使宋人的文化人格日益成熟，他们不再是只求事功的单面人物，不再是生命枯窘乏味的道德理念之图解，不再是秉持单维价值观的扁平体，而是力求成为人格侧面丰富、具有活泼生命精魂的圆形人物。柳诒徵《中国文化史》指出：“盖宋儒真知灼见人之心性，与天地同流。故所言所行，多彻上彻下，不以事功为止境，亦不以禅寂为指归。”[②] 种种多元集合的特点使得宋代士人的生活呈现出“外儒内俗”的矛盾统一，宋代士大夫文人丰富而多棱的精神世界叠合成富有近世精神的多元集合体，也使宋代文化呈现出鲜明的近世特征，在中国文化史上独领风骚。著名国史家陈寅恪称：“华夏民族之文化，历数千载之演进，造极于赵宋。后渐衰微，终必复振。[③]”邓广铭先生也指出，宋代文化是“已经达到了登峰造极的高度的”，“宋代文化的发展，在中国封建社会历史时期之内达于顶峰，不但超越了前代，也为其后的元明之所不能及”，并强调这是“无可争辩的事实”。[④] 宋词与理学就是在这种矛盾的文化背景下孕育成长的。

宋词与理学，作为生成于同一文化主体的两种文化形态，从一开始就有着互斥互动的特征，以一种胶着状态牢固地存在于宋代士大夫文人的精神结构中。唐末宋初，人们视小词为末流，“上厕则阅小辞”[⑤]，“韩黄门持国（维）典藩，觞客，早食则凛然谭经史节义及政事设施；晚集则命妓劝酒，尽欢而罢”[⑥]。作为欣赏主体同时也是创作主体的宋初士人阶层，在理学尚未昌明的宋初，只能将词作为私下唱和侑酒承欢的工具，在其“外儒内俗”的二重心理结构中，处于隐秘的偷偷践行的范畴。我们查阅统计《全宋词》也可发现，在收录的19 900余首词作中，仅有一小部分是理学

① 文天祥：《指南录》后序。

② 柳诒徵：《中国文化史》，上海古籍出版社2001年版，第578页。

③ 陈寅恪：《宋史职官志考证序》，《金明馆丛稿二编》，上海古籍出版社1980年版，第245页。

④ 邓广铭：《序列》，陈植锷：《北宋文化史述论》，中国社会科学出版社1992年版，第1、7、8页。

⑤ 欧阳修：《归田录》卷二，三秦出版社2003年版，第114页。

⑥ 周辉：《清波杂志》卷十，中华书局1994年版，第445页。

复兴之前的作品，说明北宋初年，宋词仅仅是作为消遣娱乐的小技，存在于世人的私生活中。但是伴随着理学的复兴，理学在培养开拓士人怀疑精神、批判精神、创新精神的同时，对士人的情感也起到催化升华、滋养润泽的作用。崇尚理性的过程本质上就是情感开发的启蒙过程，是解放思想、突破禁区的过程，而反过来，情感层次的多元开发也有效地激发了理性思维的诞生。可以说，理学的复兴无论是从学术层面还是思想层面抑或生活层面看，都是一场人文思想的大突破大解放，它冲破了既有的价值体系与价值观念，冲破了人的肉体世界与精神世界的种种禁区。其价值远远超出纯学术的范畴而成为富有人文色彩的文化启蒙，甚至被学者冠以“中国的文艺复兴运动”。日本学者堺屋太一在《知识价值革命》一书中说：“10 世纪到 11 世纪后半叶北宋鼎盛时期是近代型高速经济增长与合理精神充溢的‘东洋文艺复兴’，甚至是超越它的‘亚近代’。”① 胡适先生也称之为“中国文艺复兴阶段”②。事实上，理学复兴对词体创作的直接影响就是引致文学禁区的突破与词体创作禁区的解放，词体创作由宋初认为温庭筠作词赋“士行有缺，缙绅薄之”③ 和凝少时好为曲子词，至入相后即使专括人焚毁不暇，依然难脱“‘好事不出门，恶事传千里’，士君子得不戒之乎”④ 的命运，甚至认为哀婉真挚的《浣溪沙》也“于风教还亦不可”⑤。到嘉祐后，这种观念大大改变。从创作观念看，词家突破了时代政治、伦理精神对词体创作的制约，突破了情感形式和人性领域的约束，词体也由民间全面进入了文人创作视野，题材上也大大突破了情感的禁区、性爱的禁区而成为宋代士人风雅生活的一部分。可以说，词体由民间艳词而发展成全面吟咏性情、传递生活感悟的抒情词体，是伴随着理学的倡导和理学复兴而成长的。儒学的复兴不仅推动了士人思想的解放，也促进了文学禁区的突破和宋词范型的建立，推进了词体的雅化，更成为词体文人化过程中最重要的原动力。

---

① 堺屋太一：《知识价值革命》，东方出版社 1986 年版，第 151 页。

② 胡适著，唐德刚译注：《胡适口述自传》，安徽教育出版社 2005 年版，第 295 页。

③ 孙光宪：《北梦琐言》卷四，中华书局 2002 年版，第 89 页。

④ 孙光宪：《北梦琐言》卷六，中华书局 2002 年版，第 135 页。

⑤ 孙光宪：《北梦琐言》卷八，中华书局 2002 年版，第 179 页。

从这一时期词人的构成看，差不多所有的词坛大家都与儒学有着十分密切的关系，有些词坛巨匠本身就是儒学复兴的中坚人物，如被称为“北宋倚声家初祖”的晏殊以及晏氏门人包括范仲淹、欧阳修、宋祁、张先、韩缜、韩维等，欧氏门人如刘敞、刘攽、王安石、曾巩、苏轼等，都是北宋第一、二代词人中的重要成员，有些是开一代词风的词坛领袖。“值得注意的是，不论晏殊、张先、欧阳修、柳永……都重在词中抒发个人情感，强调‘情’为人之固有，天所赋予，大胆自呈‘多情’、‘情痴’。其歌咏男女爱情者，具有冲决封建禁锢的普遍意义；而抒发爱国家、爱自然之情中也有着强烈的主体意识与反抗精神。这里闪烁着人性觉醒与个性解放的光芒。这是一种反映新兴意识的文艺思潮。”① 可见，宋代儒学复兴运动在本质上是一次人文精神解放的文艺复兴运动。

综上所述，在这场铸就新的文化精神的思想转型运动过程中，新儒学成为激发士人自由思索、自由生活、自由创造的新思维转换的契机，成为词体审美文化心理机制转换的重要界码。随着儒学的复兴和新的启蒙时代的到来，随着儒学启蒙思想家大量参与词体创作，“经史”与“小辞”呈现出并生并发、共时繁荣、互存互动式的文化景观，才使得初期颇有颓废之意的词体焕发出新的活力，使得基于“庶民性特征”的宋词自由、炽热的新生活情调和绵密入理的思维情感方式，以其新鲜、勃动、泼辣的强烈感染力，拨动着每一个士人的感情思维的翅膀。就在这一意义上，理学成为宋词繁荣发展的重要的哲学前提与背景。当然，理学与宋词的关系、理学对宋词繁盛产生的正负作用，是一个复杂而深刻的命题，并非一个小篇幅或作者本人的功力所能及的事，此处仅作粗略的探讨。

二、唐宋文人闲旷尚雅的审美文化心态

审美是文化心态的外部表征，是创作主体内在心理结构的外化表现。宋代士人的审美文化心态在独特的尚理求雅的特殊文化背景下呈现出独特的面貌，烙下了明显的时代特征，深刻影响了中华民族审美文化心理结构

① 顾易生、刘明今：《宋金元文学批评史》，上海古籍出版社 1996 年版，第 532 页。

的构建。总体来看，理学话语环境下的宋代士人的审美文化心态是趋雅避俗。探寻形成宋代审美文化心理机制的深层原因，我们看到，宋人对理想人格的选择，导致了对雅的追求，对俗的摒弃；宋人对中和之美的再释，导致了对雅的追求，对俗的批评；宋人强烈的民族意识导致了对雅的推崇，对俗的鄙视；宋人伦理型文化思想与消费型文化观念的互渗，导致了对雅的崇尚，对俗的鄙弃；宋人对理学的大力张扬，影响了词论和创作的尚雅弃俗；统治阶级的大力倡导，也推动了崇雅贬俗的社会整体审美倾向的发展进程。

宋朝处于中国封建社会前后期文化的衍变阶段，中国思想发展到宋代，一方面由佛道而儒，由魏晋六朝的玄学思辨、大唐一代的儒道佛分流而至于宋代的复归儒学独尊天理；另一方面又援佛道以入儒，以佛道的本体论和认识论来充实、改造、完善儒学体系，从而形成独特的理学心本论思想。同时，科技如沈括的《梦溪笔谈》，史学如司马光的《资治通鉴》，均为“前之汉唐后之元明，皆所不逮”，这些共同形成了宋代尚意、尚理的文化氛围，从而使这个时代成为善思辨、善理性的时代。这种时代精神，不可避免地对宋代士大夫文人的审美文化心理产生深刻影响，从宋初向内收敛的创作心态和平淡清远的审美趣味，到北宋中叶以后对理趣和老境美的追求，再到南宋作家重机趣，求高妙，讲别才别趣，主骚雅清空，我们可以看到文人士大夫一种追求内在精神超越的文化品格。宋代文人的审美文化心态显得复杂而又深邃，入世与出世，功利与超功利，群体道德意识与个体情感体验等不同构成因素总在不断地对峙交融，并逐渐形成了宋代“诗主意”、“词缘情”的文体思维与格局。《沧浪诗话·诗辩》中就说：“本朝尚理，唐人尚意兴。”所谓“尚理”就是指崇尚理性，表现在文学上，便形成宋代文人理性沉潜的审美心态和烛理洞彻、超拔闲旷的独特风格，这种风格色彩体现在宋代的所有艺术门类中。

如果说唐代文学多以风神情韵见长，那么宋代文学则多以思理意趣而取胜。同样，后者所抒发和表现的情感也是一定思理意趣转化而来的情感。如在宋诗方面，有著名的“以议论为诗”、“以才学为诗”、“以文为诗”的现象。以文字也好、才学也好、议论也好，都是“以理为诗”。其实“以理为诗”绝不仅仅是宋人处唐诗高峰之后难以为继的无可奈何，而是一种积极向上的符合时代精神的产物，使诗的意蕴更加深刻；在散文方面，唐宋八大家唐只占其二，而宋得其六，这也足见宋代散文之盛。而散文总是更多地具有理性成分。欧阳修的《醉翁亭记》在一片喧哗笑语声中蕴涵着人与人、人与自然关系的思索，《秋声赋》在一片哀伤的情调中抒发了关于事业、学问、抱负的皇皇大论。曾巩的《墨池记致欧阳舍人书》也是且情且理，新意风发。苏辙的《上枢密韩太尉书》、《黄州快哉亭记》都是笔酣墨饱、虚实有间。究其实，乃由于其中有情有理，情为理中之情、理为情中之理。至于苏轼无论是《石钟山记》之警策还是《超然亭记》之旷达抑或《前赤壁赋》之潇洒，都是情理交融、冥而为一的综合效果。可见宋代文的理性特征。词也然，词的特征是艳，内容是情，功用是玩，地位是侧。[①]“宋人亦不免于情也，故凡其欢愉愁怨之致动于中而不能抑者，类发于诗余。”[②] 这就是说，宋人在现实生活中既有理又有情，于是在文学中分别让诗与词各自承担说理与抒情的分工。具有典型意义的是就连这种因其“出身”和“身份”而历史地单独承担抒写儿女艳情任务的词，也悄悄地被文人改造成亦情亦志、情理合一的文体。柳永将词由达官贵人的歌舞宴席引向青楼市井，在依红偎翠与宦游进仕的矛盾冲突中流露出人生的意味，使享乐不再是一种不涉事理的状态。苏轼更将自身的宦海沉浮与宇宙人类的情感联系起来，给个人经历情感赋予理性的普遍的意义。宋人遨游于精神领域，习惯于把包括自己在内的人类主体置于广袤的宇宙空间，寻找生命存在的价值与意义。他们对于现实乃至日常生活的关注，对人生和历史的思考，都以意象与议论结合的方式表达于深含情感的哲理诗中。至此，文言理，诗言情这种机械性的划分被打破了，唐诗言情，宋诗言理这种抑此扬彼的绝对批评也不攻自破。宋诗以发人深省的哲理与耐人寻味的诗意相融合，就构成了所谓的“理趣”，这个“理”绝非抽象的“玄理”，而是从一般的社会生活中概括出的具有普遍规律的生活真理。这类诗的特点，可再次借用钱钟书先生的话：“不泛说理，而状物态以明理；不空言道，而用器物之载道。拈形而下者，以明形而上；使寥廓无象者，托物以起兴；恍惚无朕者，著述而入见……举万殊之一殊，以见一贯之无不贯。”所以明杨慎在《升庵诗话》中说：“唐诗人主情，去三

---

① 叶太平：《中国文学的精神世界》，台湾正中书局 1995 年版，第 197 页。
② 陈子龙：《王介人诗余序》。

百篇近；宋诗人主理，去三百篇远。”清初吴乔又在《围炉诗话》中说：“唐人以诗为诗，宋人以文为诗；唐人主性情，宋诗主议论。”似乎唐诗深情浪漫，宋诗思虑精深的差异性已经成为古人和今人的共识。

如果说“尚雅”是宋代文人体现出的集体嗜好，那“闲旷”则是宋代士大夫文人历经人生百味后呈现出的另一种审美心态。

“闲旷”是中国古代文化中含义深刻的词，可以是指空间的安静空阔，如《庄子·刻意》“就薮泽，处闲旷，钓鱼闲处，无为而已矣”就是这个意思。同时，“闲旷”又是指内心精神的悠闲放达。《南史·萧子云传》：“子云性沉静，不乐仕进，风神闲旷，任性不群。”宋周辉《清波杂志》卷十二：“顷年西湖上好事者所置船舫，随大小皆立嘉名，如汎星槎、凌风舸、雪篷、烟艇，扁额不一，夷犹闲旷，可想一时风致。”清陈田《明诗纪事戊籤·高叔嗣》：“故其篇什往往直举胸情，刬抉浮华，存之隐冥，独妙闲旷，合于风骚。”这里所说的“闲旷”，就是指精神层面或者作品境界的悠闲冲淡，优雅从容。闲旷尚雅是唐五代以来文人共同向往的审美追求，代表了唐宋文人共同的审美取向，同时也是程朱理学所倡导的“格物致知”的有效途径。《大学》中反复强调，达到至善的境界在于“静”和“定”，“定而后能静，静而后能安，安而后能虑，虑而后能得”①。朱熹认为“格物”于“燕闲”之中，他说：“所以格物便要闲时理会，不是要临时理会。闲时看得道理分晓，则事来时断置自易。”② 这里强调的是人内心的闲静超功利性对于求理悟道的重要，同时也反映了“理”闲必然需要心闲来体会。故朱熹说：“所谓‘天理流行’一句，须是先自尽于一心，然后及物，则能随寓而乐。”理学大师程颐流传广泛的《秋日偶成》也体现出同样的思想。“万物静观皆自得，四时佳兴与人同”，世间万物，静而后得，四季景物，皆可与人的情感合，我们何不随着四季的变化而享受自然的乐趣，品味人生的意味呢？言外之意，是不必因为人间的穷达顺逆而有任何情绪上的波动。这种从容淡定的闲散精神对宋代文人的人格确立和休闲精神的形成具有重要意义，对宋代审美思想的形成也有重大影响。受宋代理学沉潜内思、尚理求真思想的影响，宋人的审美文化心态整体表现出

---

① 朱熹：《四书章句集注》，上海古籍出版社 2006 年版。

② 朱熹：:《四书章句集注》，上海古籍出版社 2006 年版，第 5 页。

明显的安闲、细腻、从容不迫的特征。

宋代文人的审美文化心态首先表现在从容不迫、安闲自在上。由于心思细腻，对常见之物与身边细事总有浓厚的兴趣，喜欢以敏感的诗心和诗笔传达他们对生活独特的体验。衣食住行、花草树木、鸣禽走兽、山林泉石、百工技艺、街谈巷议，甚至一些怪异、狞怖的事物，他们都可以将之纳为诗材。例如《咏刺猬》、《虫龟》、《蛤蟆》、《晰蝎》……千奇百怪，无奇不有。当然，我们不认为这类诗有多少艺术价值或思想价值，但是从另一个角度来看，它的确体现了宋人细腻与好奇的心思。也正因为这样，他们的生活到处充满了诗情，如刘辰翁《须溪集》中说："诗在灞桥风雪中驴子上，非也。鸟啼花落，篱根小落，斜阳牛笛，鸡声茅店，时时处处，妙意皆可拾得。……有能率意自道，出于孤臣怨女之所不能者，随事纪实，足称名家。"宋人的诗心是细腻的，而诗情则显得平淡雅正。所谓"唐人饮酒，宋人品茗"，饮酒的豪情与品茗的闲淡是唐人与宋人不同的生活意态。唐诗里的醉，总是酣畅淋漓，一醉方休。"烹羊宰牛且为乐，会须一饮三百杯"（李白《将进酒》），"醉卧沙场君莫笑，古来征战几人回"（王翰《凉州词》）。宋人也饮酒，可醉中尚有几分清醒、矜持。"春回雨点溪声里，人醉梅花竹影中"（杨万里《除夕》），"我亦且如常日醉，莫教弦管作离声"（欧阳修《别滁》）。唐诗中的愁，浓重深远。"白发三千丈，缘愁似个长"（李白《秋浦歌》），"忆君遥在潇湘月，愁听清猿梦里长"（王昌龄《送魏二》）。而宋人的愁，悠悠淡淡。"春回柳眼梅鬓里，愁在鞭丝帽影间"（陆游《雪晴行益昌道中颇有春意》），"春愁如发不胜梳，酒病绵绵因未苏"（黄庭坚《招戴道士弹琴》）。所以说，在这样一个理学盛行的时代，宋诗继承了"抒情"的传统，但同时也发生了变化。

王国维在《宋元戏曲史》自序中说："凡一代有一代之文学，楚之骚，汉之赋，六代之骈语，唐之诗，宋之词，元之曲，皆所谓一代之文学，而后世莫能继焉者也。"[①] 词被冠以宋名，足见词这一文体在宋代获得的巨大成就。词是最适合抒写个人情感的载体，宋代文人审美文化心态中内敛细腻的一面在词的世界里可以说是表现得淋漓尽致。

词来自民间，五代时流行于宫廷、贵邸，入宋以后，由于商业经济和

---

① 王国维：《宋元戏曲史》，东方出版社 1996 年版，第 1 页。

城市的发达，成为都市中雅俗共赏的文艺。文人依曲填词，令娉婷少女歌唱之，或伴以乐器，或伴以舞蹈，既可娱宾又可自娱。“朋僚亲旧或当宴集，多运藻思为乐府新词，俾歌者倚丝竹歌之，所以娱宾客而遣兴也。”[①]晏几道《小山词自序》也说：“不独叙其所怀，兼写一时杯酒间闻见所同游之事……始时沈十二廉叔，陈十君龙家，有莲、鸿、蘋、云，品清讴娱客，每得一解即以草授诸儿，吾三人持酒听之，为一笑乐而已。”词被当作娱乐的文艺，远离政教、道德、实用的功能，成为文人陶写性灵的工具，尤其适合抒写最个人化的情愫：男女之情。“（词）皆天理之自然而情性之至道也”（晁补之《东山词序》）。当然，诗除了“言志”，也用来抒情，但是“诗情”与“词情”毕竟不同。李泽厚先生就说：“诗常一句一意或一境，整首含义阔大，形象众多；词则常一首才一意或一境，形象细腻、含意微妙，它经常是通过对一般的、日常的、普通的自然景象（不是盛唐那种气象万千的景色事物）进行白描表现，从而也就使所描绘的对象、事物、情节更为具体、细致、新巧，并涂有更浓厚、更细腻的主观感情色调，不同于较为笼统、浑厚、宽大的‘诗境’。”[②] 这里，李泽厚先生把诗与词进行比较，指出诗的浑阔，词的细巧。如果把诗与词作大体上的粗略比较，这种结论是无可非议的。但是，无论诗或词都是作者心态与情感的表现，宋诗与宋词从不同方向体现出宋人独特的文化心理特征，那就是言志尚理和柔情缠绵的矛盾统一，理性内敛的精神和冲淡闲雅的审美的统一。

第二节　唐宋词冲淡、闲雅的审美范式

所谓“闲雅”是指词体安适高雅、从容淡定的叙述状态。从语义学看，闲，通“娴”，常用于形容举止情趣娴静文雅。《吕氏春秋・士容》曰：“客有见田骈者，被服中法，进退中度，趋翔闲雅，辞令逊敏。”陈奇

---

① 陈世修：《阳春集序》。
② 李泽厚：《美的历程》，文物出版社 1981 年版，第 156 页。

猷校释曰："闲雅即娴雅。"《后汉书·马援传》注："娴雅犹沉静也。"《隋书·高祖纪上》曰："此间人物，衣服鲜丽，容止闲雅，良由仕宦之乡，陶染成俗也。"同时，"闲雅"还有文辞优雅的意思。晋陆机《文赋》："奏平彻以闲雅，说炜晔而谲诳。"宋陈鹄《耆旧续闻》卷八："有诗集数十篇，闲雅清淡，不作晚唐体，自成一家。"清宣鼎《夜雨秋灯录·银雁》："杜喜，与闲话，辞均闲雅，无俚语。"可见，"闲雅"作为形容词既可用于形容人的行为举止高雅文静，也可用来表现人的言辞从容优雅，是人在一种清闲安逸的生活环境和精神状态中所表现出的从容、淡泊、安详、清雅的情感与心理；而用"闲雅"来指称唐宋词所体现出的共同的审美特征，则着重强调的是唐宋词冲淡、从容、闲散、淡定的审美状态，重点关注的是唐宋词从内容到形式、从创作动机到创作心态的美学特色，是整个词体发展过程中词作集体散发出来的带有共通性的美学特点，是以词人通脱灵动的生命感悟为核心、以词体长短句错落变化有致为物质形态、以"要眇宜修"的审美意境而共同构造的审美范畴，而非执著于词作一章一句、一境一景的细微感受。"闲"指的是创作主体内心的宁静与淡定，指的是词作所体现出来的从容不迫、舒缓有致的创作状态，它体现在词体对情感、渔父、山水、花鸟等意象题材的执著表达上；而"雅"指的是词体由优美的语言、幽微的意境和娓娓道来的叙述节奏共同体现出的优雅从容，指的是词体共同体现的审美取向，而非儒家诗教传统所强调的骚雅正统。闲雅富贵的宋词，和宋代的诗、文、书、画一起，构成了宋代沉潜、成熟、内敛、丰富的宋代文化景观。正如学者们所言："宋词、宋文、宋画、宋代文玩以及宋代理学，构成了一个精致辽阔而又森严的贵族世界。"①

一、唐宋词"闲雅"审美特质的构成

自明代人张綖将唐宋词的审美风格归为两大类：一曰婉约，一曰豪放时起，人们就开始用"婉约"、"豪放"两大审美形态来概括所有唐宋词的

---

① 冯天瑜、何晓明、周积民：《中华文化史》，上海人民出版社 1990 年版，第 692 页。

审美特点。这种惯性审美思维一直延续至今，并被广泛套用于唐宋词作家作品评析中。明代张綖在《诗余图谱·凡例》中说：

词体大略有二：一体婉约，一体豪放，婉约者欲其词情蕴藉，豪放者欲其气象恢弘。……大抵词体以婉约为正，故东坡称少游为今之词手；后山评东坡词虽极天下之工，要非本色。

而实际上，宋人在各种词话、诗话笔记中，就词的审美特征提出过众多概念。最为常见的有：婉媚、婉美、婉约、软媚、妩媚、柔媚、柔婉、清婉、纤柔、纤艳、柔丽、艳丽、绚丽、侧艳、浮艳、淫艳、世俗、俚俗、自然、本色、高妙、俊逸、旷达、横放杰出、豪放、古雅峭拔、高雅、高古、骚雅、雅淡、雅正、浑厚和雅、清劲、格力、清空等。如果我们将以上审美概念用“雅”与“俗”两个标准加以分类，则不难发现，除浮艳、淫艳、世俗、俚俗、侧艳等极少概念进入“俗”的审美范畴，其余的概念都在“雅”的审美大视野中，可见“雅”是宋代以及后来词论家对词体的基本体认和美学判断。但是，在笔者看来，词体之“雅”绝非诗歌之“雅”，而是一种游离在儒家诗教之外的“闲雅”。“闲雅”和儒家诗教里所强调的“骚雅”、“正雅”有所不同，“骚雅”更多强调的是词体内容的非艳情化，要求词体承继骚体文学幽怨隐恻反映社会的情感内容，是将儒家诗教观内化到词体审美内蕴之中的审美范畴，是朱熹理学所强调的道德大框架下的“善雅”。而“闲雅”更多关注的是词体从容淡定的创作状态和通过词体内容形式体现出来的独有的审美品格，是词体区别于其他任何文学体裁的独有的审美范畴。我们可以从以下几点来理解“闲雅”的审美特质。

首先，唐宋词的“闲雅”审美特点源自唐宋词人闲情、雅玩的创作态度和宋人“闲适”的审美人格。我们知道，唐宋词是在词人摆脱日常劳作和生活的外界压力的自由时间内，以娱乐为目的，以追求身心自由愉悦为目标、流露纯真心态的性情之作，是获得思想解放和人性觉醒的宋代文人获取身心自由和心理愉悦的方式，所以创作时少了几分诗文言志载道的沉重而多了几分休闲娱乐的轻松，作品中时时流露的是对闲适生活的向往和对功名利禄的彻悟，在“闲雅”中折射出对宇宙生命的理性思考。与往代相比，唐宋有两种思想对文人人格影响较大，即禅宗和理学，而两者又从不同角度与“闲”关联起来。佛教发展到唐代禅宗，已消解了原本佛教崇高的佛性及繁难的佛法、佛理和戒律，正如葛兆光先生在其《中国宗教与文学论集》中所说：“它把日常生活世界当作宗教的终极境界，把人所具有的性情当作宗教追求的佛性，把平常的心情当作神圣的心境，于是终于完成了从印度佛教到中国禅宗的转化，也使本来充满宗教性的佛教渐渐卸却了它作为精神生活的规训与督导的责任，变成了一种审美的生活情趣、语言智慧和优雅态度的提倡者。”参禅的最终归宿还是回到对人的生命的关注，对人的生命意义、价值的追求以及对生命存在本身的反思，它在般若直觉的方式中表达了对人生意蕴的热切关注，在超越的空灵态度中透露了对生命自由的迫切渴望。这也就是将一种普通的、“闲散”的自然生活状态作为理发生的场域，也正因为如此，禅宗经典里非常善于以“闲”来表述道境、佛法、佛性；同时，作为宋代重要思想的“理学”，在某种程度上是传统儒家思想融合佛道的重新阐释，是将传统儒家“心中的道德律令”拿到“头上的星空”加以确证，这种确证一方面使文人对道德产生“敬畏”，同时也在“天理流行”中赋予文人人格境界以“洒落”，故理学家也非常注重于自然优游和日常生活中“格物致知”，而这也促成了一种自然自由的“闲”的生存状态。在禅家追求“法”之“闲”和理学家追求“理”之“闲”的思想语境下，尤其是在前者的根本影响下，文人便具有一种于闲适生活中体验平淡自然意义的精神气质，于是“闲意”、“闲味”、“闲旷”等话语方式于这个时期频繁登场，甚至“诗话”也作为一种散淡的文学评论方式被固定下来。“闲意”多为一种“心闲”的意义发生状态，而“闲味”则是“闲意”观照下的审美体验，二者标志着“闲”作为中国古代文人审美人格意义的确立。

宋人以“闲”为美、以“闲适”为人生最高境界的审美人格对词体创作的影响也非常深远。从创作观念上看，宋代词论家历来视婉约为词体“本色”正宗，以娴静的审美境界为最高境界。明张綖《诗余图谱·凡例》说：“大约词体以婉约为正。”王世贞《艺苑卮言》曰：“李氏、晏氏父子、耆卿、子野、美成、少游、易安，至也，词之正宗也。”徐师曾《文体明辨序说》：“词贵感人，要当以婉约为正。”王士祯《分甘余话》卷二云：词“正调至秦少游、李易安为极致。”《四库提要·词曲类序》也说：

“词自晚唐五代以来，以清切婉丽为宗。”陈廷焯《白雨斋词话》：“唐五代小词，皆以婉约为宗。”杨崇焕《升庵长短句正集序》：词“创始于李唐李太白，渐盛于五代《花间集》，而集大成于宋六十名家词。其间柳永之徒婉约蕴藉，为正宗之南派。”蒋兆兰《词说》：“词家正轨，自以婉约为宗。”可见，在历代词家心目中，婉约词才是代表词体风格、审美特征的正宗，唐五代词人及李璟、李煜、晏殊、晏几道、柳永、张先、贺铸、周邦彦、秦观、李清照等才是优秀词人代表。在此，我们不妨列举作品以便增加对“婉约”词风格的感性认识。先看李白作品中被推为“百代词曲之祖”的《菩萨蛮》：

平林漠漠烟如织，寒山一带伤心碧。暝色入高楼，有人楼上愁。玉阶空伫立，宿鸟归飞急。何处是归程？长亭更短亭。

此词写闺妇思人之愁，但读来含蓄、委婉、感人。再看《花间集》的代表词人温庭筠之《菩萨蛮》：

小山重叠金明灭，鬓云欲度香腮雪。懒起画蛾眉，弄妆梳洗迟。照花前后镜，花面交相映。新帖绣罗襦，双双金鹧鸪。

此词写闺中的孤寂、无聊，只用“懒”、“迟”点出。再看南唐后主李煜的《浪淘沙》：

帘外雨潺潺，春意阑珊。罗衾不耐五更寒。梦里不知身是客，一晌贪欢。　　独自莫凭栏，无限江山。别时容易见时难。流水落花春去也，天上人间！

李煜笔下，故国之思，亡国之愁隐然可见，但在情绪表达上却相当克制、委婉，尽显词体“闲雅”之特色。再看晏殊两首描写春光美景之词作：

三月暖风，开却好花无限了，当年丛下洛纷纷。最愁人。　　长安多少利名身。若有一杯香桂酒，莫辞花下醉芳茵。且留春。

——《酒泉子》

一曲新词酒一杯，去年天气旧亭台，夕阳西下几时回？　　无可奈何花落去，似曾相识燕归来，小园香径独徘徊。

——《浣溪沙》

前一首《酒泉子》表达的是词人个体生命意识觉醒之后对醉心功名而错失春光的痛惜。第二首《浣溪沙》则进一步展示词人于富贵闲雅的休闲生活中引发的对宇宙人生之循环的哲理思考。这些作品都不失为婉约词的代表作。而深入分析婉约词，我们不难体悟到婉约的本质："静"和"闲"。

所以，从审美心理看，"娴静"、"闲雅"是婉约词传递的最本质的审美特征。

清代著名词学家况周颐在其用毕生心血打造的《蕙风词话》中就提出"词有穆之一境"的概念。他说："词有穆之一境，静而兼厚、重、大也。淡而穆不易，浓而穆更难。知此，可以读《花间集》。"[①] "穆"即"静穆"。所谓"穆之境"，即借人之性情精神境界的静穆状态来比喻词之沉潜闲雅的境界。在况周颐看来，"词境以深静为至"[②]。所以《蕙风词话》进一步阐释道："高浑之至，淡而近于穆矣。庶几合苏之清，辛之健而一之。"[③] 在况周颐看来，"闲雅"的意境不在于词体表现的具体内容是《花间集》般幽微的儿女深情，还是旷寂寥廓的旷古之思，是晏殊式的婉约还是苏轼式的旷达抑或辛弃疾式的健朗豪迈，只要心灵进入物我与无限的太虚浑然合一，词作具有"大象无形"的内蕴，都具有"曲终人不见，江上数峰青"的闲雅艺术魅力，这也是他选词论词的标准。"凡余选录前人词，

① 况周颐：《蕙风词话》卷二，唐圭璋《词话丛编》，中华书局 1986 年版，第 4423 页。

② 况周颐：《蕙风词话》卷二，唐圭璋《词话丛编》，中华书局 1986 年版，第 4425 页。

③ 况周颐：《蕙风词话》卷三，唐圭璋《词话丛编》，中华书局 1986 年版，第 4447 页。

以浑成冲淡为宗旨。”[①] 况周颐将“静”作为唐宋词“穆之境”最重要的特征，可谓深得中国古代文化之精髓。庄子在《庄子·天道》中就说：“圣人之静也，非曰静也善，故静也。万物无足以铙心者，故静也。”这句话的意思是说德行高尚的人不是因为安静有什么好处才安静，而是万物无法扰乱其心思，心闲才静。接着，庄子进一步表明心静就如同镜子能映照天地万物，可以心游万仞神思旷远。他说：“水静犹明，而况精神！圣人之心静乎！天地之鉴也，万物之镜也。”可见，“静”是人生修养之最高境界，更是词体追求的最高审美状态，是经过词人心灵过滤后所体现的澄澈清幽的纯美艺术天地，此种“静”似春雨润物，只有在心灵的静静开放中才能感知，是一个由声色耳目再入灵魂内心的由浅入深的渐进过程。这样的作品才能够传达出一种让人产生幽渺淡泊情思的感染力。正是在这个意义上，我们说唐宋词的“闲雅”审美特征不仅体现在唐宋词人闲适、娴静的审美人格上，更体现在唐宋词婉约、“要眇宜修”的意境上。

其次，“闲雅”作为唐宋词的主要审美特点，还表现为创作主体和创作客体交相融合产生的艺术境界，是透过作品呈现出来的对生命的体悟和感触，是一种以闲情雅致为核心、以轻灵含蓄为审美范式的审美境界。现代词学家陈匪石《声执》卷上就曾经说过：“词境极不易说。有身外之境，风雨、山川、花鸟之一切相皆是。有身内之境，为因乎风雨、山川、花鸟发于中而不自觉之一念。身内身外，融合为一，即词境也。”可见，词境是词体艺术的最高境界和水平，王国维先生在《人间词话》中就将词的“境界”作为判定作品高下的标准，有境界者为“最上”。在王国维先生看来，词作是否具有“闲雅”的审美特征与作品表现的内容关系不大，关键要看词作能否给读者带来回味隽永的审美感受。“词之雅郑，在神不在貌。永叔、少游虽作艳语，终有品格。”那什么是词的品格？在他看来，词的审美特征一是“词之为体，要眇宜修，能言诗之所不能言”；二是“词之言长”。所谓“要眇宜修”，大概是借女性精微细致的体貌特征来比喻词体富有阴柔委婉美的特质。所谓“言长”是对“要眇宜修”的补充，指具有低回隐曲、情韵绵长的审美特征。“要眇”则精微，“言长”则含蓄、委

---

① 况周颐：《蕙风词话》卷三，唐圭璋《词话丛编》，中华书局 1986 年版，第 4465 页。

婉，无论是“要眇”还是“言长”，都具有“闲雅”的审美特质，强调的是词体如美人精微柔婉的外在形式，传达深隐曲折的情绪心曲，特具悠远深长的情韵意味，从而达到情感深婉隐约、意蕴丰富绵邈的艺术效果。恰如李泽厚先生所言，诗含义阔大，词境微妙。通过对诗与词的不同审美特点进行比较，我们不难看出诗浑阔、词“闲雅”细巧的审美差别，更能体会唐人阔达豪放、宋人内敛沉潜的审美文化心理差别。透过这些娴静如水的词境，我们不但领略了词体优美的意境，更充分感悟到婉约词“闲雅”、“娴静”的审美本质，透过这些空灵、清旷的审美境界，我们感受到的是宋人散淡而又富有哲理的理性睿智，委婉而又深沉内敛的审美人格。张毅先生在其《宋代文学思想史》一书中，就说宋代是中国封建社会国势由强而弱的一个转折点，表现在文学上，也再无盛唐诗人“带有青春热情和天真的兴象玲珑之美，而是襟怀淡泊、思致细密、情意深邃的老境美”①。钱钟书先生《谈艺录》中说：“天下有两种人，斯分两种诗。唐诗多以丰深情韵擅长，宋诗多以筋骨思理见胜”，“且又一集之内，一生之中，少年才气发扬，遂为唐体，晚节思虑深沉，乃染宋调”②，也扼要地点明了宋代文学成熟型的特点。

“闲雅”作为一种审美趣味，不仅仅是纯粹的技艺或趣味，更是一种生活况味、人生境界。从整体上看，宋人审美趣味的主流追求呈现出一种中年之后圆润淡朴的成熟色调。翻阅《宋史》，凡有成就的文人的传记，很少有仕途顺利者，无不一生坎坷，饱经风霜，这就使其心理深层弥漫着浓烈的忧患意识，呈现出一种曾经沧海难为水、欲说还休的人生晚年心态。这种心态与追求老成之美的深厚思虑是紧密联系的。词之为体，要眇宜修，空灵无迹，更适于表达这种人生无常的忧患，所以许多诗人的这种情绪在词中表现得更为精彩。如苏轼《卜算子》：

缺月挂疏桐，漏断人初静。谁见幽人独往来，缥缈孤鸿影？　惊起却回头，有恨无人省。拣尽寒枝不肯栖，寂寞沙洲冷。

---

① 张毅：《宋代文学思想史》，中华书局1995年版，第116页。

② 钱钟书：《钱钟书论学文选》第五卷，花城出版社1990年版，第2—3页。

此词作于元丰五年（1082 年），作者谪居黄州时。写得缥缈空灵，一怀怅惘无迹可求，语意高妙，似不食人间烟火者语。心底有无限忧思，万种愁绪，都无人知晓，非胸中有万卷书，笔下无一点俗尘气，不能至于此。可以说，借助词这种体裁，宋人将难以言传的内心哲思、忧患传达到了一个新水平。这种漂泊中的闲愁由词人写来同样显得“清空”、“内敛”，传递着“闲雅”的气息。黄庭坚《与王观复三首》就曾说：“平淡而山高水深，似欲不可企及，文章成就，更无斧凿痕，乃为佳作耳。”也就是说，“闲雅”作为审美范畴的最高境界就是复归平淡。平淡或淡朴之美，是贯穿两宋的一致美学追求，不仅仅是哪一家的趣味。淡者，味不浓、色不深、情不炽之谓也，如司空表圣《诗品·冲淡》所云：“素处以默，妙机其微。饮之太和，独鹤于飞。……遇之匪深，即之愈希。脱有形似，握手已违。”它与人到中老年之后生理机能上血气衰减、趣味趋于平和清淡是同步的。苏轼在《与二郎侄书》中就以亲身的创作经历告诫子侄说：“凡文字，少小时须令气象峥嵘，采色绚烂，渐老渐熟，乃造平淡。其实不是平淡，绚烂之极也。”[①] 黄庭坚在其《与洪驹父书》也说：“学功夫已多，读书贯穿，自当造平淡。”素有宋诗开山师祖之称的梅尧臣在崇尚平淡美的基础上更将“美”与“闲”联系在一起，其《东溪》诗云：“野凫眠岸有闲意，老树着花无丑枝。”十分简练地道出平淡美与老成之美的内在联系。

二、“闲雅”作为审美范畴的词史意义

（一）“闲雅”的抒写推进了词体抒情化的历史进程

审美价值是作家追求的终极目的，也是判定评价作品价值的根本标准。从词史的角度考察唐宋词“闲雅”审美模式的价值与意义，当首推唐宋词“闲雅”的抒写，大大推进了词体抒情化的历史进程。作为一种富有音乐性的抒情文体，唐宋词休闲创作的过程，是词体“闲雅”风格不断演进、深化、强调的过程，从某种意义来看，也是词的娱乐性不断弱化，抒情性不断强化的历程。从唐宋词的演进历史看，五代词体萌芽之初，曲子词只是作为“诗余”给“绣幌佳人”“拍按香檀”的歌词，是作为休闲活

---

① 孔凡礼：《苏轼文集》之《苏轼佚文汇编》，中华书局 1986 年版，第 2523 页。

动的一个元素而存在的，以叙写闺阁儿女伤春怨别之情见长，即使北宋晏殊、欧阳修、苏轼、黄庭坚这些道德文章的一代领袖大量创作词，依然未能改变小词作为诗余遣兴娱宾的文体观念，这就在客观上使词的创作者在心理上彻底摆脱了传统诗教“言志”的约束与影响，在这种游戏笔墨的小词创作中，专意于内心深处隐秘细微的感受，于不自觉中流露了潜意识中的一种心灵本质，客观上大大推进了词体抒情化的进程。

可以说，由娱乐休闲而抒情唯美的词，在审美整体特征上表现出的“闲雅”审美倾向，其本质反映的是宋人历经人生境界之后的沉思，是从审美趣味角度体现宋人的成熟型智慧。“去俗复雅”，由浅层次叙写花前月下、歌舞酒宴的休闲生活，到曲尽委婉地抒写心灵、追求词体艺术的最高境界，似一条红线贯穿于唐宋词创作始终。从敦煌民间词之俚俗粗鄙，至唐五代词人之渐窥风雅面目，发展到北宋初小令词家之闲雅舒徐及北宋末大晟词人之精工典丽，最终形成了唐宋词闲雅、清丽的审美特点，在词体语言、风貌上，逐渐摆脱了艳词鄙俗的习气，呈现出一种超越世俗的纯净和回归心灵感受的闲雅。也正因为如此，词体才成为词人舒展苦闷心灵的精神寄托，成为中国诗歌史上最具抒情色彩的华章。

（二）“闲雅”的抒写丰富了词体柔婉雅静的审美范式

“阴柔”和“刚阳”是非常富有民族特色的一对审美范畴。而唐宋词以其鲜明、丰富的审美特点，强化、丰富了词体柔婉雅静的审美范式。

唐宋词“闲雅”意境所体现的“柔美”的审美特点，在艺术上是十分鲜明突出的。首先，唐宋词在内容题材的表现上偏重“儿女柔情”。刘熙载《艺概·词概》论“五代小词”中就说：“（词）虽小却好，虽好却小，盖所谓‘儿女情多，风云气少’也。”体式之“小”已偏于轻柔，而“儿女情多”则更添婉媚，词人笔下的女性大多貌美、体弱、多情、敏感、哀怨、慵懒、多才、多艺，宋代词人通过对这样的女性群象的描绘与塑造，将婉媚阴柔这种美感类型的创造推上了最高境界，为词体艺术增加了柔媚闲雅的色彩。其次，词体表现的情感特征，也尽显阴柔之美。就唐五代和北宋初词作内容来看，大多集中在关乎男女情爱和个人情思的恋情词、闺情词、闲情词、伤春词、悲秋词、离别词等，它对情的表现更“曲尽人情”，正显示了“柔美”的审美观念定式。词体的“闲雅”特征不仅体现在人物形象或抒情主人公的性别选择上，更表现在唐宋词的整体情感特征上。即使是词中的男性形象，也大多细腻多情、温婉深情，具有浓厚的感伤色彩。这类词作的声腔情调染上了浓郁的脂粉气息，强化了柔媚婉约的审美特征。唐宋词中对情感凝聚而深刻的表露，普遍的、浓郁的感伤色彩，富有女性阴柔美的典型意象，男女情爱的纠结缠绵，都具有温婉柔丽的审美内涵，为词体带来雅静柔媚的色彩。明代文学家王世贞在《艺言》中就准确描述了词体的这一艺术特点："词须婉转绵丽，浅至儇俏，挟春月烟花，于闺襜内奏之，一语之艳，令人魂绝，一字之工，令人色飞，乃为贵耳。"这段话可谓深得词体艺术的真谛。

词由市井走向文人案头，由民间走进士大夫文人的休闲视野，参与大众休闲，这是词体发展的一大进步，也是社会的文明与进步。从某种意义上来说，唐宋文人的休闲创作，正是遵循了黑格尔所谓的心的规律。他在其哲学名著《精神现象学》中说，人类的精神现象中，心的规律就是遵从快乐的规律，"快乐变成了一个自在自为的合乎规律的现实"，"如果普遍的必然性的内容与心不相一致，则普遍的必然性，就它的内容来说，自身就什么也不是，而必须让路给心的规律"[①]。词是表现人的感情的艺术，当词本能地服从于心的规律，听从于心的召唤时，就是在最大限度上实现了精神的休闲与放松。在理性与个体的感性冲突中创作出来的休闲词，更折射出唐宋文人人性的深度觉醒，折射出一个时代文人精神的演化历程，印证了亚里士多德早在古希腊时期作出的著名论断："一切事物都围绕着一个枢纽在旋转，这个枢纽就是闲暇。"

（三）"闲雅"审美旨趣催生了"闲话"式审美评论

"闲话"本来是泛指没有主题、没有目的、无关紧要的聊天，或者是在轻松状态下讲一些和自己没有太大关联的话题，一如诗中所描绘的状态："前年同醉武陵亭，绝倒闲谈坐到明"（韦庄《边上逢薛秀才话旧》）；"闲话似持咒，不眠同坐禅"（周贺《赠胡僧》）。但是到唐宋，随着士大夫文人对闲适生活方式和"闲雅"审美旨趣的不断追求，随着士大夫文人怀疑、批评、思辨等理性精神对文人文化品格的强化与渗透，对事物的理性分析与判别已成为宋代文人一种道德自觉。随着词体由处理政务之余的

① 黑格尔著，贺麟、王玖光译：《精神现象学》（上）之《心的规律和现实的规律》，商务印书馆 1979 年版，第 246 页。

“雅玩”演变成一个时代主流文化的主要形态，“闲话”、“闲谈”式的文化评论也成为文人“闲雅”生活的一部分，和词人创作互生互补，成为士大夫文人闲暇度日的最富有理性色彩和“闲雅”特征的方式。“闲话”、“闲谈”就在这样的“闲雅”审美文化环境下逐渐演变成一种非正式的、感悟体验式的文化评论方式，并以“诗话”形式定格在中国古代批评史上，成为中国文化批评中最主要的批评方式流传至今。这种评论方式虽然缺乏系统性与逻辑性，篇幅也大多短小，有的甚至只是片言只语的感悟，但因其深得诗文旨趣而得到当时文人之喜好，并对中国诗词文化评论方式产生深远影响。

在中国，以文学创作为“闲业”的传统由来已久，“文自闲起，情自暇生”。而以评论、分析为“闲”业则始于唐宋。宋代有很多以“闲谈”、“闲话”、“闲评”为题的文化评论。仅宋曾慥编《类说》就收有《戎幕闲谈》一卷（唐韦绚撰）、《秘阁闲谈》五卷（宋吴淑撰）、《牧坚闲谈》（故景焕撰）、《国老闲谈》二卷（宋题君玉撰）、《灯下闲谈》一卷（宋江洵撰）、《玉堂闲话》（五代王仁裕撰）、《渔樵闲话》二卷（宋苏轼撰）等。[①] 此外，宋代还有著名的《瓮墉闲评》八卷（宋袁文撰）。从《四库全书总目》对《国老闲谈》和《瓮墉闲评》的介绍来看，这些“闲话”体文化评论的评论对象广泛，有对经典、历史、方物习俗、轶事趣闻的记载与品评，也有对文化艺术等各种文化现象的考证杂论，可谓“网罗四部”、“熔铸群言”，大多是主流文化无暇顾及的零散文化现象，“往往出他书所未备”。同时，从创作态度来看，这也是比较随意的即兴之作，“偶有所得，随文生义”，发表自己独到的见解。它不一定公之于世，不一定入经垂典，只是文人闲暇时的一种兴趣所至。但这种“闲散”之杂论，并非闲戏之言，而恰恰相反，由于论者所及皆出于自身兴趣，故对评论对象是爱之深而研之精，同时由于著者抛开了政治及主流话语的束缚，故可表达真知灼见，即所谓“剖析凿凿”，“尤多精审”。“闲话”、“闲谈”、“闲评”这些自由的文化批评精神到欧阳修时代，则催生演变成了专门品评诗文艺术的诗话——《六一诗话》。郭绍虞先生在其《宋诗话辑佚序》中就说过，

---

① 曾慥：《类说》卷五，节目文献出版社 1988 年版，第 874—875 页，转引自苏状博士论文《闲与中国古代文人的审美人生》。

诗话之称和诗话之体皆始于欧阳修。自此，诗话这种文体便被宋代文人广为使用。在郭绍虞先生 1979 年出版的、被学人誉为“诗话整理与研究的一面旗帜”[①] 的《宋诗话考》、《宋诗话辑佚》中，就考证收录了宋人诗话 139 部。可见，诗话作为一种自由的艺术品评形式成为历代文人的一种普遍爱好。

“诗话”在宋代作为一种普遍使用的新的艺术品评形式与以往文论著作如《文心雕龙》、《诗品》等不同，它已不再是专业人士的专业行为，而是在一种休闲、轻松的心态下的自由闲谈，是对艺术作随感式的把握与议论，其中，“闲”的态度、“闲”的精神始终灌注其中，欧阳修就直言自己作《六一诗话》是“以资闲谈也”。而今人丰子恺先生病中读《随园诗话》的经历，也从读者的角度、接受者的角度说明诗话既闪烁着理性智慧，又富有自由、轻松的“闲雅”形式魅力。他说：

> 它那体裁，短短的，不相联络的，一段一段的，最宜于给病人看，力乏时不妨少看几段；续看时不必记牢前文；随手翻开，随便看哪一节，它总是提起了精神告诉你一首诗，一种欣赏，一番批评，一件韵事，或者一段艺术论。并由此而生对“诗话”的喜爱：诗话、词话，是我近年来的床中伴侣兼旅中伴侣。它们虽然都没得坐在书架的玻璃中，只是被塞在床角或手提箱里，但我对它们比对书架上的洋装书亲近得多。[②]

今人蔡镇楚在《中国诗话史》中对“诗话”之形式特征进行了系统总结与归纳。他认为诗话具有三个方面的特征：第一，必须是关于诗的专论，而不是个别的论诗条目，甚至连古人书记跋序中有关论诗的单篇零札，也不能算作诗话；第二，必须属于一条一条内容互不相关的论诗条目连缀而成的创作体制，富有弹性，而不是自成一体的单篇诗论；第三，必须是诗之“话”与“论”的有机结合，是诗本事与诗论的统一。应该说这三条抓住了诗话外在结构和内容的特点。

---

① 蔡镇楚：《中国诗话史》，湖南文艺出版社 1988 年版，第 449 页。

② 丰一吟、丰陈宝：《丰子恺散文全编》（上编），浙江文艺出版社 1992 年版，第 314—315 页。

综观诗话的叙述模式与叙述结构，我们说诗话不是严格意义上的批评著作，而是现代文体意义上的闲谈随笔，是几个文人聚在一起或“论诗及事”，或“论诗及辞”，所以冠之以“话”。值得我们关注的是这种松散文体形式传递的“闲雅”精神，宋人追求艺术审美感受的同时不忘对作品作理性升华的创作态度。“诗话”的“闲谈”精神基本表现在内容上的“生动故事性”和体制上的“短小零散性”，以这样一种“闲谈”精神对待诗歌艺术评论，这才是欧阳修初始意义上的“诗话”。可以说，诗话与词话类的闲话式审美评论与词的创作互动，共同构成了宋代词学的繁荣。而其中传递出的休闲精神和闲适审美态度，更是成为中国文人孜孜以求的理想。自欧阳修开创以“闲谈”为特色的“诗话”以来，“诗话”便成为中国历代文人最主要的、最受欢迎的诗文批评形式和休闲方式，文化闲论现象影响深远，不仅宋代文人喜好，当朝人阮阅著有一部关于诗话总集的著作叫《诗话总龟》，其中“诗话”共分102类，收集诗话共200种，受明清追捧，随之“闲文”、“闲谈”、“闲话”、“闲评”层出不穷。进入现代以来，这种以闲适心态、闲适笔调发私人性的文化闲论、艺术闲谈的传统还在延续，其中蕴涵着的丰富美学思想，深深影响着一代又一代人的精神。

结语：时代呼唤休闲精神的回归

休闲作为人类文明的现象，对人类的思想、精神、文化的影响是巨大而深远的。宋代作为中国历史上最具有近世精神、最具有人文色彩、最富有人性觉醒的朝代，对休闲精神的领悟最深，由休闲而转化的创造性也为历代之最，不仅催生了词体的生长与发展，也推动了散文、诗歌的繁荣，甚至在科技领域也取得了极大突破，造纸、火药、指南针、印刷术等发明，都诞生在这个以玩乐偷安出名的朝代，不能不发人深思。反观当下社会，似乎人人都在忙碌中无暇停下匆匆脚步，忙得无暇聆听来自自己内心的声音，忙得无暇抬头看看前面的道路，但是我们又收获了些什么？看看媒体每天的报道，心理疾病患者越来越多，自杀跳楼的人越来越多，因对社会不满引发的社会暴力事件也越来越多……伴随着20年前休闲服的叫卖，伴随着双休日制度的出台，休闲在经历了长久的沉寂后再次进入了我们的生活，成为当下最热门的时尚为大众追捧，甚至成为一种符号，贴在各项社会活动中，贴在商品中，诸如“休闲旅游”、“休闲购物”、“休闲山水”、“休闲娱乐”、“休闲派对”、“休闲经济”、“休闲食品”等，在为商家带来丰厚利润的同时，也营造出浓浓的休闲氛围。但是，如何发挥文学休闲在陶冶人的性情、完善人格、协调人与社会之间的关系等方面的作用，提升休闲作为一种具有高度精神追求的文化活动的品格，则需要更多的社会科学工作者的关注和参与。我们期待着物质文明高度发展、国民素质全面提高后的真正休闲时代的到来。

参考文献

专著

B

《白居易诗集校注》，谢思炜校注，中华书局2006年版。

《白居易集笺校》，朱金城笺校，上海古籍出版社1988年版。

《白居易资料汇编》，陈友琴编，中华书局1962年版。

《避暑录话》，叶梦得著，丛书集成初编本。

C

《词苑丛谈》，徐釚编著，人民文学出版社1988年版。

《词话丛编》，唐圭璋编，中华书局1986年版。

《词学十讲》，龙榆生著，北京出版社2005年版。

《词学二十论》，邓乔彬著，上海古籍出版社2005年版。

《词林新话》，吴世昌撰，北京出版社1991年版。

《词学杂俎》，罗忼烈撰，巴蜀书社1990年版。

《词林遗事》，金循华、万玉兰编著，辽宁教育出版社1986年版。

《蔡忠惠公文集》，蔡襄撰，四部丛刊本。

《徂徕石先生文集》，石介撰，中华书局1984年版。

《朝野新声太平乐府》，杨朝英选，中华书局1958年版。

《沧浪诗话校释》，严羽撰，郭绍虞校释，人民文学出版社1961年版。

《词林纪事》，张思岩辑，成都古籍书店1982年版。

《辞海》，辞海编辑委员会编，上海辞书出版社1980年版。

D

《东京梦华录　都城纪胜　西湖老人繁胜录　梦粱录　武林旧事》，孟元老等著，中国商业出版社1982年版。

《东京梦华录》，孟元老撰，伊永文笺注，中华书局 2006 年版。

《东坡诗话全编笺评》，苏轼著，西南师范大学出版社 1996 年版。

《东坡志林》，苏轼著，三秦出版社 2003 年版。

《读词偶得》，俞平伯著，上海书店 1984 年版。

F

《范成大笔记六种》，范成大著，孔凡礼点校，中华书局 2002 年版。

《风月堂诗话》，朱弁著，中华书局 1988 年版。

G

《古今词统》，卓人月著，徐士俊参评，谷辉之校点，辽宁教育出版社 2000 年版。

《古典文论与审美鉴赏》，吴调公著，齐鲁书社 1985 年版。

《归田录》，欧阳修撰，三秦出版社 2003 年版。

《癸辛杂识》，周密著，中华书局 1997 年版。

《管锥编（全五册）》，钱钟书著，中华书局 1979 年版。

H

《花间词研究》，高锋著，江苏古籍出版社 2001 年版。

《花间集注》，华钟彦注，中州书画社 1983 年版。

《花庵词选》，黄昇编选，中华书局 1958 年版。

《后村诗话》，刘克庄撰，中华书局 1983 年版。

《后山谈丛》，陈师道撰，影印文渊阁四库全书本。

《汉魏六朝乐府文学史》，萧涤非著，人民文学出版社 1984 年版。

《韩昌黎文集校注》，韩愈著，马其昶校注，上海古籍出版社 1986 年版。

《海德格尔诗学文集》，海德格尔著，华中师范大学出版社 1992 年版。

《后现代主义文化研究》，王岳川著，北京大学出版社 1992 年版。

J

《介存斋论词杂著》，周济撰，顾学颉校点，人民文学出版社 1959 年版。

《嘉祐集笺注》，苏洵撰，曾枣庄、金成礼笺注，上海古籍出版社 1993 年版。

《近三百年名家词选》，龙榆生编选，上海古籍出版社 1979 年版。

《迦陵论词丛稿》，叶嘉莹著，上海古籍出版社 1980 年版。

《经进东坡文集事略》，苏轼著，四部丛刊本。

《集异记》，薛用弱撰，中华书局 1980 年版。

《兼济与独善》，张仲谋著，东方出版社 1998 年版。

《近代文学批评史》，黄霖著，上海古籍出版社 1993 年版。

《建安文学接受史论》，王玫著，上海古籍出版社 2005 年版。

K

《看似逍遥的生命情怀——诗词与休闲》，李立著，云南人民出版社 2004 年版。

《快乐的自我：自我发现与心理调适实用方法》，韦斯著，刘培毅译，重庆出版社 2004 年版。

L

《老子》，四库全书本。

《论语》，中华书局 2006 年版。

《礼记正义》，《十三经注疏》整理委员会整理，北京大学出版社 2000 年版。

《李太白全集》，李白撰，中华书局 1977 年版。

《历代诗话》，何文焕辑，中华书局 1981 年版。

《柳河东集》，柳宗元撰，上海人民出版社 1974 年版。

《刘禹锡集》，刘禹锡撰，中华书局 1990 年版。

《临川集》，王安石撰，四部丛刊本。

《陆放翁全集》，陆游撰，四部丛刊本。

《李清照集校注》，王仲闻校注，人民文学出版社 1979 年版。

《两宋文学史》，程千帆，吴新雷撰，上海古籍出版社 1991 年版。

《历代词人品鉴辞典》，吴相洲、王志远编，北京大学出版社 1996 年版。

《历代文论选》，郭绍虞、王文生主编，上海古籍出版社 2001 年版。

《龙榆生词学论文集》，龙榆生撰，上海古籍出版社 1997 年版。

《龙川词校笺》，陈亮撰，夏承焘校笺，牟家宽注，上海古籍出版社 1982 年版。

《论普遍有闲的社会》，于光远著，中国经济出版社 2005 年版。

M

《梦粱录》，吴自牧撰，三秦出版社 2004 年版。

《梦溪笔谈》，沈括撰，中华书局 1957 年版。

《美的历程》，李泽厚著，天津社会科学院出版社 2001 年版。

《美学》，黑格尔著，朱光潜译，商务印书馆 1995 年版。

《美学三书》，李泽厚著，安徽文艺出版社 1999 年版。

《马克思恩格斯选集》，马克思、恩格斯著，人民出版社 1966 年版。

《梅尧臣集编年校注》，朱东润编校，上海古籍出版社 1980 年版。

N

《廿二史札记》，赵翼著，王树民校证，中华书局 2001 年版。

《南唐书》，马令撰，四库全书本年版。

《你生命中的休闲》，杰弗瑞·戈比著，康筝译，云南人民出版社 2000 年版。

《女性主义观照下的他者世界》，李新灿著，中国社会科学出版社 2001 年版。

P

《判断力批判》，康德著，商务印书馆 1964 年版。

Q

《全宋词》，唐圭璋编，中华书局 1965 年版。

《全唐五代词》，曾昭岷等编，中华书局 1999 年版。

《青箱杂记》，吴处厚著，中华书局 1985 年版。

《齐东野语》，周密著，中华书局 1983 年版。

《秦观集编年校注》，周义敢、程自信、周雷编校，人民文学出版社 2001 年版。

R

《人类思想史中的休闲》，托马斯·古德尔、杰弗瑞·戈比著，成素梅等译，云南人民出版社 2000 年版。

《人间词话新注》，王国维著，滕咸惠校注，齐鲁书社 1986 年版。

《人生哲学》，吴灿华、詹万生著，北京师范学院出版社 1987 年版。

《人的潜能与价值》，马斯洛著，林方主编，华夏出版社 2004 年版。

《容斋随笔》，洪迈著，上海古籍出版社 1996 年版。

S
《宋史》，脱脱等撰，中华书局 1977 年版。
《宋史纪事本末》，陈邦瞻撰，中华书局 1977 年版。
《宋会要辑稿》，徐松辑，中华书局 1957 年版。
《宋人轶事汇编》，丁传靖辑，中华书局 1981 年版。
《蜀梼杌》，张唐英撰，丛书集成本。
《宋朝事实类苑》，江少虞撰，上海古籍出版社 1981 年版。
《宋诗话辑佚》，郭绍虞编撰，中华书局 1980 年版。
《宋诗选注》，钱钟书选注，人民文学出版社 1958 年版。
《诗经译注》，程俊英译注，上海古籍出版社 1985 年版。
《诗人玉屑》，魏庆之著，影印文渊阁四库全书本。
《诗词散论》，缪钺著，上海古籍出版社 1982 年版。
《世说新语》，刘义庆撰，中华书局 2006 年版。
《说文解字》，许慎撰，段玉裁注，上海古籍出版社 1998 年版。
《邵氏闻见后录》，邵博著，中华书局 1983 年版。
《岁时广记》，陈元靓撰，四库全书本。
《说郛三种》，陶宗仪撰，上海古籍出版社 1988 年版。
《事林广记》，陈元靓撰，中华书局 1999 年版。
《事物纪原》，高承撰，四库全书本年版。
《诗林广记》，蔡正孙撰，中华书局 1982 年版。
《诗余图谱》，张綖撰，四库全书本年版。
《宋代文学通论》，王水照等著，河南大学出版社 1997 年版。
《宋书乐志校注》，苏晋仁、萧炼子校注，齐鲁书社 1982 年版。
《宋词纪事》，唐圭璋编著，上海古籍出版社 1982 年版。
《宋元词话》，施蛰存、陈如江辑录，上海书店 1999 年版。
《宋代诗学》，张思齐著，湖南人民出版社 2000 年版。
《宋词研究》，胡云翼著，巴蜀书社 1989 年版。
《宋词通论》，薛砺若著，上海书店 1985 年版。
《宋词辨》，谢桃坊著，上海古籍出版社 1999 年版。
《宋词的文化定位》，沈家庄著，湖南人民出版社 2005 年版。
《宋代词学审美理想》，张惠民著，人民文学出版社 1995 年版。

《宋词与理学》，张春义著，浙江大学出版社 2008 年。

《宋词与佛道思想》，史双元著，今日中国出版社 1992 年版。

《宋词与民俗》，黄杰著，商务印书馆 2005 年版。

《宋词精华分类品汇》，程自信、许宗元著，中国青年出版社 1994 年版。

《宋代社会研究》，朱瑞熙著，中州书画社 1983 年版。

《宋代东京研究》，周宝珠著，河南大学出版社 1992 年版。

《宋型文化与宋代美学精神》，刘方著，巴蜀书社 2004 年版。

《苏轼词编年校注》，邹同庆、王宗堂编校，中华书局 2002 年版。

《苏轼诗词文选评》，王水照、朱刚撰，上海古籍出版社 2004 年版。

《生活的艺术》，林语堂著，越裔汉译，陕西师范大学出版社 2003 年版。

《首届宋代文学国际研讨会论文集》，王水照等编，复旦大学出版社 2001 年版。

《适性任情的审美人生——隐逸文化与休闲》，吴小龙著，云南人民出版社 2005 年版。

T

《唐宋词艺术发展史》，邓乔彬著，河北人民出版社 2010 年版。

《唐宋词通论》，吴熊和著，浙江古籍出版社 1985 年版。

《唐宋词汇评》，吴熊和著，浙江教育出版社 2004 年版。

《陶渊明资料汇编》，北京大学北京师范大学中文系、北京大学中文系文学史教研室编，中华书局 1962 年版。

《陶渊明集笺注》，袁行霈笺注，中华书局 2003 年版。

《太平御览》，李昉等撰，中华书局 2000 年版。

《苕溪渔隐丛话》，胡仔撰，人民文学出版社 1984 年版。

《唐宋名家词选》，龙榆生编选，上海古籍出版社 1980 年版。

《唐宋词学论集》，唐圭璋、潘君昭著，齐鲁书社 1985 年版。

《唐五代笔记小说大观》，上海古籍出版社 2000 年版。

《唐宋词集序跋汇编》，金启华等编，江苏教育出版社 1990 年版。

《唐宋词鉴赏辞典》，唐圭璋、缪钺等撰，上海辞书出版社 1988 年版。

《唐宋词论丛》，夏承焘著，古典文学出版社 1956 年版。

《唐五代两宋词简析》，刘永济著，中华书局 2007 年版。

《唐宋词名家论稿》，叶嘉莹著，河北教育出版社 2001 年版。

《唐宋词史》，杨海明著，天津古籍出版社 1998 年版。

《唐宋词与人生》，杨海明著，河北人民出版社 2002 年版。

《唐宋词美学》，杨海明著，江苏教育出版社 1998 年版。

《唐宋词纵横谈》，杨海明著，苏州大学出版社 1994 年版。

《唐宋词论稿》，杨海明著，浙江古籍出版社 1988 年版。

《唐宋词研究》，青山宏著，北京大学出版社 1995 年版。

《唐五代北宋词研究》，村上哲见著，陕西人民出版社 1987 年版。

《唐宋词流派史》，刘扬忠著，福建人民出版社 1999 年版。

《唐宋词史论》，王兆鹏著，人民文学出版社 2000 年版。

《唐宋词美学》，邓乔彬著，齐鲁书社 1993 年版。

《唐宋士风与词风研究》，张再林著，人民文学出版社 2005 年版。

《唐宋词社会文化学研究》，沈松勤著，浙江大学出版社 2000 年版。

《唐宋词与商业文化关系研究》，王晓骊著，中国社会科学出版社 2004 年版。

《谈艺录》（订补本），钱钟书著，中华书局 1984 年版。

《谈美》，朱光潜著，广西师范大学出版社 2004 年版。

《铁围山丛谈》，蔡絛著，中华书局 1997 年版。

《通俗美学》，王明居著，安徽教育出版社 1985 年版。

W

《文心雕龙今译》，周振甫著，中华书局 1986 年版。

《文选》，萧统编，李善注，上海古籍出版社 1986 年版。

《王瑶全集》，王瑶著，河北教育出版社 2000 年版。

《王水照自选集》，王水照著，上海古籍出版社 2000 年版。

X

《新五代史》，欧阳修撰，中华书局 1974 年版。

《新唐书》，欧阳修、宋祁撰，中华书局 1975 年版。

《新编醉翁谈录》，金盈之撰，周晓薇校点，辽宁教育出版社 1998 年版。

《续资治通鉴长编》，李焘编，中华书局 1979 年版。

《续资治通鉴》，毕沅撰著，中华书局 1999 年版。

《湘山野录》，僧文莹撰，中华书局 1984 年版。

《闲情偶寄》，李渔著，李竹君等注释，华夏出版社 2006 年版。

《心理学与文学》，荣格著，三联书店 1987 年版。

《稀见本宋人诗话四种》（南京大学域外汉籍研究所专刊），张伯伟编，江苏古籍出版社 2002 年版。

《西方文论与中国文学》，周发祥著，江苏教育出版社 1997 年版。

《现代社会心理学》，周晓虹著，上海人民出版社 1997 年版。

《现代汉语词典》，中国社会科学院语言研究所词典编辑室编，1978 年版。

《休闲：文化的基础》，约瑟夫·皮珀著，刘森尧译，新星出版社 2005 年版。

《休闲：人类美丽的精神家园》，马惠娣著，中国经济出版社 2004 年版。

Y

《夷坚志》，洪迈撰，中华书局 1981 年版。

《伊川击壤集》，邵雍撰，学林出版社 2003 年版。

《艺概》，刘熙载著，上海古籍出版社 1978 年版。

《艺境》，宗白华著，北京大学出版社 1987 年版。

《原诗》，叶燮撰，人民文学出版社 1979 年版。

《元前陶渊明接受史》，李剑锋著，齐鲁书社 2002 年版。

《艺文类聚》，欧阳询撰，汪绍楹校，上海古籍出版社 1982 年版。

Z

《庄学研究》，崔大华著，人民出版社 1992 年版。

《庄子今注今译》，陈鼓应注译，中华书局 1983 版。

《醉翁谈录》，罗烨著，古典文学出版社 1957 年版。

《朱子语类》，朱熹撰，四库全书本。

《周易》，郭彧译注，中华书局 2006 年版。

《中国词学史》，谢桃坊著，巴蜀书社 2003 年版。

《中国俗文学史》，郑振铎著，商务印书馆 2005 年版。

《中国文学史》，袁行霈主编，高等教育出版社 1999 年版。

《中国文学史》，游国恩等主编，人民文学出版社 1964 年版。

《中国词史大纲》，胡云翼著，北新书局 1933 年版。

《中国古代神话通检》，黑兴沛、金荣权主编，中州古籍出版社 1992 年版。

《中国词学大辞典》，马兴荣主编，浙江教育出版社 1996 年版。

《中国词学批评史》，方智范等著，中国社会科学出版社 1994 年版。

《中国艺术精神》，徐复观著，广西师范大学出版社 2007 年版。

《中国公众休闲状况调查》，马惠娣、张景安主编，中国经济出版社 2004 年版。

《中华文化简史》，冯天瑜等著，上海人民出版社 1993 年版。

《朱光潜美学文集》，朱光潜著，上海文艺出版社 1982 年版。

《张炎词研究》，杨海明著，齐鲁书社 1989 年版。

《真理与方法》，伽达默尔著，洪汉鼎译，上海译文出版社 1999 年版。

《周秦汉魏诸子知见书目》，严灵峰著，中华书局 1993 年版。

《政治学》，亚里士多德著，吴寿彭译，商务印书馆 1996 年版。

《追求生命的超越与融通——儒道禅与休闲》，胡维希、陈盈盈著，云南人民出版社 2004 年版。

《自然的神韵——道家精神与山水田园诗》，王凯著，人民出版社 2006 年版。

论文

张仲眸，《论唐宋词闲愁主题》，《文学遗产》，1996 年第 2 期。

袁行霈，《辛词与陶诗》，《文学遗产》，1992 年第 1 期。

褚斌杰，《白居易的人生观》，《文学遗产》，1995 年第 5 期。

王水照，《苏轼的人生思想和文化性格》，《文学遗产》，1989 年第 5 期。

刘尊明，《论唐宋词中的“闲情”》，《文学评论》，2007 年第 4 期。

刘尊明，《从绮思艳情到闲情逸趣》，《华中科技大学学报》，2007 年第 3 期。

张玉璞，《宋代文人“居士”情结的社会文化阐释》，《山东社会科学》，2002 年第 3 期。

杨金梅，《唐宋词体功能的文化迁延》，《中州大学学报》，2009 年第 2 期。

金国正，《艳情 · 闲情 · 性情》，《延安大学学报（社会科学版）》，2004 年第 8 期。

沈松勤，《唐宋词体的文化功能与运行系统》，《文学评论》，2001 年第 4 期。

周建梅，《哲学、历史视野下的两宋词人心灵史》，苏州大学 2008 年博士学位论文。

苏状，《“闲”与中国古代文人的审美人生》，苏州大学 2008 年博士学位论文。

宋秋敏，《“流行歌曲”视角下的唐宋词》，苏州大学 2008 年博士学位论文。

李亚，《宋代城市化进程中的城市居民结构变化》，西南师范大学 2004 年硕士学位论文。

钱薇伽，《宋代士大夫休闲生活考述》，四川师范大学 2006 年硕士学位论文。

李克，《宋代歌伎与宋词传播》，东北师范大学 2006 年硕士学位论文。

许乐，《宋代官员休假制度述略》，《陕西师范大学学报》，2002 年第 4 期。

张莹，《论宋代城市发展及其影响》，《大庆师范学院学报》，2010 年第 3 期。

肖芃，《商品经济与宋词传播》，《湖南商学院学报》，2006 年第 2 期。

吴文新，《试论休闲的人性意蕴和境界》，《自然辩证法研究》，2004 年第 1 期。

成素梅，《休闲学研究的内在本质》，《自然辩证法研究》，2004 年第 10 期。

马惠娣、刘耳，《西方休闲学研究述评》，《自然辩证法研究》，2001 年第 5 期。

宗璞，《学人呼吁休闲：重视休闲问题　加强休闲研究——“中国学人休闲研究丛书出版座谈会”纪要》，《自然辩证法研究》，2005 年第

5 期。

吴文新，《试论休闲的人性意蕴和境界》，《自然辩证法研究》，2004 年第 1 期。

彭洁莹，《宋代歌伎词盛行原因探析》，《西北民族大学学报（哲学社会科学版）》，2006 年第 1 期。

周期政，《论宋词中的陶渊明意象》，《安徽教育学院学报》，2003 年第 4 期。

罗筠筠，《休闲娱乐与审美文化》，《文艺与争鸣》，1996 年第 3 期。

后　记

本书是我近年思考唐宋词创作现象的一点心得。

之所以选择进入唐宋词研究领域，一是出于对唐宋词的偏好，二是出于对恩师邓乔彬先生学识的敬仰与追随。也许是多愁善感的天性与唐宋词幽微的情感表达相契合，我历来偏好唐宋词，但这种偏好在很长一段时间内都仅仅停留在感性层面，停留在阅读鉴赏的水平，我研究的重心从未偏离过文艺理论的大范畴。真正涉足唐宋词研究，还是在六年前进入暨南大学学习并投师到邓先生名下之后。那时我的研究兴趣依然更多在文艺、文化方面，但是在一次次聆听先生的课程并拜读先生的著作之后，在不经意的某天，我突然产生了研究的冲动，并隐约感觉到休闲与唐宋词的某种内在关联，试图将休闲文化运用于唐宋词创作研究，随后即把这个想法和先生交流，得到先生的鼓励与认可。一晃五年过去了，其间教学、工作、生活种种繁杂琐事缠身，直到2009年12月才开始动笔。如今，眼见当年萌生的想法即将变成现实，但是，当书稿最后一个字敲出，我却没有想象中的高兴和轻松，而是平添了许多惶惧不安：怕自身学识疏浅书稿多有错漏，怕时间仓促多有失误，更怕学养不深辱没了先生的学名。无论好坏，我将当初的想法呈现出来，就教于各位前辈、学者和同仁。

本书写作过程中，我得到了恩师的悉心指点，从选题的确定到修改定稿，每一步老师都倾力相助，仅最后一稿修订，老师亲自动手的就达百余处之多。同时，我的写作更是在参阅借鉴了许多前辈大家的研究成果基础上完成的。如苏州大学杨海明教授及其弟子、王兆鹏教授、沈松勤教授、刘尊明教授、沈家庄教授等的研究成果，都为本书的完成提供了很好的启示和引导。书中所引用的当今学者的研究成果，有未注明者，尚祈谅解！

书稿能顺利完成出版，我首先要感谢恩师对我的鼓励与全程指导，老师在百忙中抽空为我审阅大纲，修改审稿；其次要感谢暨南大学党委书记、博士生导师蒋述卓先生在繁忙的行政事务和学术活动间隙拨冗为我写序；还要感谢暨南大学出版社杜小陆先生一路的帮助与支持，要感谢五邑大学科技处出版基金的经费支持，更要感谢我的家人，在我忙于案头之时默默地支持与付出。

如今，一切的付出都将凝结成铅字，我等待着大家的帮助与指教。

谢珊珊

二〇一〇年国庆于灏景园书斋